THAILAND
2006
10

FUSSBALL WM 2006

Alle Spiele • Alle Tore • Alle Teams

Ullstein

Farbenprächtig wird die 18. Fußball-Weltmeisterschaft am 9. Juni 2006 in der Münchener FIFA-WM-Arena eröffnet.

CUP
MÜNCHEN
AVAYA
1930
1982
1962
1958
2002
1970
1994

»Fliegende Frauen« verleihen der Eröffnungsgala in München ein besonderes Flair.

»Endlich ist es soweit«: Bundespräsident Horst Köhler, flankiert von FIFA-Präsident Joseph S. Blatter (l.) und OK-Chef Franz Beckenbauer.

Von vielen Emotionen begleitet: Der Einmarsch von 160 ehemaligen Weltmeistern ins Stadion einschließlich der bis heute unvergessenen deutschen Spieler von 1974.

Fast eine Milliarde Menschen verfolgte das Turnier allein in Deutschland, den größten Andrang verzeichnete täglich die Fan-Meile am Brandenburger Tor in Berlin.

AXE

Teamgeist verkörperte die DFB-Elf stets schon vor dem Anpfiff beim Abspielen der Nationalhymne.

DFB
adidas

Hoch konzentriert und selten so allein:
Im Gastgeberland brach die »Klinsman(n)ia« aus.

Standesgemäß wird der frisch gebackene
Weltmeister Italien in der Heimat empfangen.

INHALT

■ VORWORT

Die vier Wochen Weltmeisterschaft brachten ein in diesem Ausmaß bisher so noch nie da gewesenes Freudenfest des Fußballs. Eine fröhlich-beschwingte und friedliche Stimmung dominierte innerhalb und außerhalb der Stadien. Das Motto der Veranstaltung wurde auf wundersame Weise wahr, die Welt war zu Gast bei Freunden, und man feierte zusammen durchgängig eine einzige, große bunte Party. Vom Sommerwetter begünstigt, wurde Fußball-Gucken auf Großleinwänden zu einem neuen und ganz eigenen Gemeinschaftserlebnis – landauf, landab. Als größter Publikumsmagnet erwies sich dabei die Berliner Fan-Meile mit bis zu einer Million Besucher pro Abend. Bei den Begegnungen auf dem Rasen kam hingegen mit dem Fortschreiten des Turniers und dem Einsetzen der K.o.-Runden den Akteuren per Trainer-Order die Lust abhanden, kreative Spielfreude zu demonstrieren, von Ausnahmen wie Deutschland abgesehen. Es ging einfach auch um zu viel. Die Zeit der Mittelfeldstrategen brach an, starke Defensivleistungen waren gefragt, Tore wurden Mangelware. Deren Ausbleiben bescherte dafür den Zuschauern spannende Elfmeterschießen bis hin zum Endspiel. Zu guter Letzt triumphierte mit Italien der am besten organisierte Verbund torgefährlicher Abwehrkünstler, der zuvor auch den »Klinsmännern« im Halbfinale in quasi letzter Minute die Chance eines Shoot out vermasselte. Doch der Euphorie über das deutsche Team tat dies keinen Abbruch. Für uns bleibt der WM-Dritte der »Weltmeister der Herzen«.

VORRUNDE

9.6. – 23.6.2006

GRUPPE A
Costa Rica, Deutschland, Ecuador, Polen

GRUPPE B
England, Paraguay, Schweden, Trinidad/Tobago

GRUPPE C
Argentinien, Elfenbeinküste, Niederlande, Serbien/Montenegro

GRUPPE D
Angola, Iran, Mexiko, Portugal

GRUPPE E
Ghana, Italien, Tschechien, USA

GRUPPE F
Australien, Brasilien, Japan, Kroatien

GRUPPE G
Frankreich, Schweiz, Südkorea, Togo

GRUPPE H
Saudi-Arabien, Spanien, Tunesien, Ukraine

Miroslav Klose bescherte Deutschland den Gruppensieg

DEUTSCHLAND – COSTA RICA

4:2 (3:1)

Schiedsrichter: Horacio Elizondo (Argentinien) **Tore:** 1:0 Lahm (6.), 1:1 Wanchope (12.), 2:1 Klose (17.), 3:1 Klose (61.), 3:2 Wanchope (73.), 4:2 Frings (87.) **Zuschauer:** 66.000 (ausverkauft) **Beste Spieler:** Lahm, Frings, Klose – Wanchope, Solis **Rote Karten:** keine **Gelb-Rote Karten:** keine **Gelbe Karte:** – Fonseca **Torschüsse:** 10:2 **Ecken** 7:3 **Fouls:** 11:15 **Ballbesitz:** 63%:37%

TABELLE GRUPPE A		Spiele	Tore	Pkt.
1.	Deutschland	1	4 : 2	3
2.	Ecuador	0	0 : 0	0
3.	Polen	0	0 : 0	0
4.	Costa Rica	1	2 : 4	0

MEINUNG

Michael Ballack (l., r.: Robert Huth):
»Natürlich ist es schade und enttäuschend, dass ich nicht dabei sein konnte. Freue mich aber für die Mannschaft, dass sie das so gut hinbekommen hat. Ich wollte spielen, ich war beschwerdefrei. Doch die Entscheidung haben der Trainer und der Arzt getroffen. Sie haben gesagt, das Risiko ist zu groß. Das muss ich akzeptieren, das akzeptiere ich auch.«

■ 9.6.2006 · MÜNCHEN

Lahm eröffnet Titeljagd mit Traumtor

AUCH OHNE KAPITÄN BALLACK START NACH MASS

Die Auswahl von Bundestrainer Jürgen Klinsmann kam beim Eröffnungsspiel des 18. Endturniers zu einem verdienten, aber nicht immer überzeugenden 4:2 (2:1) gegen Außenseiter Costa Rica. Immer wieder angetrieben von einem aufgewühlten Bundestrainer Klinsmann an der Seitenlinie zeigte die deutsche Mannschaft in der Offensive eine ansprechende Leistung. Restlos überzeugen konnte vor allem Lahm, der nicht nur das erste Tor der WM 2006 selbst erzielte, sondern auch das sehr beruhigende 3:1 durch den starken Klose zu einem Zeitpunkt vorbereitete, als die Gastgeber einen leichten Durchhänger hatten. So fiel letztlich auch das aus Abseits-Position erzielte 3:2 durch Torjäger Paulo Wanchope (73.) nicht ins Gewicht. Der Star der Südamerikaner hatte aber schon bei seinem Tor zum zwischenzeitlichen 2:1 (12.) die auffälligen Schwächen der deutschen Defensive offenbart. Die deutsche Nationalmannschaft begann erwartungsgemäß ohne Kapitän Ballack, der weiter an einer hartnäckigen Wadenverletzung laboriert. Zwar hatte sich der Ex-Münchner selbst fit gemeldet für die Eröffnungspartie, der Trainerstab um Klinsmann aber nominierte den 29-Jährigen nicht einmal für den Kader. »Natürlich möchte jeder Spieler gerne das Eröffnungsspiel einer WM spielen. Er würde das Risiko eingehen, wir nicht. Wir brauchen ihn noch für das Turnier«, erklärte Assistent Joachim Löw den Verzicht. Für Ballack trug Bernd Schneider die Kapitänsbinde. Die Rolle des künftigen England-Legionärs im deutschen Mittelfeld übernahm in seinem 21. Länderspiel Tim Borowski. Im ersten Turnierspiel seiner Karriere sorgte der 36-jährige Jens Lehmann früh für Unruhe auf der deutschen Bank. Nach nur 20 Minuten musste der Keeper von Arsenal London am linken Knöchel behandelt werden. Mit Treffer Nummer 26 zum 2:1 und seinem insgesamt siebten WM-Tor zog Geburtstagskind Miroslav Klose in der Bestenliste der deutschen WM-Torschützen mit dem Kölner Weltmeister Hans Schäfer auf Rang sieben gleich. Diese erneute Führung der deutschen Mannschaft war Ausdruck ihrer großen Überlegenheit, in der Defensive aber war sie nicht immer Herr der Lage. Bei den wenigen Gegenangriffen von Costa Rica, in der Weltrangliste derzeit die Nummer 29, offenbarten die zwei langen Innenverteidiger Per Mertesacker und Christoph Metzelder bisweilen leichte Unsicherheiten, auch Friedrich hatte zu Beginn Probleme. Letztlich konnte dies aber nicht den verdienten deutschen Sieg im torreichsten Eröffnungsspiel der WM-Geschichte gefährden.

Costa Ricas Keeper fliegt vergeblich bei Lahms Donnerschlag zum 1:0.

Hoch die Beine wie beim Paarlauf: die »Balletttänzer« Miroslav Klose und Jervis Drummond.

Einfach mal drauf gehalten: Torsten Frings (l.) herzt Philipp Lahm; verdeckt dahinter: Bastian Schweinsteiger.

Mit Kloses zweitem Treffer in der 61. Minute ist die Vorentscheidung im Eröffnungsspiel gefallen. Costa Ricas Abwehrspieler Douglas Sequeira streckt sich umsonst.

POLEN – ECUADOR

0:2 (0:1)

Schiedsrichter: Toru Kamikawa (Japan) **Tore:** 0:1 Carlos Tenorio (24.), 0:2 Delgado (80.) **Zuschauer:** 52.000 (ausverkauft) **Beste Spieler:** Jop, Bak – Mendez, Espinoza, Carlos Tenorio **Rote Karten:** keine **Gelb-Rote Karten:** keine **Gelbe Karten:** Smolarek – Hurtado, Mendez **Torschüsse:** 3:6 **Ecken:** 11:2 **Fouls:** 9:15 **Ballbesitz:** 56%:44%

TABELLE GRUPPE A		Spiele	Tore	Pkt.
1.	Deutschland	1	4 : 2	3
2.	Ecuador	1	2 : 0	3
3.	Costa Rica	1	2 : 4	0
4.	Polen	1	0 : 2	0

TRAINERSTIMME

***Luis Fernando Suarez** (Ecuador): »Wir sind hocherfreut, weil wir eine sehr starke Mannschaft besiegt haben. Wir haben taktisch sehr gut gespielt und als Team sehr gut funktioniert. Noch ist aber nicht so viel erreicht. Wir haben den ersten Schritt gemacht, aber wir dürfen nicht zu euphorisch werden, denn wir haben noch einen weiten Weg vor uns.«*

9.6.2006 · GELSENKIRCHEN

Die schwarze Serie nimmt kein Ende

WIEDER KEIN TOR ZUM AUFTAKT FÜR POLEN

Polens schwarze Serie nimmt kein Ende: Der nächste deutsche Gegner setzte seine Torflaute in WM-Auftaktspielen fort und steht bereits mit dem Rücken zur Wand. Der zweimalige WM-Dritte, der zuletzt vor 32 Jahren in seinem ersten Vorrundenspiel einen Treffer erzielt hatte, verlor 0:2 gegen den vermeintlichen Außenseiter Ecuador, der nach dem zweiten Sieg seiner kurzen WM-Geschichte, der mit 30.000 US-Dollar pro Kopf honoriert wird, erstmals vom Achtelfinale träumt. Der 37. der FIFA-Weltrangliste hatte 2002 in Südkorea und Japan sein Debüt gegeben. Fast 30.000 Landsleute feuerten die Mannschaft von Trainer Pawel Janas an, doch dem WM-Dritten von 1974 und 1982 gelang gegen die taktisch sehr geschickt agierenden Ecuadorianer wenig. Ernsthaft in Gefahr geriet das Tor der Südamerikaner nur selten. Ecuador stellte die polnische Abwehr vor allem durch seine beiden Stürmer Delgado und Tenorio immer wieder vor Probleme. Die Führung war fast folgerichtig eine Koproduktion der beiden. Die Polen bemühten sich auch danach, Struktur ins Spiel zubringen. Doch die besseren Chancen hatten die diszipliniert aufspielenden Ecuadorianer. Nach dem Seitenwechsel verstärkten die Polen zwar

Stets brandgefährlich: Carlos Tenorio (M.), Kopfballsieger gegen Jacek Bak (l.).

ihre Angriffsbemühungen, aber die Südamerikaner, deren Landsleute daheim vom Staatspräsidenten WM-frei erhalten hatten, verteidigten geschickt und setzten auf Konter. Schon Stunden vor dem Anpfiff hatte in der Stadt, in der sonst Blau und Weiß regieren, Rot-Weiß dominiert: Mehrere tausend polnische Fußball-Fans bevölkerten die Innenstadt. Zu Zwischenfällen kam es nicht, auch die befürchtete Invasion polnischer Hooligans blieb aus.

Erneut muss sich Boruc lang machen, links Delgado

■ 10.6.2006 · FRANKFURT

Den Fluch des Fehlstarts besiegt

LEDIGLICH BECKHAM-FREISTOSS BRINGT »DREIER«

Der Torversuch von Carlos Paredes (l.) scheiterte, aber nicht an Keeper Robinson.

Im Lager der englischen Nationalmannschaft war nach dem dünnen 1:0-Erfolg gegen Paraguay die Erleichterung groß, den Auftaktfluch besiegt zu haben. »Ich bin einfach nur glücklich. Wir haben den EM-Auftakt vor zwei Jahren gegen Frankreich verloren, vor vier Jahren in Asien gegen Schweden nur Remis gespielt. Wir wollen Weltmeister werden. Ich weiß aber, wir müssen besser spielen, und das werden wir auch«, so Coach Sven-Göran Eriksson nach dem durchwachsenen Auftakt seiner Elf. Unter den Augen von Prinz William feuerte nach nur drei Minuten Kapitän David Beckham in seinem 90. Länderspiel einen Freistoß aus rund 25 Metern in Richtung Elfmeterpunkt, wo Paraguays Kapitän Gamarra den Flatterball ins eigene Tor verlängerte.

Nach einer guten halben Stunde verlor das neben Brasilien weltweit prominenteste Mittelfeld aber die Kontrolle. Zu schaffen machte den Engländern aber vor allem die Hitze, so dass dem WM-Mitfavoriten im zweiten Abschnitt sichtlich die Puste ausging. Für die Südamerikaner weit problematischer war das Schock-Erlebnis durch das frühe Gegentor und das WM-Aus von Stammkeeper Justo Villar. Einer Wadenblessur in der achten Minute folgte der schnellste Keeper-Tausch in der WM-Geschichte.

Blieb wie sein Team weit unter den Erwartungen: David Beckham.

ENGLAND – PARAGUAY

1:0 (1:0)

Schiedsrichter: Marco Rodriguez (Mexiko) **Tor:** 1:0 Gamarra (3., Eigentor) **Zuschauer:** 48.000 (ausverkauft) **Beste Spieler:** J. Cole, Terry – Valdez, Paredes, Bobadilla **Rote Karten:** keine; **Gelb-Rote Karten:** keine **Gelbe Karten:** Gerrard, Crouch – Valdez **Torschüsse:** 5:2 **Ecken:** 6:1 **Fouls:** 11:12 **Ballbesitz:** 53%-47%

TABELLE GRUPPE B		Spiele	Tore	Pkt.
1.	England	1	1 : 0	3
2.	Trinidad & Tobago	0	0 : 0	0
3.	Schweden	0	0 : 0	0
4.	Paraguay	1	0 : 1	0

■ TRAINERSTIMMEN

Wayne Rooney (M.) als Spielbeobachter auf der Bank.

***Trainer Sven-Göran Eriksson** (England): »Das Wichtigste waren die drei Punkte. Wir haben ein wenig gelitten, aber entscheidend ist der gute Start. Es war heute sehr heiß, das erklärt einiges. Wir werden uns weiter steigern.«*

***Trainer Ruiz Anibal** (Paraguay): »Noch in der Kabine haben wir uns geschworen, das Positive aus dem Spiel zu ziehen. Wir haben gegen eine starke Mannschaft gespielt und uns gut verkauft.«*

TRINIDAD & TOBAGO – SCHWEDEN

0:0

Schiedsrichter: Shamsul Maidin (Singapur) **Tore:** Fehlanzeige **Zuschauer:** 62.959 **Beste Spieler:** Hislop, Lawrence, Sancho – Wilhelmsson, Larsson **Rote Karten:** keine **Gelb-Rote Karten:** Avery John wegen wiederholten Foulspiels (46.) **Gelbe Karten:** Yorke – Larsson **Torschüsse:** 2:6 **Ecken:** 1:8 **Fouls:** 10:9 **Ballbesitz:** 40%-60%

TABELLE GRUPPE B		Spiele	Tore	Pkt.
1.	England	1	1 : 0	3
2.	Schweden	1	0 : 0	1
3.	Trinidad & Tobago	1	0 : 0	1
4.	Paraguay	1	0 : 1	0

STIMMEN ZUM SPIEL

Trainer Leo Beenhakker (Trinidad & Tobago): »Ich bin sehr stolz auf mein Team. Besonders wenn man mit einem Mann weniger spielt. Es war phantastisch, wie wir bis zum Ende wie um unser Leben gekämpft haben.«

Trainer Lars Lagerbäck (Schweden): »Das Ergebnis war eine Enttäuschung. Wir haben eigentlich ganz gut gespielt und uns einige sehr gute Chancen herausgearbeitet, aber eben nicht das Tor gemacht. So ist manchmal Fußball.«

■ 10.6.2006 · DORTMUND

Krieger-Party und ein stolzer Premier

KEEPER HISLOP HELD BEIM ERSTEN WM-COUP

Kein Sieg, kein Tor – aber dennoch ein historischer Coup. Die Fußball-Krieger aus Trinidad und Tobago tanzten auf dem Rasen zu den Trommelklängen der Fans und präsentierten die gelben »Tre Kronor«-Hemden nach dem Trikottausch wie Trophäen. Die Kicker aus dem kleinsten Land, das jemals bei einer WM vertreten war, verspürten nach dem 0:0 bei ihrem Debüt gegen den scheinbar übermächtigen Gegner Schweden Stolz und Genugtuung zugleich. »Das ist ein großer Tag für mich, mein Land und meine Familie«, sagte Dwight Yorke, einst Stürmerstar bei Manchester United. Wenig später erreichten die »Soca Warriors« die Glückwünsche von Premierminister Patrick Manning: »Wir sind stolz auf euch. Ihr habt mit Leidenschaft und Mut gekämpft. Ihr habt Großes für euer Land geleistet.«
In der Hauptstadt Port of Spain strömten die Menschen nach der eindrucksvollen Energieleistung der Mannschaft zu einer Riesenparty auf die Straßen. »Zehn tapfere Warriors blamieren Schweden«, schrieb der »Trinidad & Tobago Express«. »Wenn ich die Offensive der Schweden sehe mit Stars von Arsenal, Juventus, Barcelona oder Anderlecht und dagegen meine Spieler aus Gillingham oder Jablonec, da weiß kaum einer, wo das überhaupt liegt«, meinte Coach Beenhakker.

Dwight Yorke, 1999 Champions-League-Sieger gegen Bayern München, ist obenauf.

Kein Durchkommen für Kim Kallström (M.) gegen die karibischen WM-Neulinge.

10.6.2006 · HAMBURG

Südamerikaner cleverer und effizienter

HOHE AFRIKANISCHE SPIELKUNST BLIEB UNBELOHNT

Durch einen 2:1 (2:0)-Erfolg gegen die vor der WM von Experten hoch gehandelte Mannschaft der Elfenbeinküste wurden die Argentinier ihrer Rolle als einer der großen Turnierfavoriten gerecht. »Dieser Sieg belohnt die Arbeit von vier Jahren«, meinte Hernan Crespo, der die Südamerikaner in der 24. Minute in Führung gebracht hatte, denen das Trauma von Japan/Südkorea 2002 sicher noch in den Hinterköpfen gespukt haben mochte, als sie damals bereits in der Vorrunde kläglich gescheitert waren.

»Wir haben diesen Sieg gebraucht«, sagte Trainer José Pekerman. Seine Mannschaft zeigte sich im bis dahin besten WM-Spiel taktisch versiert, technisch vorzüglich, diszipliniert und vor allem eiskalt vor dem Tor. Doch auch die Elfenbeinküste wurde ihrer Vorschusslorbeeren als stärkster Afrika-Vertreter gerecht. Das Team um Superstar Didier Drogba vom FC Chelsea, der in der 82. Minute das erste WM-Tor in der Geschichte seines Landes erzielte, begeisterte mit Ballgewandtheit und Schnelligkeit. Fußballerische Kabinettstückchen wurden immer wieder vom Szenenapplaus der begeisterten Zuschauer begleitet.

Didier Drogba hat es eilig, nach seinem späten Anschlusstor.

Besonders in der Schlussphase sorgten die »Elefanten« für erhebliche Irritationen und Unsicherheiten in der argentinischen Abwehr, scheiterten aber an fehlender Cleverness und ihrer Abschlussschwäche.

Nach dem 1:0-Rückstand durch Crespo verloren die Ivorer die Ordnung, wollten den Ausgleich mit aller Macht erzwingen und boten so dem glänzend aufgelegten Juan Riquelme in der 38.Minute die Chance zum »tödlichen« Pass auf Javier Saviola, den der UEFA-Cup-Sieger vom FC Sevilla routiniert zum 2:0 verwertete.

Hernan Crespo (ganz links) markiert die Führung in einem hochklassigen Spiel.

ARGENTINIEN – ELFENBEINKÜSTE

2:1 (2:0)

Schiedsrichter: de Bleeckere (Belgium) **Tore:** 1:0 Crespo (24.), 2:0 Saviola (38.), 2:1 Drogba (82.) **Zuschauer:** 50.000 (ausverkauft) **Beste Spieler:** Riquelme, Saviola – Drogba, Zokora **Rote Karten:** keine **Gelb-Rote Karten:** keine **Gelbe Karten:** Heinze, Saviola – Drogba, Eboue **Torschüsse:** 4:4 **Ecken:** 3:6 **Fouls:** 15:17 **Ballbesitz:** 49%:51%

TABELLE GRUPPE C		Spiele	Tore	Pkt.
1.	Argentinien	1	2 : 1	3
2.	Serbien/Montenegro	0	0 : 0	0
3.	Niederlande	0	0 : 0	0
4.	Elfenbeinküste	1	1 : 2	0

STIMMEN ZU DIDIER DROGBA

»Er ist schwer in den Griff zu bekommen.« Juan Pablo Sorin, Abwehrspieler beim Gruppengegner Argentinien

»Er hat es verstanden, großzügig, höflich und fröhlich zu bleiben«, berichtet seine Mutter Clotilde über das älteste ihrer sieben Kinder. „Das sind Werte, die bei uns mehr als alles andere zählen.«

SERBIEN/MONTENEGRO – NIEDERLANDE

0:1 (0:1)

Schiedsrichter: Markus Merk (Otterbach) **Tor:** 0:1 Robben (18.) **Zuschauer:** 37.216 **Beste Spieler:** Jevric, Koroman – van Persie, Robben, Sneijder **Rote Karten:** keine **Gelb-Rote Karten:** keine **Gelbe Karten:** Stankovic, Koroman, Dragutinovic, Gavrancic – van Bronckhorst, Heitinga **Torschüsse:** 4:6 Ecken: 6:4 **Fouls:** 15:23 **Ballbesitz:** 39%:61%

TABELLE GRUPPE C		Spiele	Tore	Pkt.
1.	Argentinien	1	2 : 1	3
2.	Niederlande	1	1 : 0	3
3.	Elfenbeinküste	1	1 : 2	0
4.	Serbien/Montenegro	1	0 : 1	0

WM-AUFTAKT FÜR MERK

Der zweimalige deutsche Weltschiedsrichter aus Ottersbach brachte die erste von ihm geleitete WM-Partie souverän, konsequent, fehlerlos und ohne überflüssige Theatralik hinter sich, womit er sich für weitere Aufgaben empfahl. Nebenbei sorgte der 44-Jährige jedoch auch für eine unfreiwillige Slapstickeinlage, als Mark van Bommel seinen Weg kreuzte und er über dessen Fuß stolperte und zu Boden ging.

11.6.2006 · LEIPZIG

Geglückter Turnierauftakt der Holländer

ARJEN ROBBEN KNACKT ABWEHRBOLLWERK

Die Niederländer setzten vor 37.216 Zuschauern im einzigen ostdeutschen WM-Stadion ihre Erfolgsserie fort: Noch nie in ihrer WM-Geschichte haben sie ein Auftaktspiel im Gruppenmodus verloren. Der überragende Stürmerstar Arjen Robben nutzte in der 18. Minute die erste Groß-Chance der Partie eiskalt und schob den Ball flach an Keeper Dragoslav Jevric vorbei zum 1:0 ein, dem einzigen Tor in dieser Partie. Robin van Persie hatte an der Mittellinie die Abwehr mit einem Heber überlistet und dem 22-Jährigen dadurch freie Bahn verschafft. Nach diesem frühen Rückstand mussten die Abwehrkünstler vom Balkan ihre defensive Haltung aufgeben, wodurch sich den Niederländern mehr Raum in der Offensive bot. Auf dem Spielfeld bestimmte das Oranje-Team das Geschehen, allerdings ohne zu einer Ergebnisverbesserung zu gelangen, und auf den Rängen waren dessen Fans ohnehin in Überzahl – rund 20.000 Anhänger sorgten nicht nur wegen des funkelnagelneuen Rollrasens im Leipziger Zentralstadion aus Holland für ein »Heimspiel«. Trotzdem schimpften die Spieler hinterher über das frische Grün und machten ihre eher mäßigen Leistungen dafür verantwortlich. Der insgesamt schwache niederländische Stürmer van Nistelrooy, dem etliche Bälle versprungen waren: »Wir wollten eigentlich viel attraktiveren Fußball spielen, aber der Rasen hat es nicht zugelassen.« Sein Teamkollege Philip Cocu beklagte sich hingegen über die Nachmittagssonne: »Es war einfach zu heiß auf dem Platz.« Auch der serbische Gegner stieß ins gleiche Horn: »Es war am Ende sehr schwierig, den Ausgleich zu erzielen. Alle waren wegen der großen Hitze sehr müde«, erklärte Stürmer Mateja Kezman.

Wegbereiter des 1:0: Robin van Persie, der bei Arsenal London seine Brötchen verdient.

Arjen Robben mit dem goldenen Schuss zum Sieg für das Oranje-Team.

Fallrückzieher ohne Effekt: Nikola Zigic (Vordergrund); bei ihm Johnny Heitinga.

■ 11.6.2006 · NÜRNBERG

Mexiko feiert doppelten Dreier

MATCHWINNER OMAR BRAVO PRÄGTE DAS SPIEL

Alle Streckversuche von Ebrahim Mirzapour sind vergeblich, der beste Mann der Begegnung, Omar Bravo (r.), macht sein zweites Tor.

König der Herzen war jedoch Oswaldo Sanchez. Der mexikanische Stammtorwart war erst am Tag vor dem Spiel von der Beerdigung seines Vaters Felipe in Guadalajara nach Deutschland zurückgekehrt. Trotz 55-stündiger Hin- und Rückreise wollte der Keeper unbedingt auflaufen. Mexiko trat mit Trauerflor an, und Sanchez, ganz im Sinne seines Vaters, brillierte mit Glanzparaden auf dem Platz im Kampf um WM-Punkte. Dass es zum dritten Mal in Folge bei einem WM-Auftaktspiel drei wurden, hatte das Team von Trainer La Volpe vor allem Omar Bravo zu verdanken. Mit seinen beiden Toren in der 28. und 76. Minute stellte der 26-Jährige die Weichen auf Sieg, den der nach der Pause eingewechselte Zinha perfekt machte (79.). Zunächst aber hatte es für die spielstarken Iraner nach dem zwischenzeitlichen 1:1 durch Verteidiger Yaha Golmohammadi (36.) eigentlichen gut ausgesehen, ehe sie in der Schlussphase regelrecht k. o. gingen. Deren Trainer Branko Ivankovic begründete dies hinterher damit, dass in der Vorbereitung »einige Spieler nicht durchtrainieren konnten, wie etwa Ali Karimi und Vahid Hashemian«, haderte aber auch mit dem Aussetzer seines Verteidigers Rahmann Rezaei, der vor Bravos zweitem Treffer dem Gegner den Ball vorgelegt hatte. Vor allem aber den Unmut seiner Fans als auch einiger Offizieller der iranischen Delegation zog sich nach dem Spiel ein Mann zu, der in seinem Land als Ikone gilt – Kapitän Ali Daei. In seinem 148. Länderspiel trabte der Grandseigneur des arabischen Fußballs auch wie ein solcher über den Rasen. Dabei hat der Mann 109 Auswahltore auf seinem Konto, so viele wie kein anderer Stürmer weltweit jemals hatte.

Irans Verteidiger Hossein Kaebi hat die Sense ausgefahren gegen Omar Bravo, Mexikos gefährlichsten Angreifer.

MEXIKO – IRAN

3:1 (1:1)

Schiedsrichter: Roberto Rosetti (Italien) **Tore:** 1:0 Bravo (28.), 1:1 Golmohammadi (36.), 2:1 Bravo (76.), 3:1 Sinha (79.) **Zuschauer:** 41.000 (ausverkauft) **Beste Spieler:** Marquez, Bravo, Sinha – Mahdavikia **Rote Karten:** keine **Gelb-Rote Karten:** keine **Gelbe Karten:** Torrado, Salcido – Nekounam **Torschüsse:** 7:7 **Ecken:** 6:5 **Fouls:** 25:21 **Ballbesitz:** 53%:47%

TABELLE GRUPPE D		Spiele	Tore	Pkt.
1.	Mexiko	1	3 : 1	3
2.	Angola	0	0 : 0	0
3.	Portugal	1	0 : 0	0
4.	Iran	1	1 : 3	0

■ UNGEBETENER GAST

Den Besuch des Spiels durch den iranischen Vizepräsidenten Mohammed Aliabadi nahm die jüdische Kultusgemeinde in Nürnberg zum Anlass, um gegen die Politik von Staatspräsident Ahmadinedschad, der den Holocaust leugnet, auf dem Jakobsplatz zu demonstrieren. Laut Polizei verlief die Aktion »absolut friedlich«.

ANGOLA – PORTUGAL

0:1 (0:1)

Schiedsrichter: Jorge Larrionda (Uruguay) **Tor:** 0:1 Pauleta (4.) **Zuschauer:** 45.000 (ausverkauft) **Beste Spieler:** Figueiredo, Mateus – Figo, Simao **Rote Karten:** keine **Gelb-Rote Karten:** keine **Gelbe Karten:** Jamba, Loco, Andre – Cristiano Ronaldo, Nuno Valente **Torschüsse:** 11:16 **Ecken:** 2:5 **Fouls:** 29:20 **Ballbesitz:** 42%:58%

TABELLE GRUPPE D		Spiele	Tore	Pkt.
1.	Mexiko	1	3 : 1	3
2.	Portugal	1	1 : 0	3
3.	Angola	1	0 : 1	0
4.	Iran	1	1 : 3	0

»FIGO, FIGO«

Luis Figo auf Seiten der Portugiesen war der Mann des Spiels. »Figo, Figo«-Sprechchöre brandeten im Stadion auf, nachdem er den alles entscheidenden Treffer von Pauleta mustergültig vorbereitet hatte.

11.6.2006 · KÖLN

Magerer Auftaktsieg für Favorit Portugal

WM-DEBÜTANT ANGOLA EIN EBENBÜRTIGER GEGNER

Ein Geniestreich von Luis Figo ebnete Portugal vor 45.000 Zuschauern im ausverkauften Kölner WM-Stadion den Weg zum Sieg. Der Superstar bereitete mit einer sehenswerten Einzelaktion den Siegtreffer vor, indem er energisch an Jamba vorbeizog und anstatt selber zu schießen Pauleta uneigennützig bediente. Die Auswahl von Coach Scolari zeigte sich taktisch und technisch gegenüber den Westafrikanern überlegen und brachte deren Abwehr vor allem in der ersten Spielhälfte ein ums andere Mal in Verlegenheit. Allerdings verpassten die Portugiesen es, eine frühzeitige Vorentscheidung herbeizuführen. Bereits nach zwölf Sekunden setzte Pauleta nach Vorlage von Simao den Ball nur um Zentimeter rechts neben das Gehäuse von Angolas Keeper Joao Ricardo. Erneut scheiterte Pauleta dann nach einer Viertelstunde mit einem Heber. Weitere Großchancen besaß Cristiano Ronaldo, der aber nach einer Figo-Ecke per Kopf nur die Torlatte traf (33.) und kurz vor der Pause Torhüter Ricardo nicht zu überwinden wusste.
Dennoch enttäuschte der Außenseiter aus Angola keineswegs. Die Spieler aus der ehemaligen portugiesischen Kolonie hatten Mitte der ersten Halbzeit ihre beste Phase,

Akwa mit seiner tollen Artistennummer, die aber nichts brachte.

als Mateus mit einem bombigen Distanzschuss (24.) aufwartete und Akwa einen akrobatischen Fallrückzieher vorführte (25.). Nach der Pause präsentierten sich die Portugiesen weitgehend ideenlos und beschränkten sich mehr oder weniger darauf, ihren knappen Vorsprung über die Zeit zu bringen.

Figo (r.) zieht unwiderstehlich an Jamba vorbei.

Torfreude: Panleta (l.) und C. Ronaldo (r.

■ 12.6.2006 · GELSENKIRCHEN

Kollers WM-Aus trübt tschechische Freude

DER ÜBERRAGENDE ROSICKY BEGEISTERTE SOGAR PELE

Ausgerechnet die beiden Dortmunder Jan Koller und Tomas Rosicky, die den BVB verlassen werden, haben Tschechien mit ihren drei Toren auf Schalke einen glänzenden Start in die WM beschert. Allerdings musste der Vize-Europameister von 1976 den Erfolg teuer bezahlen. Jan Koller, der 2,02-m-Hüne, der sein Team schon in der fünften Minute mit einem für ihn typischen Kopfballtreffer in Führung gebracht hatte, blieb nach einem Laufduell mit Oguchi Onyewu (42.) mit schmerzverzerrtem Gesicht am Boden liegen: Riss des hinteren Muskels im rechten Oberschenkel. »Das ist ein zu hoher Preis«, sagte sein Mannschaftskamerad Rosicky hinterher deprimiert, der mit zwei Toren (36./76.) und einer Weltklasseleistung maßgeblichen Anteil am Sieg hatte. 34 von 39 Pässen des 25-Jährigen, der sich im zentralen Mittelfeld mit Superstar Pavel Nedved ideal ergänzte, erreichten einen Mitspieler. Der Treffer in der Schlussphase zum 3:0, nach famoser Vorarbeit von Nedved, war Rosickys 17. Tor in seinem 55. Länderspiel. Die Amerikaner, die vor vier Jahren in Japan/Korea das Viertelfinale erreicht hatten, enttäuschten auf der ganzen Linie. Der Fünfte der FIFA-Weltrangliste kam lediglich durch Kapitän Claudio Reyna zu einem Pfostenschuss (28.) und durch den eingewechselten Johnson zu einer einzigen weiteren Chance (70.). Und dabei hatte US-Präsident George W. Bush den Profis vor dem Spiel per Telefon in der Mannschaftssitzung eigens die aufmunternde Botschaft übermittelt: »Holt sie euch, das ganze Land steht hinter euch!«

Da ist die Welt für Jan Koller (links Eddie Pope) noch in Ordnung. Was der Herr der Lüfte nicht ahnt…

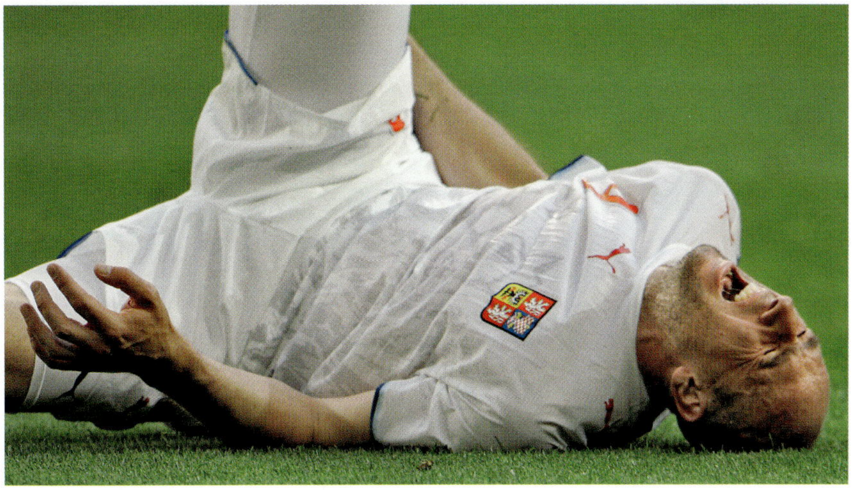

… wird später Gewissheit: Es war sein erstes und zugleich letztes Spiel bei dieser WM.

USA – TSCHECHIEN

0:3 (0:2)

Schiedsrichter: Carlos Amarilla (Paraguay) **Tore:** 0:1 Koller (5.), 0:2 Rosicky (36.), 0:3 Rosicky (76.) **Zuschauer:** 52.000 (ausverkauft) **Beste Spieler:** Reyna – Nedved, Rosicky **Rote Karten:** keine **Gelb-Rote Karten:** keine **Gelbe Karten:** Onyewu, Reyna – Grygera, Lokvenc, Rosicky, Rozehnal **Torschüsse:** 1:5 **Ecken:** 2:5 **Fouls:** 15:19 **Ballbesitz:** 55%:45%

TABELLE GRUPPE E		Spiele	Tore	Pkt.
1.	Tschechien	1	3:0	3
2.	Ghana	0	0:0	0
3.	Italien	0	0:0	0
4.	USA	1	0:3	0

■ RITTERSCHLAG

Tomas Rosicky zeigte das vielleicht beste Spiel seines Lebens und Brasliens Fußball-Idol Pele zollte ihm höchstes Lob: »Dieser Mann ist einfach gut, der ist begabt, der macht den Unterschied aus. Er hat eine Glanzpartie geboten. Solche Tore machen einfach Freude.«

ITALIEN – GHANA

2:0 (1:0)

Schiedsrichter: Carlos Simon (Brasilien) **Tore:** 1:0 Pirlo (40.), 2:0 Iaquinta (83.) **Zuschauer:** 43.000 (ausverkauft) **Beste Spieler:** Cannavaro, Pirlo – Essien, Pantsil **Rote Karten:** keine **Gelb-Rote Karten:** keine **Gelbe Karten:** Camoranesi, De Rossi, Iaquinta – Gyan, Muntari **Torschüsse:** 13:4 **Ecken:** 12:4 **Fouls:** 8:22 **Ballbesitz:** 47%:53%

TABELLE GRUPPE E		Spiele	Tore	Pkt.
1.	Tschechien	1	3 : 0	3
2.	Italien	1	2 : 0	3
3.	Ghana	1	0 : 2	0
4.	USA	1	0 : 3	0

TRAINERSTIMMEN

Marcello Lippi *(Italien):* *»Besser hätte die WM für uns nicht beginnen können.«*

Ratomir Dujkovic *(Ghana):* *»Wir hatten ein paar Chancen, haben aber nichts daraus gemacht.«*

12.6.2006 · HANNOVER

Squadra Azzura startet mit Arbeitssieg

BECKENBAUER ZEIGTE SICH VON ITALIEN ANGETAN

Sie haben ein hervorragendes Spiel gemacht und haben verdient gewonnen«, kommentierte WM-OK-Präsident Franz Beckenbauer den Erfolg der italienischen Auswahl gegen WM-Neuling Ghana. Allerdings tat sich die Elf von Trainer Marcello Lippi lange Zeit schwer gegen die Afrikaner, doch den letztlich entscheidenden Unterschied machte die bessere Chancenauswertung aus. Hinzu kam auch noch das Pech, dass sich Sammy Kuffour, der ehemalige Bayern-Spieler in den Reihen des viermaligen Afrika-Meisters, in der 83. Minute einen katastrophalen Schnitzer leistete, indem er einen total verunglückten Rückpass spielte. Vincenzo Iaquinta nutzte die Chance eiskalt und schob zum 2:0 Endstand ein.
Für das Führungstor hatte fünf Minuten vor dem Halbzeitpfiff Mittelfeldspieler Andrea Pirlo mit einem verdeckten Schuss aus 20 Metern Entfernung gesorgt, wobei Ghanas Torhüter Richard Kingson keine Abwehrmöglichkeit besaß. Zu viele Spieler hatten dem Keeper die Sicht versperrt. Seltsamerweise zogen sich die Italiener dann im zweiten Teil der Begegnung erstaunlich weit in die eigene Hälfte zurück, doch auch aus dieser defensiven

Ghanas Eric Addo (l.) im harten Zweikampf mit Francesco Totti.

Einstellung konnte das Team des serbischen Coachs Dujkovic kein Kapital schlagen. Dem Ausgleich am nächsten kam England-Legionär Michael Essien. Der Leistungsträger beim neuen Meister Chelsea scheiterte in der 54. Minute mit einem Distanzschuss an dem ansonsten wenig geprüften Torhüter Gianluigi Buffon.

Italiens Stürmer Iaquinta zieht beim 2:0 an Torwart Kingson vorbei.

12.6.2006 · KAISERSLAUTERN

Historischer Triumph für Australien

JAPAN NACH AUFTAKT-NIEDERLAGE GESCHOCKT

Die australischen Spieler reklamieren das Foul an Torwart Schwarzer (l., am Boden).

Nachdem der allererste Sieg eines Teams aus »Down under« bei einer WM-Endrunde unter Dach und Fach war, ballte auch der entscheidende Mann an der Seitenlinie das »goldene Händchen« zum Zeichen des Triumphs zur Faust. Guus Hiddink, der niederländische Coach der Australier, hatte beim Stand von 0:1 zunächst Tim Cahill eingewechselt (53.), dann Joshua Kennedy (61.) und anschließend noch John Aloisi (76.). Kennedy belebte das Spiel, Cahill drehte die Partie mit seinen beiden Toren (84./89.) und Aloisi stellte den Endstand her (90.+2). »Wir haben das Testspiel der Japaner gegen Deutschland genau analysiert und gewusst, dass wir sie am Ende kriegen können«, erläuterte der Trainer seine Taktik. Bis zur 84. Minute zumindest hatte es allerdings nicht nach einem Erfolg ausgesehen, denn der ägyptische Schiedsrichter El Fatah wäre für die Australier fast zu »El Fatal« geworden. Der Unparteiische übersah bei der Führung der Japaner durch Shunsuke Nakamura (26.) ein glasklares Foul an Torwart Mark Schwarzer. »Der Schiedsrichter kann Gott danken, dass wir noch gewonnen haben«, meinte Hiddink hinterher mit einem Augenzwinkern. Der Asienmeister zeigte sich nach dem Spiel total frustiert. »Unfassbar, dass wir noch verloren haben. Wir hätten das 2:0 einfach machen müssen«, erklärte Bundesliga-Profi Naohiro Takahara und dachte dabei wohl auch an zwei Szenen, an den der 27-Jährige selbst beteiligt war. In der 59. Minute wusste er einen Fehler von Australiens Keeper nicht zu einem Heber ins leere Tor zu nutzen, zwei Minuten vor dem Ausgleich bediente er seinen Kollegen Atsushi Yanagisawa in einer Überzahl-Situation zu ungenau. Japans Trainer Zico ließ Entschuldigungen seiner Spieler, die bekundeten, die hohe Temperatur von rund 30 Grad im Stadion hätte ihnen in der Schlussphase zugesetzt nicht gelten: »Wenn man vorne die Dinger nicht reinmacht, bekommt man sie hinten. Wir haben zu viele individuelle Fehler gemacht. Das war das Problem. Nicht das Wetter.«

Shunsuke Nakumara bejubelt seinen Treffer zum 0:1.

Tim Cahill feiert sein Tor zum 1:1 mit der Eckfahne.

AUSTRALIEN – JAPAN

3:1 (0:1)

Schiedsrichter: Essam El Fatah (Ägypten) **Tore:** 0:1 Nakamura (26.), 1:1 Cahill (84.), 2:1 Cahill (89.), 3:1 Aloisi (90.+2) **Zuschauer:** 46.000 (ausverkauft) **Beste Spieler:** Viduka, Kennedy, Cahill – Komano, Nakamura **Rote Karten:** keine **Gelb-Rote Karten:** keine **Gelbe Karten:** Aloisi, Moore, Grella, Cahill – Moniwa, Miyamoto, Takahara **Torschüsse:** 12:2 **Ecken:** 5:3 **Fouls:** 22:11 **Ballbesitz:** 52%:48%

TABELLE GRUPPE F		Spiele	Tore	Pkt.
1.	Australien	1	3 : 1	3
2.	Kroatien	0	0 : 0	0
3.	Brasilien	0	0 : 0	0
4.	Japan	1	1 : 3	0

WECHSELSPIEL

Der niederländische Australien-Coach Guus Hiddink (r.) wechselte taktisch geschickt drei Spieler ein und »erzwang« förmlich den Sieg gegen Japan.
Josh Kennedy, bei Dynamo Dresden unter Vertrag, brannte in der 61. Minute sichtlich darauf, eingesetzt zu werden.

BRASILIEN – KROATIEN

1:0 (1:0)

Schiedsrichter: Benito Archundia (Mexiko) **Tor:** 1:0 Kaka (44.) **Zuschauer:** 72.000 (ausverkauft) **Beste Spieler:** Kaka, Lucio – Niko Kovac, Srna, Prso **Rote Karten:** keine **Gelb-Rote Karten:** keine **Gelbe Karten:** Emerson – Niko Kovac, Robert Kovac, Tudor **Torschüsse:** 6:3 **Ecken:** 5:7 **Fouls:** 20:20 **Ballbesitz:** 50%:50%

TABELLE GRUPPE F		Spiele	Tore	Pkt.
1.	Australien	1	3 : 1	3
2.	Brasilien	1	1 : 0	3
3.	Kroatien	1	0 : 1	0
4.	Japan	1	1 : 3	0

FLITZEREINLAGE

Trotz aller strikten Sicherheitsvorkehrungen schaffte es ein kroatischer Fan kurz vor Spielende aufs Spielfeld zu gelangen. Unaufgeregter Kommentar dazu von Stürmer Klasnic: »Ich habe gesehen, dass er ein Trikot mit meinem Namen getragen hat und zu Dado Prso (r.) gelaufen ist. Der hat zum Glück gelassen reagiert.«

13.6.2006 · BERLIN

Mühsamer Arbeitssieg für Brasilien

RONALDO IM KREUZFEUER DER KRITIK

Die brasilianische Tageszeitung »Globo« befand, der apathische 69-minütige Auftritt des dreimaligen Weltfußballers Ronaldo im Berliner Olympiastadion sei eine der schlechtesten Leistungen in dessen gesamter Laufbahn gewesen. Der landesweit bekannte Kolumnist Juca Kfouri stellte angesichts dieses Totalausfalls süffisant fest, dass es vielleicht der größte Erfolg der Mannschaft war, Kroatien mit zehn Mann geschlagen zu haben: »Es war eine Qual, ihn wie ein schwammiges Schwergewicht rumtapsen zu sehen, als habe er mit dem Geschehen auf dem Platz nichts zu tun.«
Doch Ronaldo war nicht der einzige Brasilianer, der gegen die definsivstarken Kroaten unter seinen Möglichkeiten blieb. Nur eine Viertelstunde boten die Südamerikaner schnelles Kurzpass- und Direktspiel, dann war auch der Zauber von Ronaldinho, dem Star des FC Barcelonas, verpufft.
Die Abwehr der Selecao hinterließ hingegen einen ordentlichen Eindruck. Die Innenverteidigung mit den Bundesliga-Legionären Lucio und Juan erfüllte vor allem vor der Pause ihren Part konsequent. Nach dem Wechsel standen die Brasilianer insgesamt weniger kompakt und bescherten Ihrer Defensive dadurch wesentlich mehr Arbeit. Torhüter Dida wirkte dabei nicht immer sicher und ließ mehrfach Bälle nach vorne abprallen. Die kroatischen Spitzen Dado Prso und Ivan Klasnic schlugen aber kein Kapital daraus. »Schade. Wir waren die bessere Mannschaft und hätten den Ausgleich verdient gehabt«, sagte Kroatiens Trainer Zlatko Kranjcar, der zudem die stabile Defensivleistung seiner Spieler lobte. Die 25.000 kroatischen Fans im Stadion empfanden das Gleiche und verabschiedeten ihre Landsleute mit warmem Applaus.

Der kroatische Verteidiger Igor Tudor attackiert Brasiliens Stürmer Ronaldo.

■ 13.6.2006 · FRANKFURT

Theater um Togos Trainer

»JOKER« AHN JUNG-HWAN ERZIELT DEN SIEGTREFFER

Scheinbar unbeeindruckt von den Turbulenzen um seinen deutschen Trainer Otto Pfister, der wegen des Prämienstreits seiner Mannschaft mit dem Verband abgereist war und dann aber doch 17 Stunden vor dem Spiel wieder zurückkehrte, bot Togo in der ersten Halbzeit eine erstaunlich starke Leistung und ging durch das erste WM-Tor in der Geschichte des Landes von Stürmer Mohamed Kader (31.) verdient mit 1:0 in Führung. Die spielentscheidende Szene ereignete sich dann in der 53. Minute. Togos Abwehrchef Jean-Paul Abalo konnte Südkoreas Star Park Ji-Sung unmittelbar vor dem Strafraum nur mit einem Foul bremsen und bekam dafür die Gelb-Rote Karte gezeigt. Den anschließenden Freistoß verwandelte Lee Chun-Soo zum Ausgleich, wobei Torwart Kossi Agassa alles andere als gut aussah. In Unterzahl waren in Anbetracht der Kräfte raubenden Hitze die Erfolgschancen für Togo gering geworden. In der 72. Minute war es

Chong-Gug (l.) und Chun-Soo (M.) gratulieren Jung-Hwan zum Siegtreffer.

dann soweit: Der eingewechselte Ahn Jung-Hwan (46.) von Erstliga-Absteiger MSV Duisburg erzielte aus 18 Metern Torentfernung den Siegtreffer zum 2:1. Und bereicherte damit seinen Mythos im Nationalteam um eine weitere Erfolgsgeschichte. Bereits bei der WM 2002 war er zum Volkshelden aufgestiegen, als er mit seinem »Golden Goal« gegen Italien die »Tiger« ins Viertelfinale geschossen hatte.

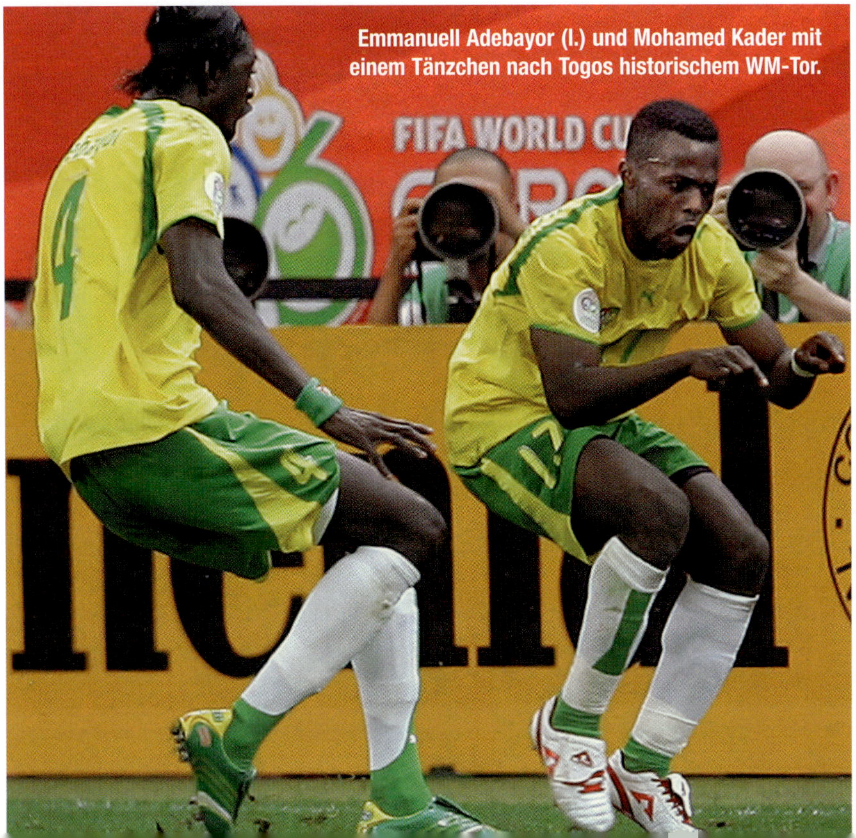

Emmanuell Adebayor (l.) und Mohamed Kader mit einem Tänzchen nach Togos historischem WM-Tor.

SÜDKOREA – TOGO

2:1 (0:1)

Schiedsrichter: Graham Poll (England) **Tore:** 0:1 Kader (31.), 1:1 Lee Chun-Soo (54.), 2:1 Ahn Jung-Hwan (72.) **Zuschauer:** 48.000 (ausverkauft) **Beste Spieler:** Lee Woon-Jae, Lee Chun-Soo – Kader, Salifou **Rote Karten:** keine **Gelb-Rote Karte:** Abalo wegen wiederholten Foulspiels (53.) **Gelbe Karten:** Lee Chun-Soo, Kim Young-Chul – Romao, Tchangai **Torschüsse:** 6:3 **Ecken:** 3:4 **Fouls:** 16:17 **Ballbesitz:** 64%:36%

TABELLE GRUPPE G		Spiele	Tore	Pkt.
1.	Südkorea	1	2 : 1	3
2.	Frankreich	0	0 : 0	0
3.	Schweiz	0	0 : 0	0
4.	Togo	1	1 : 2	0

■ TRAINERPOSSE

Otto Pfister

Chaos bei den »Sperbern«. Erst hatte der gebürtige Kölner Otto Pfister fristlos gekündigt und war dann aber doch wieder zum Team zurückgekehrt. Togos Generalsekretär Komlan unterstellte nach der Niederlage dem 68-Jährigen Alkoholprobleme. Der Funktionär weiter: »Ich war von Anfang an gegen ihn.« Der wahre Hintergrund: Es geht um einen Machtkampf im Verband zwischen Präsident Gnassingbe und Komlan, der Assistenzcoach Mawuena als Chef durchboxen will.

FRANKREICH – SCHWEIZ

0:0

Schiedsrichter: Valentin Iwanow (Russland) **Tore:** Fehlanzeige **Zuschauer:** 52.000 (ausverkauft) **Beste Spieler:** Ribary, Zidane – Barnetta, Müller **Rote Karten:** keine **Gelb-Rote Karten:** keine **Gelbe Karten:** Abidal, Zidane, Sagnol – Magnin, Barnetta, Philipp Degen, Cabanas, Frei **Torschüsse:** 3:4 **Ecken:** 4:1 **Fouls:** 18:18 **Ballbesitz:** 51%:49%

TABELLE GRUPPE G		Spiele	Tore	Pkt.
1.	Südkorea	1	2 : 1	3
2.	Frankreich	1	0 : 0	1
3.	Schweiz	1	0 : 0	1
4.	Togo	1	1 : 2	0

KOMMENTAR

Der deutsche Meistertrainer Ottmar Hitzfeld zeigte sich sehr angetan von der jungen Schweizer Auswahl. »Sie präsentieren sich extrem reif, sehr abgezockt und absolut systemtreu«, lobte der Coach, der in Basel aufwuchs und als Spieler und Trainer in der Schweiz tätig war. Hitzfeld sieht das Team erst am Beginn einer großen Entwicklung.

13.6.2006 · STUTTGART

Nulldiät statt Champagner-Fußball

FRANKREICH KONNTE DIE EIDGENOSSEN NICHT BEZWINGEN

Nach der ernüchternden Nullnummer im Glutofen von Stuttgart kannte die Enttäuschung bei der »Grande Nation« keine Grenzen. Mit hängendem Kopf und völlig entkräftet schlich der dreimalige Weltfußballer Zinedine Zidane nach der nur knapp verhinderten Blamage des WM-Mitfavoriten Frankreich gegen die Schweiz (0:0) kommentarlos durch die Stadionkatakomben. Seit acht Jahren und nunmehr 360 WM-Minuten war den Franzosen kein Endrunden-Treffer mehr gelungen.

Trainer Raymond Domenech ließ auf der Suche nach Entschuldigungen keinen vermeintlichen Störfaktor unerwähnt: Den Rasen, die Hitze, den Schiedsrichter und natürlich die Eidgenossen, die die Schwachstellen der »Blauen« gnadenlos offen gelegt hatten. Dabei schien sich der Schachzug von Domenech, Spielmacher Zidane und seien legitimen Nachfolger Franck Ribery gemeinsam auflaufen zu lassen, zunächst auszuzahlen. Der Altmeister und vor allem sein Lehrling waren zumindest in der ersten Halbzeit Dreh- und Angelpunkt des Spiels. Allerdings ließen die Franzosen, die bereits in der WM-Qualifikation gegen die Schweizer kein Mittel gefunden hatten (1:1/0:0), den Torinstinkt vor dem Gehäuse von Keeper Pascal Zuberbühler vermissen. Glück hingegen hatten die »Blauen«, als der Leverkusener Tranquillo Barnetta mit einem Freistoß aus 25 Metern nur den Pfosten traf und Stürmer Alexander Frei den Abpraller nur um Zentimeter verpasste (24.). »Es ist schwer zu sagen, ob wir einen Punkt gewonnen oder zwei verloren haben«, meinte Barnetta nach der auf schwachem Niveau abgelaufenen Partie. Durch ihre verhaltene Spielweise nahm die Elf aus der Alpenrepublik, die zuletzt 1994 ein WM-Spiel gewonnen hatte (4:1 gegen Rumänien), den Franzosen in der Folge immer mehr den Wind aus den Segeln und lieferten dem Europameister von 2000 nach dem Wechsel einen ebenbürtigen Schlagabtausch.

Der Schweizer Johann Vogel (r.) knöpft sich Zinedine Zidane vor.

Die Schweizer National-Elf bedankt sich nach dem Spiel bei ihren Fans für die Unterstützung.

■ 14.6.2006 · LEIPZIG

Die jungen Toreros begeistern

UKRAINES TRAINER SPRICHT VON SCHANDE

Spaniens Stürmer David Villa (r.) erzielt das 2:0 per Freistoß.

Nach dem glanzvollen 4:0 (2:0) der Spanier gegen WM-Debütant Ukraine bei 33 Grad im »Stadion-Backofen« von Leipzig hagelte es Lob von allen Seiten. Fußball-Kaiser Beckenbauer etwa erklärte »die bisher beste Mannschaft des Turniers« sogar zum Titelkandidaten. Die in ihrer Heimat wie selten zuvor beliebte Seleccion hatte auch ohne Superstar Raul in der Startformation mit trickreichem Tempofußball überzeugt. Xabi Alonso nach einer Ecke per Kopf (13.), Villa mit einem direkt verwandelten Freistoß aus 20 Metern (17.) und einem Foulelfmeter (48.) sowie Fernando Torres (81.) nach einer Traumkombination sorgten für den bis dato höchsten Sieg bei dieser WM. Nach dem von ihm verursachten Strafstoß hatte Wladislaw Waschtschuk wegen seiner Attacke gegen David Villa einen Platzverweis erhalten. »Das war kein Rot und auch kein Elfer«, maulte der enttäuschte Andrej Schewtschenko hinterher, dem wie seinen Kollegen nach dieser lustlosen Vorstellung die vorzeitige Heimreise droht. »Das 0:4 ist eine Schande«, meinte Nationaltrainer Oleg Blochin. »Wir haben phasenweise wie die schlechteste Mannschaft Europas gespielt. Ich muss mich für die schlechte Einstellung der Spieler entschuldigen.« Irritationen gab es erneut auch um die 500 leeren Sitze in der mit 43.000 Zuschauern offiziell ausverkauften Arena, nachdem schon beim Auftaktspiel in Leipzig zwischen den Niederlanden und Serbien/Montenegro 1.600 Plätze unbesetzt geblieben waren, hatte das WM-Organisationskomitee bereits eine Untersuchung angekündigt. Aufklärungsbedarf dürfte also weiter bestehen bleiben.

Die Szene, in der Verteidiger Waschtschuk (l.) Villa (r.) von den Beinen holte.

Den Elfmeter verwandelte der Gefoulte selbst, für Torwart Schowkowski gab`s nichts zu halten.

SPANIEN – UKRAINE

4:0 (2:0)

Schiedsrichter: Massimo Busacca (Schweiz) **Tore:** 1:0 Xabi Alonso (13.), 2:0 Villa (17.), 3:0 Villa (48., Foulelfmeter), 4:0 Fernando Torres (81.) **Zuschauer:** 43.000 (ausverkauft) **Beste Spieler:** Villa, Fernando Torres, Xavi - Tymoschuk, Woronin **Rote Karte:** Waschtschuk nach einer Notbremse (47.) **Gelb-Rote Karten:** keine **Gelbe Karten:** – Rusol, Jeserski **Torschüsse:** 10:2 **Ecken:** 7:1 **Fouls:** 11:14 **Ballbesitz:** 54%:46%

TABELLE GRUPPE H		Spiele	Tore	Pkt.
1.	Spanien	1	4 : 0	3
2.	Tunesien	0	0 : 0	0
3.	Saudi-Arabien	0	0 : 0	0
4.	Ukraine	1	0 : 4	0

■ EDEL-FANS

Während der spanische König Juan Carlos daheim in seinem Palast vor dem Fernsehgerät jubelte, schlürften der eigens nach Leipzig angereiste Kronprinz Felipe und seine Gattin Letizia schon vor dem Abpfiff durch den Schweizer Schiedsrichter Busacca genüsslich den Siegersekt aus einem gemeinsamen Pappbecher.

DEUTSCHLAND – POLEN

1:0 (0:0)

Schiedsrichter: Luis Medina Cantalejo (Spanien) **Tor:** 1:0 Neuville (90.+1) **Zuschauer:** 65.000 (ausverkauft) **Beste Spieler:** Lahm, Schneider – Boruc, Bak **Rote Karten:** keine **Gelb-Rote Karte:** Sobolewski wegen wiederholten Foulspiels (75.) **Gelbe Karten:** Ballack, Odonkor, Metzelder – Krzynowek, Boruc **Torschüsse:** 16:5 **Ecken:** 10:4 **Fouls:** 21:17 **Ballbesitz:** 58%:42%

TABELLE GRUPPE A		Spiele	Tore	Pkt.
1.	Deutschland	2	5 : 2	6
2.	Ecuador	1	2 : 0	3
3.	Costa Rica	1	2 : 4	0
4.	Polen	2	0 : 3	0

MEINUNG

Oliver Neuville: *»Mein Tor war ein bisschen glücklich, doch der Sieg war mehr als verdient. Unsere Fans haben uns heute 90 Minuten toll unterstützt. Wir sind konditionell fit, das hat man gesehen. Wir hatten auch zum Schluss noch viele Torchancen.«*

14.6.2006 · DORTMUND

Licht und Schatten: Neuville und Nivel

JUBEL UM JOKER, VERNEIGUNG VOR EHRENGAST

Sie gaben alles, erspielten sich Chancen, doch der Ball schien nicht ins Tor zu wollen. Dann lief die erste Minute der Nachspielzeit, und der »Joker« stach. Der eingewechselte Oliver Neuville erzielte das mehr als verdiente 1:0 (0:0) gegen Polen und stieß dadurch die Tür zum Achtelfinale ganz weit auf. Und die zwei Auftaktsiege sind ein gutes Omen: Zuletzt gelang dies einer deutschen Mannschaft auf dem Weg zu den WM-Titeln 1990 und 1974. Neuville wurde nach seinem erst neunten Länderspieltreffer beinahe von seinen Teamkollegen erdrückt, und Bundestrainer Jürgen Klinsmann sprang nach der insgesamt überzeugenden Leistung seiner Mannschaft vor Freude wie ein Derrwisch herum.

»Der Zusammenhalt in der Truppe auf und außerhalb des Platzes ist sensationell, da ist man als Trainer stolz und glücklich«, sagte er schwärmerisch. Der diesmal bei einigen Großchancen glücklose Miroslav Klose brachte den Spielverlauf auf den Punkt: »Wir haben gezeigt, welche Moral in der Mannschaft steckt, wir haben immer an uns geglaubt«, lange habe der DFB-Auswahl nur das Quäntchen Glück gefehlt. Der späte Treffer war in der Tat der verdiente Lohn nach einer Partie, in der die Gastgeber teilweise drückend und ab der 65. Minute auch numerisch überlegen waren.

Dortmund erwies sich wieder für deutsche Mannschaften als gutes Pflaster: Im 14. Spiel gab es bei einem Unentschieden nun den 13. Sieg. Zunächst hatte die DFB-Auswahl ein paar Anlaufschwierigkeiten. Ballack stand sehr tief und hatte Mühe, entscheidende Akzente zu setzen. Dies lag auch an den Polen, die wie erwartet sehr entschlossen und aggressiv zu Werke und in die Zweikämpfe gingen. Erst ein Personalwechsel brachte nach der Halbzeit neuen Schwung. Klinsmann erlöste den enttäuschenden Friedrich und setzte mit der Hereinnahme von David Odonkor ein

Daniel Nivel, der französische Gendarm, auf der Tribüne des Dortmunder WM-Stadions.

Zeichen für noch mehr Offensive. Der Flügelflitzer von Borussia Dortmund machte über die rechte Seite mächtig Dampf. Vor allem in der zunehmend turbulenten Schlussphase drängte die DFB-Auswahl vehement auf die Entscheidung: Auch der starke Lahm und der für Podolski eingewechselte Neuville scheiterten zunächst aber am starken Boruc im polnischen Tor, ehe der unbändige Kampfgeist doch noch belohnt wurde.

Zeuge der Begegnung war auch ein französischer Gendarm, der auf Einladung des DFB in Dortmund weilte: Daniel Nivel. Im Juni 1998 war der heute 51-Jährige bei der WM in Frankreich von deutschen Hooligans während seines Dienstes fast zu Tode geprügelt worden. Die Bilder des in einer Blutlache liegenden Mannes gingen damals um die Welt und versetzten Deutschland in einen Schockzustand. Ein weinender DFB-Präsident, um Schadensbegrenzung bemühte Politiker, fassungslose Spieler – von all dem bekam Daniel Nivel nichts mit. Er lag sechs Monate im Koma, mühevoll lernte er wieder gehen, sprechen kann er bis heute nicht. Angesichts dieser Erlebnisse bleibt zu hoffen, dass der Ehrengast nichts mitbekommen hat von den ersten schwereren Krawallen dieser WM-Tage. Deutsche und polnische Hooligans hatten sich vor der Partie in der Innenstadt duelliert.

Die Erlösung in der Nachspielzeit: Oliver Neuville hat das umkämpfte Match entschieden.

Der Kapitän ist wieder an Bord, und schon haben die gegnerischen Mannschaften wie hier die der polnischen ein Problem mehr.

Das gute Pflaster Dortmund hat die deutschen Kicker auch diesmal nicht im Stich gelassen. Ein Dankeschön war das Mindeste.

Ein freudetrunkener Michael Ballack auf den Schultern von Neuville (l.) und Klose. Seine Gelbe Karte könnte allerdings noch für Ungemach in Form einer Spielsperre sorgen…

TUNESIEN – SAUDI-ARABIEN

2:2 (1:0)

Schiedsrichter: Mark Shield (Australien) **Tore:** 1:0 Jaziri (23.), 1:1 Al-Kahtani (57.), 1:2 Al-Jaber (84.), 2:2 Jaidi (90.+3) **Zuschauer:** 66.000 (ausverkauft) **Beste Spieler:** Jaziri, Chedli – Al-Temyat, Sulimani **Rote Karten:** keine **Gelb-Rote Karten:** keine **Gelbe Karten:** Haggui, Bouazizi, Chedli, Chikhaoui **Torschüsse:** 6:13 **Ecken:** 3:4 **Fouls:** 17:12 **Ballbesitz:** 49%:51%

TABELLE GRUPPE H

		Spiele	Tore	Pkt.
1.	Spanien	1	4:0	3
2.	Saudi-Arabien	1	2:2	1
	Tunesien	1	2:2	1
4.	Ukraine	1	0:4	0

ZWEITER FLITZER BEI DER WM

Kurz vor Anpfiff der zweiten Spielhälfte rannte ein Fan der »Adler von Karthago« im Trikot des tunesischen Nationalspielers Zied Jaziri mit wehender Fahne über den Rasen. Den ersten Ordner trickste er noch per Körpertäuschung aus, bevor ein zweiter ihn sich schnappte.

14.6.2006 · MÜNCHEN

Kein Sieger im arabischen Bruderduell

SAUDISCHER SULTAN STOLZ ÜBER DAS ERGEBNIS

Radhi Jaidi bewahrte Tunesien in allerletzter Minute vor einer Niederlage im prestigeträchtigen arabischen Bruderkampf. Der England-Profi der Bolton Wanderers erzielte in der dritten Minute der Nachspielzeit noch das Tor zum 2:2 gegen die »Grünen Falken« aus Saudi-Arabien und beendete deren Traum vom ersten Sieg bei einer Fußball-WM. Kurz zuvor hatte Stürmerstar Sami Al-Jaber die Saudis nur zwei Minuten nach seiner Einwechselung in Führung gebracht (84.). Der nachfolgende Jubelsturm wich der Ernüchterung. Doch auch Tunesien, das durch Zied Jaziri zunächst in Führung gegangen war (23.), bevor Yasser Al-Kathani zum 1:1 ausglich (57.), zeigte sich über das Unentschieden als End-ergebnis nicht gerade glücklich. Mittelfeld-spieler Adel Chedli vom Bundesligisten 1. FC Nürnberg nahm dabei kein Blatt vor den Mund, als er über den verpatzten Sieg sprach. »Der liebe Gott war heute gnädig mit uns, deshalb sind wir mit einem Pünktchen davongekommen«, sagte der 29-Jährige und fügte hinzu: »Wir haben nicht Fußball gespielt, das war absolut nichts. Es war das schlechteste Spiel der Nationalmannschaft, in dem ich mitgespielt habe.« In der Tat boten in der offiziell mit 66.000 Besuchern ausverkauften Münchner Arena, in der jedoch einige hundert Plätze leer geblieben waren, beide Teams den Zuschauern lange Zeit eine niveauarme Partie. Vor allem die Saudis trugen wenig zur Spielkultur des erst in der Schlussphase leidlich spannenden Duells bei. Deren Verbandspräsident Prinz Sultan bin Fahad bin Abdul Aziz drückte sich hinterher dazu eher diplomatisch aus: »Ich freue mich über die faire Begegnung. Ein überaus wunderbares Ergebnis. Wir hoffen auf ein gutes Resultat gegen die Ukraine.«

Zied Jaziri (r.) bei seinem Führungstreffer in der 23. Minute.

■ 15.6.2006 · HAMBURG

»Tri« grandios ins Achtelfinale

COSTA RICA VORZEITIG GESCHEITERT

Ecuador hat sich und Gastgeber Deutschland den vorzeitigen Einzug ins Achtelfinale der Fußball-Weltmeistschaft beschert. Die Südamerikaner schafften damit erstmals den Sprung unter die letzten 16 bei einer Endrunde und im »Finale« um den Sieg in der Gruppe A würde ihnen aufgrund der besseren Tordifferenz bereits ein Unentschieden reichen. Die Begegnung Polen gegen Costa Rica hat dagegen nur noch statistischen Wert. Angeheizt von der stimmungsvollen Atmosphäre im Stadion feierten die Fans der »Tri« nach dem dritten Sieg im insgesamt fünften Spiel ihrer WM-Geschichte eine ausgelassene Fiesta in der Hansestadt. Dagegen stürzte Costa Ricas zweite Turnier-Niederlage die »Ticos« ins Tal der Tränen. Bei seiner insgesamt dritten WM-Teilnahme verspielte der Außenseiter die letzte Chance auf den zweiten Achtelfinal-Einzug nach 1990, zumal das Team gleich zu Beginn des Spiels kalt erwischt wurde. Die beste Chance für den Underdog hatte in dieser Phase der frühere Karlsruher Zweitligaspieler Douglas Sequeira, der einen Kopfball aus aussichtsreicher Position neben das Tor setzte. Es blieb ein Strohfeuer, denn Ecuador hatte das Spiel jederzeit im Griff und hätte durchaus noch höher gewinnen können.

In seiner Begeisterung über das von ihm erzielte 3:0 in der Nachspielzeit stülpte sich Ivan Kaviedes diese Superman-Maske über.

Costa Ricas Keeper José Porras mit einer klasse Parade, bestaunt von den gegnerischen Spielern Gomez (l.) und Delgado (M.).

ECUADOR – COSTA RICA

3:0 (1:0)

Schiedsrichter: Coffi Codjia (Benin) **Tore:** 1:0 Carlos Tenorio (8.), 2:0 Delgado (54.), 3:0 Kaviedes (90.+2) **Zuschauer:** 50.000 (ausverkauft) **Beste Spieler:** Carlos Tenorio, Valencia – Solis **Rote Karten:** keine **Gelb-Rote Karten:** keine **Gelbe Karten:** Mora, Castillo, de la Cruz – Marin, Solis **Torschüsse:** 7:4 **Ecken:** 3:4 **Fouls:** 18:22 **Ballbesitz:** 51%:49%

TABELLE GRUPPE A		Spiele	Tore	Pkt.
1.	Ecuador	2	5 : 0	6
2.	Deutschland	2	5 : 2	6
3.	Polen	2	0 : 3	0
4.	Costa Rica	2	2 : 7	0

■ HELDENFEIER

In Ecuadors Hauptstadt Quito brach zur Frühstücksstunde ab 8.00 Uhr morgens während und erst Recht nach der Partie das öffentliche Leben weitgehend zusammen, obwohl Präsident Alfredo Palacio diesmal keinen arbeitsfreien Vormittag ausgerufen hatte. Fest steht, Trainer Suarez und seine Spieler haben sich mit dem historischen Erfolg bereits »unsterblich« gemacht.

ENGLAND – TRINIDAD & TOBAGO

2:0 (0:0)

Schiedsrichter: Toru Kamikawa (Japan) **Tore:** 1:0 Crouch (83.), 2:0 Gerrard (90.+1) **Zuschauer:** 41.000 (ausverkauft) **Beste Spieler:** Terry, Joe Cole – Lawrence, Birchall **Rote Karten:** keine **Gelb-Rote Karten:** keine; **Gelbe Karten:** Lampard – Theobald, Whitley, Jones, Hislop, Gray **Torschüsse:** 8:3 **Ecken:** 7:3 **Fouls:** 15:19 **Ballbesitz:** 62%:38%

TABELLE GRUPPE B		Spiele	Tore	Pkt.
1.	England	2	3 : 0	6
2.	Schweden	1	0 : 0	1
3.	Trinidad & Tobago	2	0 : 2	1
4.	Paraguay	1	0 : 1	0

ROBOT MAN?

Fußball-Riese (2,04 m Körpergröße) oder ungelenke Bohnenstange, Kopfball-Ungeheuer oder Rohrkrepierer – an Englands 25-jährigem Stürmer Peter Crouch vom FC Liverpool scheiden sich im Fußball-Mutterland die Geister.

15.6.2006 · NÜRNBERG

Beckhams Botschaft zur Moral

ROONEYS COMEBACK NACH 47 TAGEN

Das Liverpooler Duo Peter Crouch und Steven Gerrard bewahrte das Fußball-Mutterland England vor einer Blamage. Der 2,04 m lange »Robot Man« Crouch und dessen Kollege Gerrard sorgten mit ihren Toren zugleich für den vorzeitigen Achtelfinal-Einzug der »Three Lions«. Zudem hatten die 30.000 englischen Fans im Nürnberger Frankenstadion doppelten Grund zur Freude, denn 47 Tage nach seinem Fußbruch gab Stürmerstar Wayne Rooney sein Comeback. »Das ist unsere Botschaft, hört genau zu: Wir geben nie auf, wir wussten, dass wir sie niederringen«, sagte Beckham und fügte an: »Wir haben uns reingehängt, hart gearbeitet und uns nicht von unserem Weg abbringen lassen.« Mit Freude registrierte »Becks« auch die ersten Spielminuten von Rooney: »Er ist soweit. Das ist sehr positiv und gibt uns einen weiteren Schub.«

Zwei unabhängige Experten hatten dem 20-jährigen Rooney am Vormittag nach einer ausführlichen Untersuchung grünes Licht gegeben. Der Youngster begann bereits wenige Minuten nach Anpfiff mit dem Warmmachen und wurde von den Fans das gesamte Spiel über frenetisch gefeiert. 41.000 Zuschauer im Nürnberger Frankenstadion sahen zunächst eine einseitige Partie, in der England den Ton angab, ohne aber den Gegner an die Wand zu spielen. David Beckham und Co. versprühten im ersten Duell gegen die frühere Kolonie, die 1962 ihre Unabhängigkeit von England erklärt hatte, in der Offensive nur wenig Esprit. Auch in der zweiten Hälfte lief nicht viel zusammen beim Favoriten. Die »Trinis« beschränkten sich gegen die harmlosen Angriffsbemühungen des Gegners auf seltene Konter.

Verteidiger Brent Sancho springt fair über den am Boden liegenden Briten Rooney.

■ 15.6.2006 · BERLIN

»Schweden-Express« nur Bimmelbähnchen

LJUNGBERG VERHINDERT NEUERLICHE BLAMAGE

Fredrik Ljungberg hat für Schweden das Tor zum Achtelfinale weit aufgestoßen. Dank des Mittelfeldspielers vom Champions-League-Finalisten Arsenal London reicht dem WM-Dritten von 1994 nun im letzten Vorrundenspiel gegen Gruppensieger England ein Unentschieden, um aus eigener Kraft die K.o.-Runde zu erreichen. Vor 72.000 Zuschauern legten die Schweden zunächst ein enormes Tempo vor. Angetrieben von rund 30.000 schwedischen Anhängern zog das Drei-Kronen-Team sein gefürchtetes Angriffsspiel um das »magische Dreieck« mit den Stürmerstars Ibrahimovic, Larsson sowie Ljungberg hinter den Spitzen auf, das in der WM-Qualifikation 20 der 30 Tore erzielt hatte. Erst nach 15 Minuten konnte Paraguay, das sich in der Vorbereitung auf die Partie von den Medien regelrecht abgeschottet hatte und dafür sogar vom Weltverband FIFA gerügt wurde, das Spiel etwas beruhigen. Allerdings blieb das Offensivspiel der »Albirroja« wie schon bei der 0:1-Auftaktniederlage gegen England ziemliches Stückwerk. Nach der Pause blieb Angreifer Ibrahimovic in der Kabine. Für den noch etwas überspielt wirkenden Profi vom italienischen Rekordmeister

Paraguays Torwart Aldo Bobadilla (r.) blockt den Ball vor dem heranstürmenden Schweden Henrik Larsson (M.) ab, den Carlos Gamarra bedrängt.

Juventus Turin rückte Marcus Allbäck ins Sturmzentrum. Der frühere Rostocker besaß dann auch die zwei größten Möglichkeiten, das Spiel vorzeitig zu entscheiden und somit der Zittereinlage in letzter Minute aus dem Weg zu gehen. Vor allem, nachdem im zweiten Spielabschnitt vorwiegend die Südamerikaner den Ton angegeben hatten.

Der Schwede Larsson (r.) verblüffte mit dieser Aktion vor dem Gehäuse von Keeper Bobadilla (l.) gleich drei Verteidiger aus der Mannschaft Paraguays.

SCHWEDEN – PARAGUAY

1:0 (0:0)

Schiedsrichter: Lubos Michel (Slowakei) **Tor:** 1:0 Ljungberg (89.) **Zuschauer:** 72.000 (ausverkauft) **Beste Spieler:** Lucic, Wilhelmsson – Bobadilla, Gamarra **Rote Karten:** keine **Gelb-Rote Karten:** keine **Gelbe Karten:** Linderoth, Lucic – Caniza, Acuna, Paredes, Barreto **Torschüsse:** 10:3 **Ecken:** 6:3 **Fouls:** 18:15 **Ballbesitz:** 57%:43%

TABELLE GRUPPE B

		Spiele	Tore	Pkt.
1.	England	2	3 : 0	6
2.	Schweden	2	1 : 0	4
3.	Trinidad & Tobago	2	0 : 2	1
4.	Paraguay	2	0 : 2	0

■ MEINUNG

Trainer Anibal Ruiz *(Paraguay): »Ich fühle einen tiefen Schmerz. Aber wir haben das bekommen, was wir verdient haben, weil wir unser taktisches Konzept nicht umsetzen konnten. Schweden hatte mehr Torchancen und mehr Ballbesitz. Roque Santa Cruz war zu müde. Ich gratuliere, aber ich beantworte keine Fragen mehr.«*

ARGENTINIEN – SERBIEN/MONTENEGRO

6:0 (3:0)

Schiedsrichter: R. Rosetti (Italien); **Tore:** 1:0 Rodriguez (6.), 2:0 Cambiasso (31.), 3:0 Rodriguez (41.), 4:0 Crespo (78.), 5:0 Tevez (84.), 6:0 Messi (88.) **Zuschauer:** 52.000 (ausverk.) **Beste Spieler:** Saviola, Riquelme, Sorin, Rodriguez **Rote Karte:** Kezman wegen groben Foulspiels (65.) **Gelb-Rote Karten:** keine **Gelbe Karten:** Crespo – Koroman (2), Nadj, Krstajic **Torschüsse:** 9:1 **Ecken:** 3:4 **Fouls:** 14:22 **Ballbesitz:** 58%:42%

TABELLE GRUPPE C		Spiele	Tore	Pkt.
1.	Argentinien	2	8 : 1	6
2.	Niederlande	1	1 : 0	3
3.	Elfenbeinküste	1	1 : 2	0
4.	Serbien/Montenegro	2	0 : 9	0

OBERFAN MARADONA

Der Weltmeister von 1986, Diego Armando Maradona, geriet auf der Ehrentribüne schier aus dem Häuschen und spielte den Einpeitscher für seine Nachfolger auf dem Rasen. Vor allem der Auftritt Saviolas dürfte Maradona an Zeiten erinnert haben, als er selbst noch jeden Gegner schwindlig spielte.

16.6.2006 · GELSENKIRCHEN

»Gauchos« mit Zauberfußball

ARGENTINIEN MAUSERT SICH ZUM TOPFAVORITEN

Argentinische Jubelposen in der Abfolge der Tore. V. l. n. r.: Maxi Rodriguez, Esteban Cambiasso, Maxi Rodriguez, Carlos Tevez, Hernan Crespo, Lionel Messi.

Das Team von Trainer José Pekerman zeigte beim 6:0 (3:0)-Kantersieg gegen Serbien und Montenegro Fußball der Extraklasse, feierte den höchsten WM-Sieg seit dem 8:0 Deutschlands gegen Saudi-Arabien 2002 und machte vier Jahre nach dem peinlichen Vorrunden-Aus den Einzug ins Achtelfinale so gut wie perfekt. Dagegen konnte »S&M« beim ersten und letzten WM-Turnier unter gemeinsamer Flagge – da Montenegro nach einem Unabhängigkeitsreferendum im Mai 2006 aus dem bisherigen Staatenbund ausscheiden wird – bereits die Heimreise nach der Vorrunde planen.

Vor 52.000 Zuschauern demütigte der zweimalige Weltmeister die Serben eine Halbzeit lang. Jeder einzelne Treffer vor der Pause war ein Genuss für die gut 15.000 argentinischen Fans. »Das war eins der schlimmsten Ergebnisse in unserer Fußball-Geschichte. Davon werden noch Generationen reden«, sagte der frustrierte Trainer Ilija Petkovic, der kurz darauf seinen Rücktritt bekannt gab.

Nach der Pause nahmen die Argentinier etwas Tempo aus dem Spiel. Die Serben kamen dennoch kaum zu nennenswerten Chancen. Auch der 33-jährige Rekord-Nationalspieler Savo Milosevic, in Spanien bei Osasuna Pamplona unter Vertrag, blieb in seinem 100. Länderspiel wirkungslos und wurde in der 59. Minute gegen Zvonimir Vukic von Partizan Belgrad ausgewechselt. Das letzte Gruppenspiel soll nun definitiv seine Abschiedsvorstellung im Nationaldress werden. Dagegen wurde Javier Saviola bei seiner Auswechslung mit tosendem Applaus als bester Mann der Partie verabschiedet. Als potenzieller Gegner der DFB-Elf im Viertelfinale könnten sich die Mannen um Michael Ballack unter Umständen auf einiges gefasst machen.

■ 16.6.2006 · STUTTGART

Oranje mit Mühe und Glück

AUS FÜR ELFENBEINKÜSTE

Dank eines erneuten Frühstarts erreichte die niederländische Nationalmannschaft vorzeitig das Achtelfinale und unterstrich zumindestens phasenweise ihren Ruf als Mitfavorit und besiegelte in der sogenannten »Todesgruppe« C zugleich das Vorrundenaus für den hoch eingeschätzten Neuling aus Afrika. Damit geht es für die Elf gegen Argentinien nun um den Gruppensieg. Allerdings hatten die Holländer eine Menge Glück, dass ihre Serie ohne Niederlage bei Weltmeisterschaften gegen afrikanische Teams hielt. Nach der Führung schien das Team von Bondscoach Marco van Basten schon in Gedanken beim Besuch der Spielerfrauen und Familien am Samstag im Quartier in Hinterzarten zu sein. Prinz Pieter-Christian als Vertreter des Königshauses sowie die etwa 25.000 »Oranje«-Fans mussten kräftig zittern. Doch vergaben die Westafrikaner wie schon beim 1:2 zum Auftakt gegen Argentinien leichtfertig zahlreiche gute Gelegenheiten. Bei der Elfenbeinküste hatte Nationalcoach Henri Michel gleich drei Veränderungen vorgenommen. An der Seite von Stürmerstar Didier Drogba, der nicht so durchschlagskräftig wie gewohnt wirkte und nach seiner zweiten Gelben Karte in letzten Gruppenspiel gegen Serbien-Montenegro gesperrt ist, bekam unter anderem Arouna Kone vom niederländischen Ehrendivisionär PSV Eindhoven eine Chance von Beginn an.

Nach dem Kopfball-Duell zwischen van Nistelrooy (l.) und Kolo Toure (M.) musste sich der Torwart der Elfenbeinküste, Jean-Jacques Tizie, gar mächtig strecken.

Abdoulaye Meite (l.) mit einer Großchance, doch der niederländische Stürmer van Persie (r.) rettet für seinen geschlagenen Torhüter van der Sar auf der Linie.

NIEDERLANDE – ELFENBEINKÜSTE

2:1 (2:1)

Schiedsrichter: Oscar Ruiz (Kolumbien); **Tore:** 1:0 van Persie (23.), 2:0 van Nistelrooy (27.), 2:1 Bakary Kone (39.) **Zuschauer:** 52.000 (ausverkauft) **Beste Spieler:** Robben, van Persie – Bakary Kone, Romaric **Rote Karten:** keine **Gelb-Rote Karten:** keine **Gelbe Karten:** Robben, Mathijsen, van Bommel, Bouhahrouz – Zokora, Drogba, Boka **Torschüsse:** 8:9 **Ecken:** 3:8 **Fouls:** 24:15 **Ballbesitz:** 51%:49%

TABELLE GRUPPE C		Spiele	Tore	Pkt.
1.	Argentinien	2	8 : 1	6
2.	Niederlande	2	3 : 1	6
3.	Elfenbeinküste	2	2 : 4	0
4.	Serbien/Montenegro	2	0 : 9	0

■ TRAINERSTIMME

***Trainer Marco van Basten** (Niederlande): »Nach der 2:0-Führung haben wir etwas die Orientierung verloren und uns das Leben dadurch unnötig schwer gemacht. In der zweiten Halbzeit stimmte die Ordnung aber wieder. Ich denke der Sieg ist verdient. Jetzt ist der Druck im letzten Vorrundenspiel gegen Argentinien zum Glück ein bisschen weg, auch wenn wir natürlich Gruppensieger werden wollen.«*

MEXIKO – ANGOLA

0:0

Schiedsrichter: Shamsul Maidin (Singapur) **Tore:** Fehlanzeige **Zuschauer:** 43.000 (ausverkauft) **Beste Spieler:** Marquez, Pardo – Joao Ricardo, Kali **Rote Karten:** keine **Gelb-Rote Karte:** Andre wegen absichtlichen Handspiels (79.) **Gelbe Karten:** Pineda – Delgado, Ze Kalanga, Joao Ricardo **Torschüsse:** 8:1 **Ecken:** 6:5 **Fouls:** 20:22 **Ballbesitz:** 54%:46%

TABELLE GRUPPE D		Spiele	Tore	Pkt.
1.	Mexiko	2	3 : 1	4
2.	Portugal	1	1 : 0	3
3.	Angola	2	0 : 1	1
4.	Iran	1	1 : 3	0

TRAINERSTIMMEN

Ricardo La Volpe *(Mexiko): »Es gilt jetzt, dieses enttäuschende Spiel abzuhaken. Wir müssen uns jetzt auf die nächste Partie konzentrieren und sehen, was da passiert.«*

Luis de Oliveira *(Angola): »Wir haben uns wacker geschlagen und den Ball gut laufen gelassen. Leider haben wir es nicht geschafft, das Spiel zu gewinnen.«*

16.6.2006 · HANNOVER

Angola verdirbt »Fiesta Mexicana«

MIT RIESIGEM KAMPFGEIST EIN REMIS ERTROTZT

Gruppenfavorit Mexiko hat gegen den krassen Außenseiter Angola den zweiten Sieg und eine mögliche Vorentscheidung im Kampf um den Einzug ins Achtelfinale der verpasst. Die aktuelle Nummer 4 der Weltrangliste konnte ihre anhaltende Feldüberlegenheit nicht in Tore ummünzen. Immer wieder warfen sich die Angolaner mit vollem Einsatz in mexikanische Torschüsse, zudem zeigte Torhüter Joao Ricardo eine starke Leistung und verhinderte mehrfach durch spektakuläre Paraden die erwarteten Gegentore. Ohne den wegen einer Wadenverletzung pausierenden Torjäger Jared Borgetti fehlte den Mexikanern im Angriff die entscheidende Durchschlagskraft. Sein etatmäßiger Nebenmann Omar Bravo, der beim 3:1-Auftaktsieg in Nürnberg gegen den Iran (3:1) zweimal getroffen hatte, rieb sich immer wieder in Zweikämpfen auf. Die Angolaner überstanden schwierige Phasen in der Auftaktviertelstunde sowie zwischen der 70. und 80. Minute mit ein bisschen Glück und konnten sich danach immer wieder befreien. Mit dem ersten Punkt der noch jungen WM-Geschichte wahrte das Team von Coach de Oliveira eine kleine Chance auf das Erreichen der nächsten Runde. Die über lange Zeit kaum wahrzunehmenden 3.500 angolanischen Fans machten sich in der Schlussphase immer lauter bemerkbar und feierten den unvermuteten Punktgewinn ihres Teams.

Kampf um die Lufthoheit und den Ball zwischen dem Angolaner Mendonca (l.) und Pavel Pardo (M.) zusammen mit Gerardo Torrado.

Die Spieler Angolas freuten sich nach dem Abpfiff über den redlich verdienten Punkt.

■ 17.6.2006 · FRANKFURT

Nach 40 Jahren wieder dabei

PORTUGAL ERSTMALS SEIT 1966 IN DER ZWEITEN RUNDE

Mittelfeldstar Deco und Stürmer Cristiano Ronaldo haben Portugal erstmals seit 40 Jahren in die zweite Runde einer Fußball-WM geschossen. Die Selecao, die 1966 mit Superstar Eusebio sogar Platz drei erreicht hatte, kann nicht mehr von einem der beiden ersten Plätze verdrängt werden. Die Iraner dagegen sind bereits vor ihrer abschließenden Partie wie schon bei den bisherigen Teilnahmen 1978 und 1998 ausgeschieden. Mit der reiferen Spielanlage und den technisch feineren Kombinationen setzten die Iberer den krassen Außenseiter stark unter Druck. Iran konnte sich nur sporadisch befreien, blieb aber über Standardsituationen und gelegentliche Gegenstöße gefährlich – und trug so zu einer unterhaltsamen Partie bei. Iran ließ überraschend Ali Daei draußen. Die Stürmer-Legende und mit 109 Treffern erfolgreichster Nationalspieler weltweit, wurde wohl aufgrund seiner schlechten Leistung beim 1:3 gegen Mexiko nicht nominiert. In der zweiten Hälfte verflachte die Partie zunächst etwas, weil Iran speziell im Mittelfeld besser mit dem quirligen Gegner zurecht kam. Die Vorentscheidung reifte in der 63. Minute, als Figo Deco bediente und dieser volley vollendete. Der Dritte von 1966, der bei seiner zweiten und dritten Teilnahme 1986 und 2002 mit jeweils nur einem Sieg in der Vorrunde gescheitert war, hatte seine besten Spieler in Außenverteidiger Miguel und Ronaldo.

Luis Figo feiert Cristiano Ronaldo für dessen Treffer zum 1:0.

Der portugiesische Torhüter Ricardo (l.) faustet den Ball vor Irans Stürmer Hashemian (M.) weg.

PORTGUAL – IRAN

2:0 (0:0)

Schiedsrichter: Eric Poulat (Frankreich) **Tore:** 1:0 Deco (63.), 2:0 Christiano Ronaldo (80., Foulelfmeter) **Zuschauer:** 48.000 (ausverkauft) **Beste Spieler:** Christiano Ronaldo, Miguel – Mirzapour, Mahdavikia **Rote Karten:** keine **Gelb-Rote Karte:** keine **Gelbe Karten:** Pauleta, Deco, Costinha – Nekounam (2), Madanchi, Kaebi, Golmohammadi **Torschüsse:** 10:1 **Ecken:** 12:1 **Fouls:** 19:18 **Ballbesitz:** 63%:37%

TABELLE GRUPPE D		Spiele	Tore	Pkt.
1.	Portugal	2	3 : 0	6
2.	Mexiko	2	3 : 1	4
3.	Angola	2	0 : 1	1
4.	Iran	2	1 : 5	0

■ REICH BEDACHT

Vor dem Anpfiff zum Spiel wurde Portugals Kapitän Luis Figo von iranischer Seite mit einem Geschenk beglückt, dem dann im Verlauf der Partie noch drei Punkte als hübsche Draufgabe folgten.

TSCHECHIEN – GHANA

0:2 (0:1)

Schiedsrichter: Horacio Elizondo (Argentinien) **Tore:** 0:1 Gyan (2.), 0:2 Muntari (82.) **Zuschauer:** 45.000 (ausverkauft) **Beste Spieler:** Czech – Essien, Appiah, Gyan **Rote Karte:** Ujfalusi nach einer »Notbremse« (66.) **Gelb-Rote Karte:** keine **Gelbe Karten:** Lokvenc (2) – Gyan (2), Muntari (2), Otto Addo, Essien, Boateng, Mohamed **Torschüsse:** 4:8 **Ecken:** 6:7 **Fouls:** 16:22 **Ballbesitz:** 50%:50%

TABELLE GRUPPE E		Spiele	Tore	Pkt.
1.	Tschechien	2	3 : 2	3
2.	Italien	1	2 : 1	3
3.	Ghana	2	2 : 2	3
4.	USA	1	0 : 4	0

DER VATER DES SIEGES

Ghanas serbischer Trainer Ratomir Dujkovic mimte den Bescheidenen. »Ich bin überrascht, dass es nur 2:0 ausgegangen ist.« Er konnte sich aber nicht verkneifen hinzuzusetzen: »Nach dem 0:2 gegen Italien hätten sie mich am liebsten entlassen. Jetzt bin ich ein Held. Sie lieben den Fußball und leben ihn aus – mit allen Emotionen.«

17.6.2006 · KÖLN

WM-Sensation durch Ghana

»BLACK STARS« EROBERN DIE HERZEN

Ghanas frühes Führungstor, erzielt von Stürmer Gyan (M.); r. sein Mannschaftskollege Essien, l. Keeper Cech.

Die Art und Weise, wie Ghana vor 45.000 Zuschauern in der ausverkauften Kölner Arena die spielstarken Tschechen mit den Superstars Pavel Nedved oder Tomas Rosicky in die Schranken wies und teilweise sogar vorführte, war verblüffend. Die Mannschaft von Trainer Karel Brückner präsentierte sich angesichts der afrikanischen Einsatz- und Spielfreude völlig ratlos und ohne Gegenkonzept. Nur Torwart Petr Cech vom englischen Meister Chelsea verhinderte mit glänzenden Reaktionen und Paraden, dass es ein noch größeres Debakel setzte.

Das frühe Führungstor durch Asamoah Gyan nach nur 66 Sekunden und die Rote Karte gegen Tomas Ujafusli (65.) wegen Notbremse kamen den Ghanaern natürlich zupass und sorgten für einen mächtigen Schub Selbstvertrauen. Matthew Amoah (31.), Gyan (32. + vergebener Elfmeter, 66.) hätten eine weitere Tore erzielen können, lange bevor Sulley Muntari (82.) für die endgültige Entscheidung sorgte.

Als die Spieler im Stadion nach dem Abpfiff zum Kölner Karnevals-Dauerbrenner »Viva Colonia« tanzten und in der fernen Hauptstadt Accra die Begeisterung alle Dämme brechen ließ, betonte Teammanager Anthony Baffoe die Bedeutung des möglicherweise wichtigsten Sieges in der Geschichte des Schwarzen Kontinents: »Es geht hier nicht nur um Ghana. Ganz Afrika hofft auf aus, denn wir wollen eine sechste Mannschaft bei der WM.«

Emotionen pur: Torschütze Sulley Muntari nach seinem Treffer zum 0:2.

■ 17.6.2006 · KAISERSLAUTERN

Dämpfer für den Titelkandidaten

DREI PLATZVERWEISE IN HART UMKÄMPFTEM MATCH

Außenseiter USA hat in einem WM-Spiel für die Geschichtsbücher mit drei Platzverweisen den Hoffnungen von Italien auf den vierten Titel einen Dämpfer versetzt. Zugleich sorgten die Amerikaner durch ihr 1:1 (1:1) gegen die Squadra Azzurra für ein packendes Finale in der Gruppe E, wo alle vier Mannschaften Chancen auf den Einzug ins Achtelfinale haben. Die Zuschauer sahen eine Partie mit zahlreichen positiven und negativen Höhepunkten. Im Anschluss an die Tore lagen bei beiden Teams die Nerven blank. Nach hässlichen Szenen sahen der Italiener De Rossi (28.) und der Amerikaner Mastroeni (45.) berechtigte Rote Karten. Auch im Anschluss an die Pause schlugen die Wellen hoch. Nach nur 70 Sekunden im zweiten Abschnitt sah Pope Gelb-Rot. In der WM-Historie gab es zuvor erst drei Partien, in denen drei Feldverweise ausgesprochen wurden, zuletzt 1998 zwischen Dänemark und Südafrika (1:1). Die Mannschaft von Bruce Arena zeigte sich gegenüber dem 0:3 gegen Tschechien stark verbessert und dominierte überraschend die Partie. Anders die Squadra Azzurra, die zunächst nicht ins Spiel kam. Die Südeuropäer hatten große Probleme mit dem aggressiven Auftreten des US-Teams. Nach dem Seitenwechsel dezimierten sich die USA weiter. Auch die Gelb-Rote Karte gegen Pope ging in Ordnung. Fußball wurde zwischendurch auch noch gespielt. Dabei wäre Carlos Bocanegra bei einem Kopfball an die Latte fast ein weiteres Eigentor unterlaufen (52.). Zwölf Minuten später vergab McBride freistehend vor Gianluigi Buffon. Einem Treffer von Clint Dempsey verweigerte der Schiedsrichter wegen einer Abseitsstellung zu Recht die Anerkennung (65.)

Rote Karte für US-Boy Mastroeni.

Gennaro Gattuso (v.) und McBride schenkten sich nichts.

ITALIEN – USA

1:1 (1:1)

Schiedsrichter: Jorge Larrionda (Uruguay) **Tore:** 1:0 Gilardino (22.), 1:1 Zaccardo (27., Eigentor) **Zuschauer:** 46.000 (ausverkauft) **Beste Spieler:** Gilardino, Pirlo – Dempsey, Reyna **Rote Karten:** De Rossi nach einer Tätlichkeit (28.), Mastroeni wegen groben Foulspiels (45.) **Gelb-Rote Karte:** Pope (USA) wegen wiederholten Foulspiels (47.) **Gelbe Karten:** Totti, Zambrotta **Torschüsse:** 3:0 **Ecken:** 7:3 **Fouls:** 13:24 **Ballbesitz:** 54%:46%

TABELLE GRUPPE E		Spiele	Tore	Pkt.
1.	Italien	2	3 : 1	4
2.	Tschechien	2	3 : 2	3
3.	Ghana	2	2 : 2	3
4.	USA	2	1 : 4	1

■ FAIR TROTZ FOUL

Ein Ellbogencheck des Italieners De Roosi (28.) trug McBride eine Platzwunde unter dem linken Auge ein, dem Übeltäter die Rote Karte. Der Amerikaner konnte nach einer Behandlung aber weiterspielen und nahm nach der Partie die Entschuldigung seines Gegners als Sportsmann an: »Er hat gesagt, dass es ihm Leid tut, und für mich ist die Sache damit erledigt.«

JAPAN – KROATIEN

0:0

Schiedsrichter: Frank de Bleeckere (Belgien) **Tore:** Fehlanzeige **Zuschauer:** 41.000 (ausverkauft) **Beste Spieler:** Kawaguchi, Kaji – Kranjcar, Tudor **Rote Karten:** keine **Gelb-Rote Karte:** keine **Gelbe Karten:** Miyamoto (2), Kawaguchi, Alex – Robert Kovac (2), Srna **Bes. Vorkommnis:** Kawaguchi hält Foulelfmeter von Srna (22.) **Torschüsse:** 5:6 **Ecken:** 5:11 **Fouls:** 19:18 **Ballbesitz:** 56%:44%

TABELLE GRUPPE F		Spiele	Tore	Pkt.
1.	Brasilien	1	1 : 0	3
2.	Australien	1	3 : 1	3
3.	Kroatien	2	0 : 1	1
4.	Japan	2	1 : 3	1

HITZEVERBRECHEN

Drastische Worte fand der brasilianische Trainer der Japaner. Zico, der einstige Weltstar: »Es ist ein Verbrechen, eine WM-Partie um diese Uhrzeit zu spielen. Aber leider lässt uns das Fernsehen keine andere Wahl. Es sind schon Spieler auf dem Platz gestorben. Das Problem ist bekannt. Nur: Es wird nichts getan.«

18.6.2006 · NÜRNBERG

Kroaten vergeben den sicheren Sieg

SRNA ENTSCHULDIGT SICH FÜR ELFER-PANNE

Der Stadion-DJ im Nürnberger Frankenstadion tat sein Bestes, doch seine Stimmungshits vermochten weder Fans noch Spieler, geschweige denn die Trainer aufzumuntern. Zwar haben Japan und Kroatien mit dem 0:0 ihre Chancen auf den Einzug ins Achtelfinale gewahrt, doch beide Teams sind aber selbst bei Siegen in den letzten Gruppenspielen nicht automatisch weiter. Eine bessere Ausgangsposition für die Kroaten verschenkte Darijo Srna, der in der 22. Minute mit einem Foulelfmeter an Japans Torhüter Yoshikatsu Kawaguchi scheiterte. Die zweitgrößte Chance vergab Niko Kranjcar, dessen 20-Meter-Schuss nur an die Latte klatschte (29.). Der Mittelfeldregisseur und Sohn des Trainers, der seine insgesamt ausgesprochen gute Leistung hätte krönen, zeigte sich hinterher zerknirscht. »Ich entschuldige mich bei allen Fans. Es ist einfach alles schief gelaufen«, sagte er untröstlich. Sein Vater bekannte: »Ich war selbst Stürmer und

Der Kroate Krancjar (r.) im Duell mit Verteidiger Nakazawa.

weiß, wie es ist, wenn man nicht trifft.« Und kündigte an: »Ich werde mit meinen Spielern reden, damit der Druck nicht zu groß wird, endlich wieder zu treffen.« Die Japaner konnten es aber auch nicht besser. Lediglich Hidetoshi Nakata zwang in der 36. Minute Stipe Pletikosa im Tor der Kroaten zu einer Glanzparade, während der völlig freistehende Atsuhi Yanagisawa nach einer Vorlage von Naohiro Takahara den Ball neben das Gehäuse setzte (51.).

Japans Torwart Kawaguchi hält in der 22. Minute den Elfmeter von Srna.

■ 18.6.2006 · MÜNCHEN

Selecao noch in der Aufwärmrunde?

WIDERSTAND DER SOCCEROOS ERST SPÄT GEBROCHEN

Die Erleichterung war riesengroß. Nach dem Treffer durch Fred in der Schlussminute fielen sich die brasilianischen Superstars wie von einer Zentnerlast befreit in die Arme. »Das Wichtigste war das Weiterkommen. Wir haben uns in allen Bereichen verbessert – physisch, technisch und taktisch. Wir mussten Ruhe bewahren und auf den entscheidenden Moment warten«, sagte Trainer Parreira nach dem mühevollen 2:0. Nicht überzeugend, aber siegreich – Brasilien bleibt auf Kurs. Lange hatte sich der von Guus Hiddink gecoachte Außenseiter jedoch als gleichwertiger Gegner präsentiert und den fünfmaligen Weltmeister in der Defensive in einige Verlegenheiten gestürzt. »Wir sind stolz, wie die Mannschaft aufgetreten ist. Der Unterschied war, dass Brasilien torgefährlicher im Strafraum war. Aber sie haben uns nicht beherrscht«, erklärte der Niederländer. Dass das Etappenziel Achtelfinale vorzeitig erreicht wurde, hatte der Titelverteidiger vor allem den beiden Angriffsduos zu verdanken. Zunächst sorgte der deutlich verbesserte A-Sturm mit Adriano und Ronaldo in Koproduktion für die Führung. In der Schlussminute vollendete der B-Sturm das Werk. »Ronaldo war verbessert im Vergleich zum letzten Spiel. Er muss seinen Rhythmus

Dem Weltmeister wurde nicht geschenkt: Emerton (Australien, M.) mit R. Carlos.

über Spielpraxis weiter finden. Er wird nach und nach fit«, sagte Parreira zuversichtlich. Anlass zur Freude hatte auch Ze Roberto. Der defensive Mittelfeldabräumer wurde als »Man of the Match« ausgezeichnet.

Es ging aufwärts mit der »9«, auch wenn der Bildeindruck täuscht.

BRASILIEN – AUSTRALIEN

2:0 (0:0)

Schiedsrichter: Markus Merk (Otterbach) **Tore:** 1:0 Adriano (49.), 2:0 Fred (90.) **Zuschauer:** 66.000 (ausverkauft) **Beste Spieler:** Kaka, Adriano – Neill, Culina **Rote Karten:** keine **Gelb-Rote Karte:** keine **Gelbe Karten:** Cafu, Ronaldo, Robinho – Emerton, Culina **Torschüsse:** 16:14 **Ecken:** 7:4 **Fouls:** 9:25 **Ballbesitz:** 54%:46%

TABELLE GRUPPE F		Spiele	Tore	Pkt.
1.	Brasilien	2	3 : 0	6
2.	Australien	2	3 : 3	3
3.	Kroatien	2	0 : 1	1
4.	Japan	2	1 : 3	1

■ KEIN SOUVENIR FÜR FRED

Der 22-jährige Fred wollte den Ball als Erinnerungsstück an sein erstes Tor beim WM-Debüt an seinen Vater übergeben. »Ich werde ihn für meinen Vater aufbewahren, der mich in meiner Karriere immer unterstützt hat.« Samt Spielball war er nach dem Schlusspfiff auch dem deutschen Schiedsrichter Markus Merk entwischt. Mitarbeiter der FIFA kamen später in die Kabine und sicherten das Spielgerät. Laut FIFA-Statuten ist es jeder Mannschaft erlaubt, pro Spiel einen Ball als Andenken zu behalten. Offenbar war Fred nicht der einzige Interessent.

FRANKREICH – SÜDKOREA

1:1 (1:0)

Schiedsrichter: Benito Archundia (Mexiko) **Tore:** 1:0 Henry (9.), 1:1 Park Ji-Sung (81.) **Zuschauer:** 43.000 (ausverkauft) **Beste Spieler:** Vieira, Malouda – Kim Nam-Il, Lee Ho **Rote Karten:** keine **Gelb-Rote Karten:** keine **Gelbe Karten:** Abidal (2), Zidane (2) – Lee Ho, Kim Dong-Jin **Torschüsse:** 15:5 **Ecken:** 6:2 **Fouls:** 20:10 **Ballbesitz:** 52%:48%

TABELLE GRUPPE G		Spiele	Tore	Pkt.
1.	Südkorea	2	3 : 2	4
2.	Frankreich	2	1 : 1	2
3.	Schweiz	1	0 : 0	1
4.	Togo	1	1 : 2	0

EIN MORGEN IM DELIRIUM

Zu Spielbeginn um 4.00 Uhr morgens Ortszeit waren die Flächen um die aufgestellten Videoleinwände in Seoul völlig mit in Rot gekleideten Fans überfüllt. Tausende Polizisten trieben dann die Anhänger für die Säuberungsaktion mitten im morgendlichen Berufsverkehr von den Straßen.

18.6.2006 · LEIPZIG

»Grande Nation« droht erneut ein Waterloo

ERSTES WM-TOR NACH 368 MINUTEN BRINGT NUR REMIS

Die Helden von einst scheinen ratlos: Thierry Henry, Zinedine Zidane, Fabien Barthez (v.l.).

Bonjour Tristesse: Mitfavorit Frankreich steuert auf ein ähnliches Debakel wie vor vier Jahren zu. Nach dem mageren 1:1 (1:0) gegen Südkorea wartet die Equipe Tricolore weiter auf den ersten WM-Sieg seit dem Finale 1998, wieder droht das frühe Aus in der Vorrunde. Thierry Henry beendete zwar nach 368 torlosen WM-Minuten die Torflaute, doch zum erhofften Erfolg reichte es nicht. Gegen Außenseiter Togo muss Frankreich ohne den gelbgesperrten Spielmacher Zinedine Zidane mit mindestens zwei Toren Unterschied gewinnen, um sicher weiterzukommen. Sollte es schief gehen, wäre das Match gegen Südkorea der letzte Auftritt von Zidane gewesen, der nach der WM aufhören will… »Wir hatten Chancen, aber die Südkoreaner haben uns ausgelaugt«, sagte Trainer Domenech: »Wir leben noch und hoffen weiter. Unser Spiel war besser als das letzte gegen die Schweiz und schlechter als unser nächstes.« Nach der enttäuschenden Nullnummer zum Auftakt startete sein Team mit wesentlich mehr Engagement in dessen zweites Spiel. Die Führung durch Henry war eine Befreiung. Das letzte WM-Tor hatte Emmanuel Petit in der Nachspielzeit des Finals 1998 zum 3:0-Sieg gegen Brasilien erzielt. Danach folgte das blamable Vorrundenaus ohne Torerfolg 2002. Ansatzweise blitzte gegen die vor allem körperlich überforderten Südkoreaner wieder der Champagnerfußball einstiger Tage auf. Der Torjubel bei der besten von einer Handvoll guter Chancen blieb Zidane & Co. nach 28 Minuten jedoch im Hals stecken, als Keeper Lee Vieiras Kopfstoß zwar erst deutlich hinter der Linie aufhalten konnte, der Referee aber nicht auf Treffer entschied. Erst nach dem Wechsel bemühten sich die bis dahin zahnlosen »Tiger« des Ex-Mönchengladbacher Trainers Dick Advocaat mehr in der Offensive und rackerten sich schließlich zum Ausgleich. Bei den Franzosen stellte Lilian Thuram mit seinem 116. Länderspiel den französischen Rekord von Marcel Desailly ein.

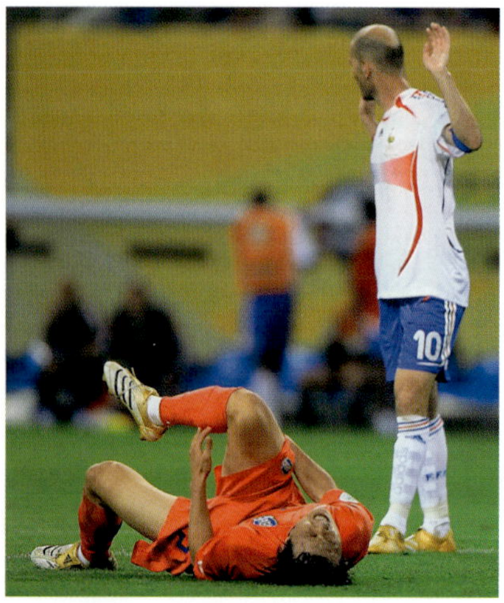

Gelbe Karte, Sperre im entscheidenden letzten Spiel – war's das für Zidane?

19.6.2006 · DORTMUND

Auch Togo kommt nicht durch

AFRIKAVERTRETER ZWEI STRAFSTÖßE VERWEIGERT

Der deutsche Trainer Otto Pfister ist mit Neuling Togo bereits nach dem zweiten Spiel gescheitert, der Schweiz reicht gegen die Koreaner bereits ein Remis, um zum fünften Mal in der Verbandsgeschichte das Achtelfinale zu erreichen. Seit zwölf Jahren und insgesamt 303 Spielminuten war der EM-Gastgeber von 2008 zuvor ohne Tor bei einer WM-Endrunde geblieben. Zuletzt hatte der frühere Bundesliga-Profi Adrian Knup 1994 beim 4:1 gegen Rumänien getroffen. »Die Schweiz ist eine große Mannschaft. Sie hat ihre Chancen einfach besser ausgenutzt«, sagte Pfister. »Meine Mannschaft war hier um zu lernen, und ich denke, sie hat sich gut verkauft.« Von Beginn an agierten die Afrikaner trotz des Prämienstreits und der erst am Vorabend des Spiels ausgeräumten Streikdrohung überraschend mutig und kamen zu zahlreichen Gelegenheiten. Zudem verweigerte Schiedsrichter Amarilla den Togoern zwei klare Strafstöße (10./35.). Der Schweizer Trainer Köbi Kuhn hatte fünf Bundesliga-Profis von Beginn an aufgeboten, der Kölner Marco Streller ruschte dagegen einen Tag nach seinem 25. Geburtstag zunächst aus dem Kader. Die Führung resultierte dann aus einer

Dare Nibombe ist zutiefst bestürzt, denn auch sein Team muss die Koffer packen.

Koproduktion von zwei Deutschland-Legionären und einem möglicherweise zukünftigen. Nach dem Wechsel kämpfte Togo unermüdlich weiter, der Favorit aus der Schweiz wirkte allerdings zielstrebiger. Barnetta (50.), der eingewechselte Hakan Yakin (53./64.) und Frei (57.) vergaben aber beste Chancen.

Im Schweizer Freudenknäuel begraben: Torschütze Tranquillo Barnetta.

TOGO – SCHWEIZ

0:2 (0:1)

Schiedsrichter: Carlos Amarilla (Paraguay) **Tore:** 0:1 Frei (16.), 0:2 Barnetta (88.) **Zuschauer:** 65.000 (ausverkauft) **Beste Spieler:** Agassa, Adabayor – Vogel, Barnetta **Rote Karten:** keine **Gelb-Rote Karten:** keine **Gelbe Karten:** Romao (2), Adebayor, Salifou – Vogel **Torschüsse:** 7:9 **Ecken:** 4:8 **Fouls:** 18:14 **Ballbesitz:** 50%:50%

TABELLE GRUPPE G		Spiele	Tore	Pkt.
1.	Schweiz	2	2 : 0	4
2.	Südkorea	2	3 : 2	4
3.	Frankreich	2	1 : 1	2
4.	Togo	2	1 : 4	0

FREI ZUM EINGEWÖHNEN

»Ich bin glücklich und stolz, in dieser Mannschaft spielen zu dürfen«, meinte Torjäger Alexander Frei, der womöglich bald häufiger die Atmosphäre in Dortmund genießen kann. Die Borussia verhandelt seit Wochen mit Stade Rennes über die Verpflichtung des 26-Jährigen, der zum »Man of the match« gekürt wurde. Der BVB bietet 4 Millionen Euro, die Franzosen verlangen 7,5 Millionen. »Fußball ist ein Tagesgeschäft. Manchmal sind es 100 Prozent, manchmal nur zehn. Ich weiß nicht, wo wir heute stehen«, meinte er mit Blick auf die Verhandlungen. »Ich gehe davon aus, dass der Wechsel klappt.«

SAUDI-ARABIEN – UKRAINE

0:4 (0:2)

Schiedsrichter: Graham Poll (England) **Tore:** 0:1 Rusol (4.), 0:2 Rebrow (36.), 0:3 Schewtschenko (46.), 0:4 Kalinitschenko (84.) **Zuschauer:** 50.000 (ausverkauft) **Beste Spieler:** Noor – Schewtschenko, Kalinitschenko **Rote Karten:** keine **Gelb-Rote Karten:** keine **Gelbe Karten:** Dokhi, Al-Ghamdi, Khariri – Nesmatschni, Swiderski, Kalinitschenko **Torschüsse:** 0:9 **Ecken:** 2:6 **Fouls:** 24:25 **Ballbesitz:** 50%:50%

TABELLE GRUPPE H		Spiele	Tore	Pkt.
1.	Spanien	1	4 : 0	3
2.	Ukraine	2	4 : 4	3
3.	Tunesien	1	2 : 2	1
4.	Saudi-Arabien	2	2 : 6	1

TRAINERSTIMME

*Trainer **Oleg Blochin** (Ukraine) herzte nach dem Spiel seinen Supermann Schewtschenko und erklärte: »Das war heute eine Cinderella-Story, aus dem Aschenputtel ist eine wunderschöne Prinzessin geworden. Wir wussten, diese Partie ist entscheidend für uns. «*

19.6.2006 · HAMBURG

Kein K.o. vor den Klitschkos

UKRAINER SIND WIEDER IM TURNIER-GESCHÄFT

Vor den Augen ihrer Edelfans Witali und Wladimir Klitschko hat die Ukraine das Aus vermieden. Mit dem glatten Erfolg über ein schwaches Saudi-Arabien rehabilitierte sich das Team von Trainer Blochin zugleich für das Debakel gegen Spanien. »Wir wollten nach der Blamage gegen Spanien zeigen, was wir drauf haben«, betonte Andrej Woronin von Bundesligist Leverkusen. Mit einem Erfolg im letzten Vorrundenspiel der Gruppe H gegen Tunesien haben die Ukrainer nun den Einzug in die Runde der letzten 16 selbst in der Hand. Die zuvor ebenfalls sehr ambitionierten Saudis besitzen dagegen nur noch sehr geringe Chancen auf die zweite Achtelfinalteilnahme nach 1994. Gegen die zu Beginn nervös wirkenden Saudis versäumten es die Osteuropäer aber zunächst, nach dem Blitzstart mit dem ersten Treffer der ukrainischen WM-Geschichte ein zweites Tor zu erzielen. Einen Kopfball von Schewtschenko klärte Verteidiger Ahmed Dokhi (13.) auf der Linie, eine weitere Chance verstolperte der künftige Chelsea-Spieler frei stehend. Rebrow traf schließlich glücklich aus 25 Metern, weil der unsicher wirkende Torwart Mabrouk Zaid beim Rettungsversuch ausrutschte. Schon das 0:1 hatte der saudische Schlussmann begünstigt, als er mit dem Ball über die Torauslinie dribbelte und einen Eckball verursachte. Schewtschenko feierte schließlich nur rund 40 Sekunden nach Wiederbeginn dennoch sein ganz persönliches Erfolgserlebnis. Der 29 Jahre alte Superstar köpfte einen Freistoß zu seinem ersten WM-Tor ein. Die Partie war damit schon entschieden. Die Saudis bemühten sich zwar weiter um eine Ergebniskorrektur, konnten die nicht immer sattelfest wirkende Abwehr der Ukrainer aber nur selten gefährden.

Mann des Tages war zweifellos Maxim Kalinitschenko, der von Blochins Revision in Sachen Taktik gegenüber dem Auftaktmatch profitierte. Dort noch zum Zuschauen verurteilt, brachte der 27-Jährige von Spartak Moskau Schwung in den Auftritt seiner Mannschaft.

Andrej Schewtschenko, in der neuen Saison Spielkamerad von Michael Ballack bei Chelsea London, köpft zum 3:0 ein. Die Fronten sind geklärt.

■ 19.6.2006 · STUTTGART

Spanier stürmen ins Achtelfinale

RAUL UND TORRES DREHEN DIE PARTIE

Lange hatten die Iberer leiden müssen, bevor es ihnen gelang, den Sieg doch noch davonzutragen. Vor 52.000 Zuschauern im Stuttgarter Gottlieb-Daimler-Stadion hatte der Nürnberger Bundesliga-Profi Jaouhar Mnari bereits nach acht Minuten und einem Fehler des spanischen Abwehrchefs Puyol für die überraschende Führung der Nordafrikaner gesorgt. Doch die wütenden Angriffe der »wilden Stiere« nach diesem frühen Rückstand brachten zunächst nichts. Tunesien stand dicht gestaffelt und machte die Räume eng. Spaniens Trainer Aragones reagierte und brachte nach dem Seitenwechsel Raul trotz vorangegangener Formschwäche. Bis zur 71. Minute war allerdings auch von ihm nicht viel zu sehen, doch dann gab er der Begegnung mit dem Treffer zum 1:1, seinem 44. im 97. Länderspiel, die entscheidende Wende. Nur fünf Minuten nach dem Ausgleich brachte Torres die Spanier in Führung. Nach einem Pass von Fabregas ließ er Tunesiens 40-jährigen Torwart-Oldie Ali Boumnijel aussteigen und schob den Ball ins leere Tor. Der Stürmer von Atletico Madrid machte dann kurz vor dem Schlusspfiff per Foulelfmeter (90.+1) ergebnistechnisch alles klar.

Das Resultat der hier von Jaouhar Mnari perfekt vollendeten Vorlage zum 1:0 hielt bis zur 71. Minute, dann brachten die Einwechsler der Spanier die Wende.

SPANIEN – TUNESIEN

3:1 (0:1)

Schiedsrichter: Carlos Simon (Brasilien) **Tore:** 0:1 Mnari (8.), 1:1 Raul (71.), 2:1 Fernando Torres (76.), 3:1 Fernando Torres (90.+1, Foulelfmeter) **Zuschauer:** 52.000 (ausverkauft) **Beste Spieler:** Xavi, Xabi Alonso - Jaziri, Jaidi **Rote Karten:** keine **Gelb-Rote Karten:** keine **Gelbe Karten:** Puyol, Fabregas - Ayari, Trabelsi, Jaidi, Guemamdia, Jaziri, Mnari **Torschüsse:** 10 : 3 **Ecken:** 12 : 1 **Fouls:** 9 : 24 **Ballbesitz:** 66%: 34%

TABELLE GRUPPE H		Spiele	Tore	Pkt.
1.	Spanien	2	7 : 1	6
2.	Ukraine	2	4 : 4	3
	Tunesien	2	3 : 5	1
4.	Saudi-Arabien	2	2 : 6	1

■ DER MANN DES SPIELS

Raul, der vor der Partie seinen Unmut über sein Reservistendasein zum Ausdruck gebracht und für Wirbel im spanischen Lager gesorgt hatte, wollte hinterher kein weiteres ÖL mehr ins Feuer gießen. »ich habe gespielt, ich habe getroffen. Jetzt geht das Turnier so richtig los.«

ECUADOR – DEUTSCHLAND

0:3 (0:2)

Schiedsrichter: Walentin Iwanow (Russland) **Tore:** 0:1 Klose (4.), 0:2 Klose (44.), 0:3 Podolski (57.) **Zuschauer:** 72.000 (ausverkauft) **Beste Spieler:** – Klose, Schweinsteiger **Rote Karten:** keine **Gelb-Rote Karte:** keine **Gelbe Karten:** Valencia – Borowski **Torschüsse:** 2:9 **Ecken:** 5:2 **Fouls:** 22:18 **Ballbesitz:** 57%:43

TABELLE GRUPPE A		Spiele	Tore	Pkt.
1.	Deutschland	3	8 : 2	9
2.	Ecuador	3	5 : 3	6
3.	Polen	2	0 : 3	0
4.	Costa Rica	2	2 : 7	0

KNIPSER VOM DIENST

Fußball-Deutschland hat einen neuen »Bomber der Nation«: Miroslav Klose. Durch insgesamt schon neun WM-Treffer in zehn Einsätzen, einschließlich der Spiele in Asien 2002, hat der ruhige Zeitgenosse in der »ewigen« deutschen WM-Torjägerliste Rudi Völler (8) überholt und zog mit Karl-Heinz Rummenigge und Uwe Seeler gleich. Lediglich Helmut Rahn (10) sowie Jürgen Klinsmann (11) Gerd Müller (14 in 13 Einsätzen) liegen noch vor ihm.

20.6.2006 · BERLIN

Die Ekstase um die Klinsmänner geht weiter

FIFA-CHEF: »WIE SOLL MAN DIE AUFHALTEN?«

Oh wie ist das schön« und »54, 74, 90, 2006« schallte es durch das weite Rund, auf dem Rasen klatschten sich die Helden der Nation ab und ließen sich auf einer Ehrenrunde gebührend feiern. Als mit dem souveränen 3:0 (1:0) gegen Ecuador der gewünschte Gruppensieg perfekt und die erste Etappe auf dem »Königsweg« zum Titel erfolgreich zurückgelegt war, erreichte die schwarz-rot-goldene Fußball-Ekstase in Deutschland einen neuen Höhepunkt. Während der gefeierte Bundestrainer sofort nach dem Schlusspfiff in die Kabine ging und seine Spieler die Emotionen nach dem besten Turnierstart seit der Endrunde 1970 auf dem Spielfeld sichtlich genossen, jubelten 72.000 Anhänger im Berliner Olympiastadion und Hunderttausende auf den diversen Fan-Meilen in der Republik, als ob die deutsche Nationalmannschaft schon zum vierten Mal Weltmeister geworden wäre. Selbst FIFA-Präsident Joseph S. Blatter wusste nach Schlusspfiff nicht, »wie man diese Mannschaft aufhalten soll«. Klinsmann war nach dem dritten Sieg im dritten Vorrundenspiel bemüht, die kollektive Hysterie in die richtigen Bahnen zu lenken, zumal der Erfolg über recht lustlos und ohne fünf Stammspieler antretende Südamerikaner zu Stande kam: »Wir wollen noch drei Wochen im Turnier bleiben. Deshalb bleiben wir mit beiden Füßen auf dem Boden. Jetzt kommen andere Kaliber. Das war noch kein Maßstab.« Auch die Mannschaft wollte das bisher Erreichte nicht überbewerten. »Wir wissen, dass die Qualität jetzt von Spiel zu Spiel höher wird. Jetzt warten Brocken auf uns. Jetzt kann jeder Fehler das Aus bedeuten«, erklärte Kapitän Michael Ballack. Ähnlich argumentierte Miroslav Klose. Der 28-Jährige war die treibende Kraft und erzielte wie beim Eröffnungsspiel gegen Costa Rica zwei Treffer. Sein erster war im übrigen der zweitschnellste in der deutschen WM-Geschichte. Der dritte und für ihn erlösende Treffer gelang Kloses Sturmpartner Lukas Podolski, der zuletzt starken Formschwankungen unterlegen war. Drei Treffer, durch die die DFB-Elf nicht nur den bisherigen deutschen Vorrundenrekord aus dem Jahr 1970 einstellte. Klinsmann ist sich sicher, »dass sie keinen Gegner der Welt fürchten muss, wenn sie an ihre Grenzen geht«. Allerdings wollte Klinsmann bei aller Begeisterung nicht die Augen vor einigen Schwächen verschließen. »Im Vergleich zum Spiel gegen Polen war es eine Nummer schlechter. Wir konnten das Tempo nicht so hoch halten. Zudem haben wir die Räume zwischen Abwehr und Mittelfeld teilweise zu groß werden lassen«, monierte er.

Edwin Tenorio (l.) gibt sich zwar redlich Mühe gegen Torsten Frings (M.) und Bastian Schweinsteiger, aber irgendwie schien sein gesamtes Team nicht so recht bei der Sache zu sein.

Lukas Podolski dreht ab, sein Tor zum 3:0-Endstand wirkt für den Youngster im deutschen Sturm wie ein Befreiungsschlag.

Miroslav Klose (M.) setzt sich bei seinem zweiten Tor zum 0:2 gegen Keeper Mora (l.) und Verteidiger Espinoza durch.

COSTA RICA – POLEN

1:2 (1:1)

Schiedsrichter: Shamsul Maidin (Singapur) **Tore:** 1:0 Gomez (24.), 1:1 Bosacki (33.), 1:2 Bosacki (66.) **Zuschauer:** 43.000 (ausverkauft) **Beste Spieler:** – Jelen, Bosacki **Rote Karten:** keine **Gelb-Rote Karten:** keine **Gelbe Karten:** Marin (2), Umana, Badilla, Gomez, Gonzalez – Radomski, Bak, Zewlakow, Baszczynski, Boruc **Torschüsse:** 5:7 **Ecken:** 2:8 **Fouls:** 12:20 **Ballbesitz:** 49%:51%

TABELLE GRUPPE A		Spiele	Tore	Pkt.
1.	Deutschland	3	8 : 2	9
2.	Ecuador	3	5 : 3	6
3.	Polen	3	2 : 4	3
4.	Costa Rica	3	3 : 9	0

BÖSER BUBE JANAS

Versöhnt mit dem Spiel ihres Teams, aber verärgert über den Nationalcoach traten Zehntausende polnischer Fans nach dem Vorrunden-Aus die Heimreise an. Bereits vor der Begegnung hatten sie ihre Sympathien eindeutig bekundet. Während beim Verlesen der Mannschaftsaufstellung jeder Spielername lautstark bejubelt wurde, gab es für Trainer Janas ein gellendes Pfeifkonzert.

20.06.2006 · HANNOVER

Der Matchwinner heißt Bartosz Bosacki

EX-NÜRNBERGER SORGT FÜR VERSÖHNLICHEN ABSCHLUSS

Im Duell der beiden bereits vor dem Anpfiff ausgeschiedenen Mannschaften hatte Ronaldo Gomez die Mittelamerikaner vor 43.000 Zuschauern in Hannovers WM-Stadion in der 24. Minute per direkt verwandeltem Freistoß in Führung gebracht und dabei Polens Torhüter Artur Boruc schlecht aussehen lassen. Der polnische Ausgleichstreffer (33.) wurde dann gleichfalls von einem Torwartfehler begünstigt. Costa Ricas Keeper unterlief eine Ecke von Maciej Zurawski und Bosacki drosch den Ball aus zwölf Metern unter die Latte ins gegnerische Gehäuse. In der Folgezeit bekamen die Polen das Spiel ganz gut in den Griff, verpassten es aber, vor der Pause in Führung zu gehen. Nach dem Seitenwechsel gab der zweimalige WM-Dritte allerdings erneut das Heft etwas aus der Hand. Cristiano Bolanos tauchte in der 49. Minute allein vor dem polnischen Tor auf, scheiterte aber mit einem versuchten Heber an Boruc. Doch dann schlugen die Polen zurück, Jacek Krzynowek etwa mit einem mächtigen Fernschuss (60.). Im Anschluss an eine erneute Ecke (66.) traf Abwehrspieler Bosacki zum 1:2-Endstand.

»Doppelpacker« unter sich: Bartosz Bosacki (l.) und Paulo Wanchope, der gegen Deutschland zweimal traf.

Was den Turnierverlauf anbelangt, wollte Borussia Dortmunds polnischer Mittelfeldspieler Ebi Smolarek nichts beschönigen: »Ich bin persönlich sehr enttäuscht, auch wenn es für uns und unsere Fans ein schöner und stimmungsvoller Abschied war. Leider war unser Problem, dass wir erst dann gut gespielt haben, als es um nichts mehr ging.«
Um viel, nämlich um seine Zukunft als Leiter des Teams von Polen, geht es dagegen für Trainer Janas, über die der Verband nach der WM entscheiden will.

Nicht gerade eine gute Figur macht Polens Keeper in der 24. Minute, als der Freistoßball von Ronaldo Gomez an ihm vorbei ins Tor geht.

20.6.2006 · KÖLN

Schwedenhappen bekömmlicher?

ENGLAND GEHT DEM KLASSIKER AUS DEM WEG

David Beckham (Nr. 7) wird von Johan Elmander zu einer Turneinlage genötigt.

England ist dem Fußball-Klassiker gegen Deutschland gerade noch ausgewichen. David Beckham & Co. holten sich durch ein glückliches 2:2 gegen die Skandinavier den Sieg in der Gruppe B und treffen damit in der Runde der letzten 16 auf Ecuador. Schweden, das seit über 38 Jahren nicht mehr gegen das Fußball-Mutterland verloren hat, ist damit zum dritten Mal in der WM-Geschichte nach 1958 (Halbfinale/3:1) und 1974 (2. Finalrunde/2:4) Gegner der DFB-Elf. Angeführt von einem agilen Frank Lampard diktierten die »Three Lions« anfänglich mit einem sicherem Passspiel Tempo und Gegner. Ein ständiger Unruheherd im englischen Spiel war dabei Wayne Rooney, der erstmals nach seinem Mittelfußbruch von Beginn an auflief. Die Überlegenheit wurde allerdings erst in der 34. Minute belohnt, als Cole mit einem Traumtor aus 25 Metern in den Winkel die Führung erzielte. In den zweiten Durchgang kamen die »Tre Kronors« wie ausgewechselt und waren vor allem bei Standards brandgefährlich. So fiel denn auch der Ausgleich, ein historischer dazu. Nach einer Ecke war der frühere Rostocker Bundesligaprofi Marcus Allbäck per Kopf zur Stelle (51.). Es war das 2000. Tor der WM-Geschichte!

Der Schweden Sinn fürs Dramatische: Larsson vollendet in letzer Minute zum Ausgleich.

SCHWEDEN – ENGLAND

2:2 (0:1)

Schiedsrichter: Massimo Busacca (Schweiz) **Tore:** 0:1 Joe Cole (34.), 1:1 Allbäck (51.), 1:2 Gerrard (85.), 2:2 Larsson (90.) **Zuschauer:** 45.000 (ausverkauft) **Beste Spieler:** Allbäck, Ljungberg – Lampard, Joe Cole **Rote Karten:** keine **Gelb-Rote Karten:** keine **Gelbe Karten:** Alexandersson, Ljungberg – Hargreaves **Torschüsse:** 6:8 **Ecken:** 12:6 **Fouls:** 18:13 **Ballbesitz:** 45%:55%

TABELLE GRUPPE B		Spiele	Tore	Pkt.
1.	England	3	5 : 2	7
2.	Schweden	3	3 : 2	5
3.	Trinidad & Tobago	2	0 : 2	1
4.	Paraguay	2	0 : 2	0

STURMFLAUTE DROHT

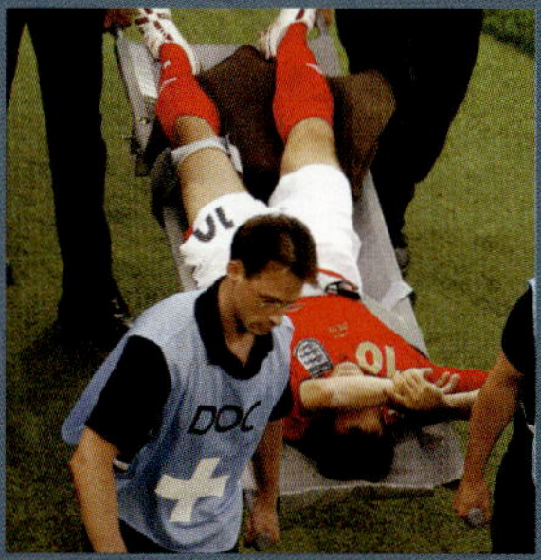

Für Michael Owen ist das Championat beendet. Seine Verletzung aus der 1. Minute der Partie gegen Schweden stellte sich als schwerer Bänderschaden im rechten Knie heraus. Owen, der die Blessur ohne Einwirkung eines Gegenspielers erlitten hatte, muss voraussichtlich fünf Monate pausieren. Damit bekommt Trainer Eriksson für das Achtelfinale Angriffsprobleme.

PARAGUAY – TRINIDAD UND TOBAGO

2:0 (1:0)

Schiedsrichter: Roberto Rosetti (Italien) **Tore:** 1:0 Sancho (25., Eigentor), 2:0 Cuevas (86.) **Zuschauer:** 46.000 (ausverkauft) **Beste Spieler:** Barreto, dos Santos – Jack, Birchall **Rote Karten:** keine **Gelb-Rote Karten:** keine **Gelbe Karten:** Paredes (2), dos Santos – Sancho, Whitley (2) **Torschüsse:** 9:2 **Ecken:** 7:1 **Fouls:** 18:21 **Ballbesitz:** 53%:47%

TABELLE GRUPPE B

		Spiele	Tore	Pkt.
1.	England	3	5 : 2	7
2.	Schweden	3	3 : 2	5
3.	Paraguay	3	2 : 2	3
4.	Trinidad & Tobago	3	0 : 4	1

JEDE OMA KENNT NUN T&T

Euphorischer Jubel bei einem Umzug durch die Hauptstadt Port of Spain erwartet – im Gegensatz zu den Paraguayern daheim – die Spieler von »T&T«. Premierminister Patrick Manning überschlug sich fast in seinem Lob: »Die Mannschaft hat es geschafft, dass nun jede Oma auf dem Planeten Trinidad und Tobago kennt. Die Engländer werden uns nicht mehr vergessen und die Schweden uns sicher zukünftig mit mehr Respekt behandeln.«

20.6.2006 · KAISERSLAUTERN

Vom Eigentor nicht mehr erholt

»TRINIS« REISEN DENNOCH STOLZ NACH HAUSE

Der Achtelfinal-Traum der torlosen Karibik-Kicker platzte wie eine Seifenblase, doch Trinidad und Tobago verabschiedete sich trotzdem hoch erhobenen Hauptes von seiner ersten Fußball-WM: Die »Soca Warriors« verpassten mit der Ausbeute von einem Punkt den Sprung in die Runde der letzten 16. Die Treffer erzielten Brent Sancho (25.) per Eigentor und der eingewechselte Nelson Cuevas (86.). Bei einem Sieg gegen das zuvor noch punktlose Team aus Paraguay und einer gleichzeitigen Niederlage Schwedens gegen England mit entsprechender Tordifferenz hätte man den sensationellen Achtelfinal-Einzug noch schaffen können. Nach einer fulminanten Anfangsphase der »Trinis« mit guten Chancen übernahm die mit drei Bundesliga-Legionären angetretene Elf aus Paraguay immer mehr das Kommando. Vor allen Dingen die Offensivkräfte Roque Santa Cruz und Julio Dos Santos von Rekordmeister Bayern München sowie Nelson Valdez (Werder Bremen) drückten der nur zu Beginn unterhaltsamen Begegnung den Stempel auf und die in ihren ersten beiden Vorrundenspielen so enttäuschenden Südamerikaner hätten in einer auf mäßigem Niveau stehenden Partie bis zur Pause sogar deutlicher führen können. Die Insel-Kicker reisen nun mit vielen Sympathiebekundungen im Gepäck nach Hause Richtung Karibik. Beenhakker soll auf Wunsch der »T&T«-Verbandsspitze seinen Vertrag als Nationalcoach umgehend verlängern. Sein in der Schusslinie stehendes Pendant Anibal Ruiz aus Paraguay indes hat sich mit dem ersten Sieg wohl die Chance auf eine Weiterbeschäftigung erhalten, wenngleich die Enttäuschung tief sitzt über das frühe Aus.

Dumm gelaufen, das mit dem Eigentor durch Teamkollege Sancho. Kelvin Jack streckt sich vergeblich.

Nelson Cuevas (r.) sorgt mit dem zweiten Tor für klare Verhältnisse, auf die Gesamtdarbietung seiner Mannschaft bei diesem Turnier traf das kaum zu.

21.6.2006 · FRANKFURT

Schonkost für den Kronprinz

NULLNUMMER BRINGT GAUCHOS DEN GRUPPENSIEG

Mitfavorit Argentinien hat sich mit einer Nullnummer Platz eins in der »Todesgruppe« C gesichert. »Argentinien hatte mehr vom Spiel, sie haben klasse Spieler, der Punkt heute war das maximal Mögliche für uns«, sagte der von Bayern München umworbene Angreifer Ruud van Nistelrooy. »Leider ist uns in unserer Drangphase am Ende nicht das Tor zum Gruppensieg gelungen«, klagte unterdessen sein Sturmpartner Dirk Kuyt. Das erhoffte Fußball-Feuerwerk im prestigeträchtigen Duell blieb zwar aus, doch zumindest die Argentinier sorgten fünf Tage nach ihrer Gala-Vorstellung beim 6:0 gegen Serbien und Montenegro auch mit einer besseren »B-Elf« für einige Glanzpunkte. »Es war ein 0:0 von höchster Qualität«, sagte OK-Präsident Franz Beckenbauer. Insbesondere Jungstar Lionel Messi verzückte ihn und Fußball-Idol Diego Armando. Drei Tage vor seinem 19. Geburtstag überzeugte Messi vor allem als Vorbereiter. »Zum Glück hängt das Erreichen des Achtelfinales nicht mehr an diesem Spiel«, meinte der niederländische Kronprinz Willem-Alexander, der auf der Tribüne mitfieberte. Zum »Gewissenskonflikt« seiner aus Argentinien stammenden Ehefrau, Prinzessin Maxima, meinte der Vertreter des Königshauses trocken: »Wir haben seit unserer Hochzeit 2001 eine Abmachung: Sie ist für Holland.« Die Niederländer, bei denen HSV-Mittelfeldstar Rafael van der Vaart bei seinem ersten WM-Einsatz von Beginn an keine Akzente setzen konnte, blieben zwar im 14. Spiel in Folge ohne Niederlage, wirkten allerdings nur in der Anfangsphase gefährlich. »Ich bin mit meiner Leistung zufrieden. Ich habe heute das erste Mal nach zweieinhalb Monaten wieder über 90 Minuten gespielt, das war sehr wichtig für mich«, sagte van der Vaart.

Carlos Tevez war der Torschützenkönig der Olympischen Spiele 2004.

Beide Teams beim Abwinken. Sie taten sich nicht weh und schieden freundschaftlich voneinander.

VORRUNDE

NIEDERLANDE – ARGENTINIEN

0:0

Schiedsrichter: Luis Medina Cantalejo (Spanien) **Tore:** Fehlanzeige **Zuschauer:** 48.000 (ausverkauft) **Beste Spieler:** Boulahrouz, Ooijer – Riquelme, Messi **Rote Karten:** keine **Gelb-Rote Karten:** keine **Gelbe Karten:** Kuyt, Ooijer, de Cler – Cambiasso, Mascherano **Torschüsse:** 9:10 **Ecken:** 7:10 **Fouls:** 23:17 **Ballbesitz:** 53%:47%

TABELLE GRUPPE C		Spiele	Tore	Pkt.
1.	Argentinien	3	8 : 1	7
2.	Niederlande	3	3 : 1	7
3.	Elfenbeinküste	2	2 : 4	3
4.	Serbien/Montenegro	2	0 : 7	0

REKORD EINGESTELLT

Edwin van der Sar, der Kapitän und Torwart der Niederlande, bestritt sein 112. Länderspiel und zog mit Rekordhalter Frank de Boer gleich. »Ich weiß nicht, ob ich im Nationalteam jemals so viel Spaß hatte wie bei dieser Endrunde.« In den »Klub der Hunderter« aufgenommen wurde am selben Abend Philipp Cocu, der zum 100. Auswahleinsatz auflief.

ELFENBEINKÜSTE - SERBIEN-M.

3:2 (1:2)

Schiedsrichter: Marco Rodriguez (Mexiko) **Tore:** 0:1 Zigic (10.), 0:2 Ilic (20.), 1:2 Dindane (37., Handelfmeter), 2:2 Dindane (67.), 3:2 Kalou (86., Handelfmeter) **Zuschauer:** 66.000 (ausverkauft) **Beste Spieler:** Dindane, Zokora – Zigic, Stankovic **Rote Karten:** keine **Gelb-Rote Karten:** Nadj wegen wiederholten Foulspiels (45.+1), Domoraud wegen wiederholten Foulspiels (90.+2) **Gelbe Karten:** Keita, Dindane – Dudic, Duljaj, Gavrancic **Torschüsse:** 20:6 **Ecken:** 9:1 **Fouls:** 13:22 **Ballbesitz:** 68%:32%

TABELLE GRUPPE C		Spiele	Tore	Pkt.
1.	Argentinien	3	8 : 1	7
2.	Niederlande	3	3 : 1	7
3.	Elfenbeinküste	3	5 : 6	3
4.	Serbien/Montenegro	3	2 : 10	0

TRAURIGER ABGANG

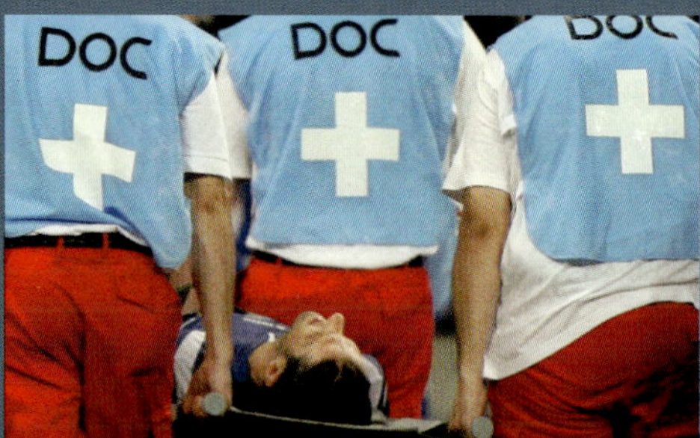

Ausgerechnet Mladen Krstajic von Schalke 04, der vor der Partie seinen Rücktritt aus dem Nationalteam erklärt hatte, zog sich beim letzten gemeinsamen Auftritt der Auswahl Serbiens und Montenegros einen Bruch des linken Unterarmes zu.

21.6.2006 · MÜNCHEN

Beide mit offenem Visier

ELFENBEINKÜSTE DREHTE NOCH DAS PACKENDE SPIEL

Die Spieler der Elfenbeinküste lagen sich nach dem ersten Sieg in der WM-Geschichte in den Armen, auf Seiten von Serbien und Montenegro wurde dagegen die eine oder andere Träne verdrückt. Die Ivorer kamen mit einer Energieleistung im unbedeutenden letzten Gruppenspiel noch zu einem Sieg und dürfen daher mit durchaus stolzgeschwellter Brust die Heimreise antreten. Für den Kontrahenten endete dagegen die gemeinsame Länderspiel-Historie mit einer weiteren Niederlage. Coach Ilija Petkovic zog dennoch ein positives Fazit: »Wir sind sehr stolz, dass wir uns heute so gut verkauft haben. Es tut mir leid, dass wir verloren haben. Es war sehr schwer für uns bei diesem Turnier. Ich war Trainer von zwei Nationalmannschaften. Unter diesen Umständen kann man kaum eine WM spielen.« 66.000 Zuschauer sahen von Beginn an eine packende Partie. Beiden Mannschaften war deutlich der Wille anzumerken, sich würdig von dieser WM zu verabschieden. Sie schenkten sich im strömenden Regen wahrlich nichts und kämpften erbittert um den ersten Turniererfolg. Mit dem 1:0 durch Dejan Stankovic endete zugleich die Durststrecke aus jugoslawischen Zeiten von 231 WM-Minuten ohne Treffer. Der ehemalige Bundesliga-Spieler Slobodan Komljenovic hatte als Letzter beim 1:2 im Achtelfinale 1998 getroffen. Nach dem Seitenwechsel erhöhten die »Elefanten« noch einmal die Schlagzahl, deren Konkurrenten die Partie nach dem Platzverweis von Albert Nadj (45. + 1.) mit zehn Mann zu Ende spielen mussten. Doch Kanga Akale (58.), Aruna Dindane (61. und 63.) und Blaise Kouassi, der an die Latte schoss (62.) ließen zunächst dicke Chancen ungenutzt, bevor Dindane (67.) und Kalou (86.) doch noch das 3:2 schafften.

Stürmer Aruna Didane beim ersten von zwei Elfmetern für die Elfenbeinküste, der zum 1:2-Anschlusstreffer (37.) führte.

Ein ungleiches Paar: Mittelstürmer Nikola Zigic (2,02 m), Verteidiger Arthur Boka (166 cm).

VORRUNDE

■ 21.6.2006 · GELSENKIRCHEN

Zittereinlage mit Tradition

TROTZ NIEDERLAGE MEXIKO ERNEUT IM ACHTELFINALE

Beim Führungstreffer zum 1:0 (6.) durch Maniche (l.) hatte der mexikanische Torwart Oswaldo Sanchez in jeder Hinsicht das Nachsehen.

Sie verschossen einen Elfmeter (57.), kassierten einen Platzverweis (61.) und mussten lange bangen, doch am Ende feierten die Mexikaner doch noch ihre Fiesta auf Schalke. Dass eine Portion Glück und die Schützenhilfe des Iran im Spiel gegen Angola (1:1) dazu gehörten, störte am Ende niemanden mehr. Bei seiner vierten WM-Teilnahme in Folge erreichte Mexiko auch zum vierten Mal das Achtelfinale – und jedesmal mussten die Mittelamerikaner aber bis nach dem letzten Gruppenspiel bangen. Doch der erneute Einzug in die K.o.-Runde konnte nicht über die erneut schwache Leistung der Mexikaner hinwegtäuschen, auch wenn Trainer La Volpe vom bislang »besten Spiel« seiner Mannschaft sprach.

Die Portugiesen bestimmten vor allem in der ersten Halbzeit das Geschehen, obwohl das Team von Coach Luiz Felipe Scolari ohne fünf von einer Sperre bedrohte Stammspieler (Deco, Cristiano Ronaldo, Pauleta, Nuno Valente und Costinha) antrat und nach der schnellen Führung scheinbar nicht mehr mit voller Kraft und letztem Einsatz spielte. »Wir haben zwei Vorteile aus dem Spiel gezogen. Erstens sind die fünf Spieler, die draußen geblieben sind, nun fit für die nächste Runde. Zweitens haben die, die für sie gespielt haben, mir gezeigt, dass sie im nächsten Spiel eine Alternative sind«, meinte Trainer Scolari erläuternd zu seiner Taktik. Nach den Toren von Maniche (6.) und Simao, der nach einem stümperhaften Handspiel von Mexikos Kapitän Marquez im Strafraum den fälligen Elfmeter sicher verwandelte (24.), deutete bereits alles auf den dritten Sieg im dritten Spiel hin. Nach dem Anschlusstreffer durch Fonseca (29.) zeigten die Mittelamerikaner zwar kämpferisch eine ansprechende Leistung, blieben aber spielerisch erneut hinter den Erwartungen zurück und waren vor dem Tor zu harmlos.

PORTUGAL – MEXIKO

2:1 (2:1)

Schiedsrichter: Lubos Michel (Slowakei) **Tore:** 1:0 Maniche (6.), 2:0 Simao (24., Handelfmeter), 2:1 Fonseca (29.) **Zuschauer:** 52.000 (ausverkauft) **Beste Spieler:** Simao, Maniche – Fonseca, Zinha **Rote Karten:** keine **Gelb-Rote Karte:** Perez wegen unsportlichen Verhaltens (61.) **Gelbe Karten:** Nuno Gomes, Boa Morte, Maniche, Miguel, Marquez – Rodriguez, Zinha **Bes. Vorkommnis:** Bravo schießt Handelfmeter über das Tor (57.) **Torschüsse:** 5:6 **Ecken:** 4:5 **Fouls:** 29:18 **Ballbesitz:** 50%:50%

TABELLE GRUPPE D		Spiele	Tore	Pkt.
1.	Portugal	3	5:1	9
2.	Mexiko	3	4:3	4
3.	Angola	3	1:2	2
4.	Iran	3	2:6	1

■ DUMM GELAUFEN

Nachdem Omar Brava einen Elfer verballert hatte, gedachte Luis Perez einen zweiten herauszuholen. Sein Versuch einer Schwalbe brachten ihm Gelb-Rot und den Ruf des dümmsten Platzverweis-Kassierers ein.

IRAN – ANGOLA

1:1 (0:0)

Schiedsrichter: Mark Shield (Australien) **Tore:** 0:1 Flavio (60.), 1:1 Bakhtiarizadeh (75.) **Zuschauer:** 43.000 (ausverkauft) **Beste Spieler:** Mahdavikia, Zandi – Joao Ricardo, Mendonca **Rote Karten:** keine **Gelb-Rote Karte:** keine **Gelbe Karten:** Madanchi (2), Zandi, Teymourian - Ze Kalanga (2), Loco (2), Mendonca **Torschüsse:** 13:7 **Ecken:** 3:6 **Fouls:** 19:23 **Ballbesitz:** 55%:45%

TABELLE GRUPPE D		Spiele	Tore	Pkt.
1.	Portugal	3	5:1	9
2.	Mexiko	3	4:3	4
3.	Angola	3	1:2	2
4.	Iran	3	2:6	1

■ IRANISCHES TOHUWABOHU

Vor dem Spiel weigerte sich Mittfeldstar Ali Karimi (Foto) vom deutschen Rekordmeister Bayern München überhaupt aufzulaufen. Nach dem Spiel erklärte der kroatische Trainer Branko Ivankovic seinen Rücktritt. Anschließend entband das iranische Sportministerium mit sofortiger Wirkung den Fußball-Verbandspräsidenten Dadkan von seinem Amt.

■ 21.6.2006 · LEIPZIG

Angola feiert das erste WM-Tor

IRANS TRAINER WIRFT DAS HANDTUCH

Fünfzehn Minuten lang durften die Angolaner als WM-Neuling an den Traum vom Achtelfinale glauben. Durch ein Tor von Flavio in der 60. Minute waren sie mit 1:0 in Führung gegangen und gleichzeitig lag Portugal mit 2:1 gegen Mexiko in Front. Doch Sohrab Bakhtiarizadeh beendete mit seinem Treffer in der 75. Minute zum 1:1-Endstand eine weitere Endrundenteilnahme der »Schwarzen Antilopen«. »Wir waren nicht intelligent genug, das Tor von Flavio zu verteidigen. Ich bin aber trotzdem stolz auf die Mannschaft, wir können erhobenen Hauptes nach Hause fahren«, erklärte Angolas Trainer Luis de Oliveira Goncalves, in dessen Team der laufstarke Mittelfeldspieler Mendonca nur drei Minuten nach der Führung sogar das 2:0 auf dem Fuß hatte. Wäre er erfolgreich gewesen, hätte jedes weitere Tor oder ein weiterer Treffer der Portugiesen den Einzug in die K.o.-Runde bedeutet. Was die Leistung des zudem auch noch von internen Differenzen zwischen Spielern und Trainer gebeutelten iranischen Teams anbelangt, fand der Bundesliga-Profi vom HSV, Mehdi Mahadavikia, deutliche Worte: »Das war nicht unser wahres Gesicht. Wir haben uns sehr schlecht aus dem Turnier verabschiedet.« Ergänzt gehört, dass Mahadavikia bei den erneut erschreckend schwachen Iranern als Akteur wenigstens einigermaßen positiv auffiel und mit seinem Eckball auf den Kopf von Bakhtiarizadeh den Ausgleich vorbereitete.

Seht her, ich bin's, Flavio von Al Ahly Kairo! Schütze des ersten angolanischen WM-Tores!

■ 22.6.2006 · HAMBURG

Euphorische Tifosi, Trainer Lippi wütet

TODUNGLÜCKLICH DER TSCHECHE PAVEL NEDVED

Auf den Rängen feierten 8.000 italienische Fans zu den Klängen des Ohrwurms »Azzurro« ausgelassen den Einzug des dreimaligen Weltmeisters Italiens ins Achtelfinale, in den Katakomben des Stadions holte Nationaltrainer Lippi zu einem Rundumschlag gegen die heimatlichen Medien aus. »Ganz Italien diskutiert meine Taktik, meine Aufstellung und meine Art, die Mannschaft zu führen. Sie machen eine Talkshow über meine Aufstellung und regen sich darüber auf, dass ich das nicht diskutiere.« Der Einsatz von Marco Materazzi gab ihm Recht. Der Ersatzspieler, in Italien von den Fans wegen seiner harten Gangart als »Tier« geschmäht, erzielte das 1:0 und wurde zum »Man of the Match« gewählt. »Es ist der schönste Tag in meinem Leben. Ich bin für den größten Verteidiger der Welt ins Spiel gekommen«, meinte der zu seiner Einwechslung für Alessandro Nesta. Für die Entscheidung sorgte der ebenfalls eingewechselte Filippo Inzaghi, der in seinem 50. Länderspiel mit dem 2:0 (87.) den Gruppensieg vor Ghana perfekt machte. Tschechien hingegen, das den Ausfall des verletzten »Sturmtanks« Jan Kollers nicht wirklich verkraftete, musste eine erneute Enttäuschung hinnehmen, obwohl es über weite Strecken sogar das Spiel dominierte. Als besonderer Pechvogel trat Pavel Nedved in Erscheinung, der in der ersten Halbzeit etliche gute Torchancen vergab und zudem dann auch noch in der 53. Minute, als er allein auf Torwart Buffon mit dem Ball zulief, scheiterte.

Filippo Inzaghi erzielt das 0:2.

TSCHECHIEN – ITALIEN

0:2 (0:1)

Schiedsrichter: Benito Archundia (Mexiko) **Tore:** 0:1 Materazzi (26.), 0:2 Inzaghi (87.) **Zuschauer:** 50.000 (ausverkauft) **Beste Spieler:** Nedved, Kovac – Buffon, Cannavaro **Rote Karten:** keine **Gelb-Rote Karte:** Polak wegen wiederholten Foulspiels (45.+2) **Gelbe Karte:** Gattuso **Torschüsse:** 8:6 **Ecken:** 4:5 **Fouls:** 18:17 **Ballbesitz:** 48%:52%

TABELLE GRUPPE E		Spiele	Tore	Pkt.
1.	Italien	3	5 : 1	7
2.	Ghana	3	4 : 3	6
3.	Tschechien	3	3 : 4	3
4.	USA	3	2 : 6	1

■ TRAURIGER ABSCHIED

Als alles vorbei war, kniete sich der der völlig enttäuschte Tscheche Pavel Nedved kurz auf den Rasen der Arena und sprach ein schnelles Gebet. Anschließend tauschte er nach seinem wohl letzten internationalen Auftritt mit seinem Mannschaftskameraden bei Juventus Turin, Alessandro del Piero, das Trikot.

GHANA – USA

2:1 (2:1)

Schiedsrichter: Markus Merk (Otterbach) **Tore:** 1:0 Dramani (22.), 1:1 Dempsey (43.), 2:1 Appiah (45.+2, Foulelfmeter) **Zuschauer:** 41.000 (ausverkauft) **Beste Spieler:** Essien, Dramani – Dempsey, Cherundolo **Rote Karten:** keine **Gelb-Rote Karten:** keine **Gelbe Karten:** Essien (2), Appiah, Mensah, Shilla Illiasu – Lewis **Torschüsse:** 4:3 **Ecken:** 2:7 **Fouls:** 32:16 **Ballbesitz:** 48%:52%

TABELLE GRUPPE E		Spiele	Tore	Pkt.
1.	Italien	3	5:1	7
2.	Ghana	3	4:3	6
3.	Tschechien	3	3:4	3
4.	USA	3	2:6	1

MERK IN DER KRITIK

US-Nationalcoach Bruce Arena zur Leistung des deutschen Manns mit der Trillerpfeife: »Wenn man jeden Einsatz dieser Art pfeift, gibt es 15 Elfmeter pro Spiel.«
Sein Kollege Ratomir Dujkovic merkte zur Gelben Karte für Michael Essien verächtlich an: »Wir spielen Fußball, nicht Schach.«

22.6.2006 · NÜRNBERG

Überraschungsteam Ghana im Achtelfinale

USA HADERN MIT REFEREE MERK

Nach der 0:2-Auftaktpleite gegen Italien hatten viele Ghana schon abgeschrieben, doch die Westafrikaner antworteten mit einem verblüffenden Sieg gegen Tschechien (2:0) und holten sich auch in der Partie gegen die USA nochmals drei nicht unbedingt erwartete Punkte. Sie taten es damit Marokko (1986), Kamerun (1990), Nigeria (1994 + 1998) sowie Senegal (2002) gleich und zogen als erst fünftes Land vom Schwarzen Kontinent in der WM-Geschichte in die zweite Runde ein. »Das ist ein historischer Moment. Wir haben 20 Millionen Menschen glücklich gemacht«, meinte Trainer Ratomir Dujkovic strahlend. Sein Mannschaftskapitän Stephen Appiah erklärte jubelnd und durchaus im Brustton der Überzeugung: »Wir sind die Brasilianer Afrikas und fürchten uns vor niemandem.« Doch in den Siegerkelch mischte sich jedoch auch ein bitterer Wermutstropfen. Schlüsselspieler Michael Essien, der ansonsten in England für den FC Chelsea aufläuft, wird nach der zweiten Gelben Karte im Achtelfinale gesperrt sein. »Wir werden ihn sehr vermissen«, sagte Appiah. »Aber wer auch immer für ihn spielen wird:

Eine Turneinlage der besonderen Art an der Querlatte bot Ghanas Torhüter Richard Kingson.

Jeder von uns ist bereit, für die Nation zu sterben.« Mit dieser Art der Hingabe hatte sich Ghana auch den Sieg gegen die USA verdient. Haminu Dramani (22.) und Stephen Appiah (45.+2, Foulelfmeter) trafen für den Underdog der Gruppe E, Clint Dempsey (43.) hatte für die USA ausgeglichen und dabei das 100. Tor der WM 2006 erzielt. An Kritik am deutschen Schiedsrichter Markus Merk aus Otterbach, der nach einem harmlosen Rempler von Onyewu an Pimpong auf Strafstoß für Ghana entschieden hatte, sparten insbesondere die Amerikaner nach dem Spiel nicht.

Haminu Dramani (l) überwindet Keeper Kasey Keller und macht das 1:0.

■ 22.6.2006 · DORTMUND

Das runde Genie ist erwacht

KRITISIERTER TORJÄGER MIT ZWEI TREFFERN

Ausgerechnet der wegen seines Übergewichts zuvor kritisierte Ronaldo war der Mann des Spiels. Sein erstes Tor im Turnier war für Japan der Anfang vom Ende, und die Vorstellung des im Spielverlauf sogar zum Kapitän beförderten Torjägers stand für die Leistungssteigerung der Selecao insgesamt. Und das, obwohl man gegen die kampfstarken Japaner den ersten Gegentreffer bei einer WM nach 460 Minuten hinnehmen musste. Der offensichtlich neu erwachten Spiel- und Lauffreude tat dies jedoch keinen Abbruch. Wie angedeutet, hatte Coach Parreira seine Anfangsformation gleich auf fünf Positionen verändert, um den Routiniers eine Pause zu gönnen. Dennoch übernahmen die technisch versierteren Südamerikaner sofort das Regiment auf dem Rasen. Die Versuche der Asiaten, ein flüssiges Kombinationsspiel aufzuziehen, endeten zumeist schon an der Mittellinie, weil die Brasilianer frühzeitig attackierten und die Räume geschickt zustellten. Die erste erfolgversprechende Situation erlebten Japans Anhänger in der 24. Minute. Wie aus heiterem Himmel fiel die Führung für das Team von Zico, dessen vierjähriges Engagement in Japan mit der WM enden wird. Auch nach dem Wechsel spielten sich mitunter turbulente Szenen im japanischen Strafraum ab, weitere Treffer des fünfmaligen Weltmeisters lagen buchstäblich in der Luft. Beim Fernschuss von Juninho leistete allerdings der ansonsten starke Keeper Kawaguchi Schützenhilfe, indem er den Ball durch die Hände gleiten ließ. Keine Chance hatte der 30-Jährige beim platzierten Flachschuss von Gilberto, ehe Ronaldo den Schlusspunkt unter ein rasantes Spiel setzte.

Ronaldos Ausgleichstreffer zum 1:1.

Groß-Gratulation für Verteidiger Gilberto (3.v.r.) nach dem 1:3.

JAPAN – BRASILIEN

1:4 (1:0)

Schiedsrichter: Eric Poulat (Frankreich) **Tore:** 1:0 Tamada (34.), 1:1 Ronaldo (45.+1), 1:2 Juninho (53.), 1:3 Gilberto (59.), 1:4 Ronaldo (81.) **Zuschauer:** 65.000 (ausverkauft) **Beste Spieler:** Kawaguchi – Ronaldo, Ronaldinho, Juninho **Rote Karten:** keine **Gelb-Rote Karten:** keine **Gelbe Karten:** Kaji – Gilberto **Torschüsse:** 3:14 **Ecken:** 3:11 **Fouls:** 9:6 **Ballbesitz:** 40% : 60%

TABELLE GRUPPE F		Spiele	Tore	Pkt.
1.	Brasilien	3	7 : 1	9
2.	Australien	3	5 : 5	4
3.	Kroatien	3	2 : 3	2
4.	Japan	3	2 : 7	1

■ WM-TORREKORD EINGESTELLT

Ronaldo hat gegen Japan den WM-Rekord des Deutschen Gerd Müller eingestellt und mit nunmehr 14 Treffern dessen Bestmarke egalisiert, die seit 1970 Bestand hat. Doch während der Münchner dafür lediglich 13 Spiele bei den Turnieren 1970 und 1974 brauchte, absolvierte der Südamerikaner im Rahmen seiner vierten WM-Teilnahme bereits sein 17. Endrundenspiel.

KROATIEN – AUSTRALIEN

2:2 (1:1)

Schiedsrichter: Graham Poll (England) **Tore:** 1:0 Srna (2.), 1:1 Moore (39., Handelfmeter), 2:1 Niko Kovac (56.), 2:2 Kewell (78.) **Zuschauer:** 52.000 (ausverkauft) **Beste Spieler:** Pletikosa, Srna, Tudor – Viduka, Kewell **Rote Karten:** keine **Gelb-Rote Karten:** Simic wegen wiederholten Foulspiels (85.), Emerton wegen wiederholten Foulspiels (87.), Simunic wegen Meckerns (90.+4) **Gelbe Karten:** Pletikosa, Tudor (2) **Torschüsse:** 3:7 **Ecken:** 3:9 **Fouls:** 21:24 **Ballbesitz:** 44%:56%

TABELLE GRUPPE F		Spiele	Tore	Pkt.
1.	Brasilien	3	7 : 1	9
2.	Australien	3	5 : 5	4
3.	Kroatien	3	2 : 3	2
4.	Japan	3	2 : 7	1

LACHNUMMER

Schiri Graham Poll aus England sorgte für ein Kuriosum. Er zeigte dem Kroaten Josip Simunic insgesamt drei Gelbe Karten. Nach der Verwarnung in der 61. und 90. Minute verpasste es Poll, den Berliner mit Gelb-Rot vom Platz zu schicken. Erst nach seiner dritten Gelben Karte in der Nachspielzeit wegen Meckerns wurde Simunic des Feldes verwiesen.

22.6.2006 · STUTTGART

Down under, das war einmal

AUSTRALIEN ERSTMALS UNTER DEN BESTEN 16

Guus Hiddink stürmte auf den Platz und feierte mit seinen Helden den größten Tag im australischen Fußball. Auf den Rängen sangen derweil rund 15.000 Fans der Socceroos frenetisch das Volkslied »I come from a land down under«. Nach 94 teils chaotischen Minuten mit drei Platzverweisen in der Schlussphase war die Sensation perfekt, Australien schaffte erstmals bei einer Weltmeisterschaft den Einzug ins Achtelfinale. »Das ist der absolute Wahnsinn. Ich bin wunschlos glücklich. Wir haben uns das mehr als verdient«, stammelte Australiens Topstürmer Mark Viduka nach dem Schlusspfiff. Bei den Kroaten flossen indes die Tränen. Die Elf von Coach Zlatko Kranjcar erlebte eine ähnliche Schmach wie 2002, als ebenfalls in der Vorrunde Endstation war. Dabei zeigte sie sich im Vergleich zu den vorangegangenen Partien in den Anfangsminuten deutlich verbessert. Kurz vor der Pause spielte dann ausschließlich das Hiddink-Team. Vor allem England-Legionär Viduka rochierte im Angriff und öffnete so die Räume für die wütend angreifenden Australier. Nach dem Seitenwechsel agierten im »Alles-oder-Nichts-Spiel« auch die Kroaten wieder mit offenem Visier. Die erste Chance hatte jedoch Australiens Emerton, dessen Schuss aus 20 Metern jedoch einige Meter am rechten Pfosten der Kroaten vorbeistrich. Nach dem erneuten Rückstand warf Australien alles nach vorne und wurde noch durch Kewell mit dem Ausgleich belohnt.

Dado Prso bejubelt bereits das 1:0 durch Dario Srna, während der Ball noch ins Tor fliegt.

Die sympathischen Australier bedanken sich nach dem Abpfiff herzlich beim Publikum.

■ 23.6.2006 · KÖLN

Die »Grande Nation« atmet tief durch

FRANKREICH TILGT DIE SCHMACH VOM TURNIER 2002

Zinedine Zidane und die »Grande Nation« atmen auf: Mit dem ersten WM-Sieg seit acht Jahren hat Ex-Weltmeister Frankreich doch noch das Achtelfinale erreicht und seinem Superstar die Chance auf einen würdigen Abschied gegeben. Am 34. Geburtstag des gesperrten »Zizou« machte die Equipe Tricolore dem Kapitän das schönste Geschenk. »Wir wollen uns in den nächsten Partien freispielen«, sagte Patrick Vieira, der für Zidane die Kapitänsbinde trug, mit Blick auf die nun folgende K.o.-Runde. Das zweite Geburtstagskind des Tages, das 30 Jahre alt wurde, war mit einem Tor (55.) und der Vorlage zum 2:0 durch Stürmerstar Thierry Henry (61.) der Matchwinner. Der erste Erfolg seit dem 3:0-Finaltriumph 1998 gegen Brasilien tilgte auch die Schmach von 2002, als die Franzosen als Titelverteidiger in der Vorrunde gescheitert waren. Trainer Raymond Domenech war erleichtert: »Ich fühle mich glücklich. Man braucht nicht drumherum zu reden. Es war nicht leicht, aber wir werden langsam besser und wir können noch einiges drauflegen.« Vor den Augen von Frankreichs Idol Michel Platini und FIFA-Präsident Blatter übernahm der Weltmeister von 1998 sofort das Kommando. Doch der enorme Druck, der auf den Schultern der Spieler lastete, machte sich zunächst in der erschreckenden Chancenverwertung bemerkbar. Und an der Tatsache, dass der Außenseiter in seinem vorerst letzten WM-Spiel frech ebenfalls seine Chancen suchte. Nach der Pause das gleiche Bild: Die Franzosen rannten an, erspielten sich weitere Möglichkeiten, ehe in der 55. Minute endlich der Knoten platzte und Togos Widerstand gebrochen war.

Schon wieder eine Chance vertan. Emmanuel Adebayor hätte sich ein Tor redlich verdient.

Wie das gesamte Team kann auch William Gallas (vorn) durchatmen.

TOGO – FRANKREICH

0:2 (0:0)

Schiedsrichter: Jorge Larrionda (Uruguay) **Tore:** 0:1 Vieira (55.), 0:2 Henry (61.) **Zuschauer:** 45.000 (ausverkauft) **Beste Spieler:** Agassa, Salifou – Viera, Henry **Rote Karten:** keine **Gelb-Rote Karten:** keine **Gelbe Karten:** Salifou (2), Aziawonou, Maman – Makelele **Torschüsse:** 8:17 **Ecken:** 1: 9 **Fouls:** 22:12 **Ballbesitz:** 44%:56%

TABELLE GRUPPE G		Spiele	Tore	Pkt.
1.	Frankreich	3	3 : 1	5
2.	Schweiz	2	2 : 0	4
3.	Südkorea	2	3 : 2	4
4.	Togo	3	1 : 6	0

■ DER ERLÖSER

Als der Spielführer gefragt war, war er zur Stelle: Patrick Vieira. Der Zidane-Vertreter im Kapitänsamt avancierte in seinem 90. Länderspiel zum Matchwinner für den Weltmeister von 1998. Sein Führungstor stellte die Weichen auf Sieg. »Durch die Unentschieden zuvor haben wir uns selber Probleme bereitet. Aber mit der Leistung heute können wir sehr zufrieden sein«, lautete sein knapper Kommentar zu seiner »Erlöserrolle«.

SCHWEIZ – SÜDKOREA

2:0 (1:0)

Schiedsrichter: Horacio Elizondo (Argentinien) **Tore:** 1:0 Senderos (23.), 2:0 Frei (77.) **Zuschauer:** 43.000 (ausverkauft) **Beste Spieler:** Senderos, Frei – Lee Young-Pyo, Lee Ho **Rote Karten:** keine **Gelb-Rote Karten:** keine **Gelbe Karten:** Senderos, Yakin, Wicky, Spycher, Djourou – Lee Chun-Soo (2), Park Chu-Young, Kim Jin-Kyu, Choi Jin-Cheul, Ahn Jung-Hwan **Torschüsse:** 12:15 **Ecken:** 8:6 **Fouls:** 8:20 **Ballbesitz:** 46%:54%

TABELLE GRUPPE G		Spiele	Tore	Pkt.
1.	Schweiz	3	4:0	7
2.	Frankreich	3	3:1	5
3.	Südkorea	3	3:4	4
4.	Togo	3	1:6	0

■ KÄMPFER VOR DEM HERRN

Verteidiger Philippe Senderos, Sohn eines spanischen Vaters und einer slowenischen Mutter, musste den erfolgreichsten Abend seiner Karriere teuer bezahlen. Bei seinem Tor holte er sich eine blutige Nase, kurz vor dem Halbzeitpfiff eine Blessur am Knöchel und in der 53. Minute kugelte sich der Legionär von Arsenal London die Schulter aus.

■ 23.6.2006 · HANNOVER

Die »Nati« lässt die Alpen erbeben

SCHWEIZ NACH 12 JAHREN WIEDER IM ACHTELFINALE

Die »Nati« der Schweiz steht nach einem mitreißenden Sturmlauf erstmals seit zwölf Jahren wieder im Achtelfinale. Verteidiger Philippe Senderos leitete mit seinem Treffer in der 23. Minute bereits den Sieg gegen Südkorea ein. Vor 43.000 Zuschauern in der ausverkauften WM-Arena von Hannover war der Sieg für die Eidgenossen hoch verdient. Die Mannschaft von Trainer Köbi Kuhn hätte bei konsequenterer Chancenverwertung durchaus noch höher gewinnen können. So traf Torjäger Frei in der 63. Minute nur den Pfosten, schon zuvor hatte der Schweizer Angreifer in der 17. Minute bei einem Heber im koreanischen Torhüter Lee Woon-Jae seinen Meister gefunden. Auch das Team von Coach Dick Advocaat versteckte sich nicht, doch den Aktionen der Asiaten fehlte die Durchschlagskraft. Die Folge: Das bittere Aus des WM-Vierten von 2002 bereits in der Vorrunde!

Auch auf den Rängen hatten die Schweizer zahlenmäßig Vorteile. Schätzungsweise 25.000 Anhänger stärkten ihren Lieblingen den Rücken, die Zahl der koreanischen Fans wurde auf rund 10.000 geschätzt. Beide Gruppen zusammen verwandelten die Arena der niedersächsischen Landeshauptstadt in ein rotes Fahnenmeer, da

Ricardo Cabanas hebt ab: Steht auf, wenn Ihr Schweizer seid!

diese Farbe von allen Anhängern auf Flaggen, T-Shirts und anderen Utensilien getragen wurde. Das Weiterkommen der Eidgenossen war auch ein ganz persönlicher Triumph für Nationalcoach Kuhn: Der Fußball-Lehrer betreute seine Mannschaft zum 50. Mal und wurde bei diesem Jubiläum von seinen Schützlingen mit einer herausragenden Leistung belohnt. Erstmals überhaupt überstand die Schweiz ohne Niederlage und ohne Gegentor die Vorrunde und sorgte damit bei ihren Anhängern für nicht enden wollende Jubelgesänge beim Schlusspfiff.

Oben ohne contra oben mit – Philippe Senderos gegen Choi Jin-Cheul.

Cho Jae-Jin (M.) im Schweizer Sandwich namens Johan Djourou (l.) und Patrick Müller.

Am Boden zerstört ist nicht nur Lee Chun-Soo. Der Überraschungsvierte der letzten WM muss die Segel streichen.

■ »WIR HABEN LUST DAZU«

Sein 50. Länderspiel als Schweizer Teamchef bescherte Köbi Kuhn den bisher größten Erfolg.

Haben Sie sich nun für die Zukunft neue Ziele gesetzt, nachdem die Achtelfinals erreicht sind?
»Es kann jetzt keine langen Planungen mehr geben. Nun folgen die Pokalspiele. Wer weiterkommen will, muss gewinnen. Ob es reicht, weiß ich nicht. Lust dazu haben wir auf jeden Fall.«
Ist der Druck nun gewichen, da das erste große Ziel erreicht ist?
»Als der Schlusspfiff endlich kam, musste ich tatsächlich tief durchatmen. Solche Spiele gibt es aber zum Glück nicht jede Woche, so dass ich solche Momente gesundheitlich überstehen kann.«
Normalerweise zeigen Sie selten große Emotionen, jetzt aber sind Sie mit den Spielern auf dem Platz feiern gegangen. Wer hat Sie dazu genötigt?
»Das war mein Assistent. Ich habe es aber gerne getan, obwohl ich solche Erfolge normalerweise lieber in Ruhe genieße. Und es war ja auch ein weiter Weg zu ihnen. Ich musste 200 Meter zurücklegen, das ist nach einem solch schweren Spiel eine große Leistung.«
Glauben Sie, dass Alex Frei zum besten Stürmer dieses Turniers werden könnte?
»Man muss berücksichtigen, dass er eine lange Verletzungspause hinter sich hat und nur die letzten zwei Meisterschaftsspiele mit Rennes bestritten hat. Diese Spiele waren für ihn Aufbauspiele, er kann noch besser werden. Ob es zum besten Stürmer des Turniers reicht? Ich wünsche es ihm und uns.«

SAUDI-ARABIEN – SPANIEN

0:1 (0:1)

Schiedsrichter: Coffi Codjia (Benin) **Tor:** 0:1 Juanito (36.) **Zuschauer:** 46.000 (ausverkauft) **Beste Spieler:** Zaid, Sulimani – Joaquin, Fabregas **Rote Karten:** keine **Gelb-Rote Karten:** keine **Gelbe Karten:** Al-Temyat, Al-Jaber – Albelda, Reyes, Marchena **Torschüsse:** 4:13 **Ecken:** 4:10 **Fouls:** 22:22 **Ballbesitz:** 41%:59%

TABELLE GRUPPE H		Spiele	Tore	Pkt.
1.	Spanien	3	8 : 1	9
2.	Ukraine	2	4 : 4	3
3.	Tunesien	2	3 : 5	1
4.	Saudi-Arabien	3	2 : 7	1

EINE LEGENDE TRITT AB

Stürmer Sami Al-Jaber hat nach seinem 163. Länderspiel seinen Rücktritt aus der Nationalmannschaft erklärt. »Alle vier Weltmeisterschaften, an denen ich teilgenommen habe, waren etwas Besonderes«, sagte die 33-jährige Stürmerlegende. Bei dieser Endrunde hat Al-Jaber Fußball-Geschichte geschrieben: Über einen Zeitraum von zwölf Jahren hinweg erzielte er WM-Tore (jüngst gegen Tunesien). Ein ähnliches Kunststück gelang bis dato nur fünf Spielern, u.a. Uwe Seeler.

23.6.2006 · KAISERSLAUTERN

Saudis in die Wüste geschickt

SPANIEN MIT B-ELF ZUM SOUVERÄNEN GRUPPENSIEG

Der saudische Stürmer Saad Al-Harthi (r.) beim Kopfballduell mit Verteidiger Michel Salgado.

Das von Trainer Luis Aragones auf den Platz geschickte Reservisten-Team, in dem kein Spieler der eigentlichen Startformation stand, setzte sich mühelos gegen die »Wüstensöhne« durch. In den ersten Minuten erlebten die Zuschauer, darunter der spanische König Juan Carlos mit Gattin Sophia, eine Partie ohne große Höhepunkte. Die Spanier agierten weitgehend lustlos und verpassten in der Anfangsphase die Möglichkeit, sich auch künftig für die Startelf zu empfehlen. Erst nach einer guten Viertelstunde zeigten die Iberer mehr Engagement und kamen zu ihren ersten Chancen. Auf die nächste Gelegenheit mussten die weiter nicht mit dem letzten Einsatz auftretenden Südeuropäer bis zur 28. Minute warten, und vor allem in den letzten Minuten vor der Pause erspielten sich die Spanier weitere gute Möglichkeiten, doch Torwart Zaid reagierte mehrfach großartig. Nach dem Seitenwechsel ersetzte Aragones den mittlerweile ins zweite Glied gerückten Starstürmer Raul durch David Villa. Der erfolgreichste Torjäger der Champions League muss damit weiter auf seinen sechsten WM-Treffer warten, der ihn zum alleinigen Rekordtorschützen der Spanier bei Weltmeisterschaften machen würde. Trotz der Auswechslung Rauls erarbeiten sich die Iberer noch zahlreiche Möglichkeiten, die sie aber reihenweise vergaben.

Nicht sonderlich gefordert: Spaniens Torwart Santiago Canizares.

Spaniens erste Garnitur beim gemütlichen Sonnenbad auf der Ersatzbank.

■ 23.6.2006 · BERLIN

»Adler« verpassten einmaligen Höhenflug

TUNESIEN ERSCHRECKEND SCHWACH UND OHNE MUMM

Ali Boumnijel (l.) wird beim Elfmeter (70.) von Andrej Schewtschenko (r.) verladen.

Die Ukraine hat bei ihrer ersten WM-Teilnahme dank eines Treffers von Andrej Schewtschenko den Sprung ins Achtelfinale perfekt gemacht. Die äußerst schwachen Tunesier, die in der zweiten Halbzeit nach der Gelb-Roten Karte dezimiert antreten mussten, verpassten die historische Chance, erstmals in der Geschichte ihres Landes in die K.o.-Runde vorzustoßen. »Ich habe immer daran geglaubt, dass wir die Vorrunde überstehen können. Nach dem 0:4 zum Start gegen Spanien war es natürlich schwer für uns, aber die Mannschaft hat sich gefangen und auch ich habe mich gesteigert. Ich bin glücklich über diesen Erfolg für unser ganzes Land. Es wird dort bestimmt ein großes Fest geben. Ich glaube, dass wir noch mehr erreichen können«, meinte Torschütze Schewtschenko. Die Ukrainer besaßen die deutlich bessere Raumaufteilung und brachten die Hintermannschaft der Gäste durch ein flexibles Flügelspiel mehrfach in Verlegenheit. Chancen im Minutentakt gab es für die Schützlinge von Trainer Oleg Blochin vor allem ab der 20. Minute. Tunesien konnte sich nur selten aus der Bedrängnis befreien und musste nach einer enttäuschenden Leistung mit dem Halbzeitpfiff eine empfindliche Schwächung hinnehmen, weil Jaziri »Gelb-Rot« sah. Zuvor war der einzige Stürmer der Nordafrikaner wegen einer Schwalbe mit Gelb (9.) verwarnt worden. Mit nur zehn Mann mühten sich die »Adler« vergeblich um den nötigen Torerfolg.

Radhi Jaidi (l.) im Duell gegen Maksim Kalinitschenko.

UKRAINE – TUNESIEN

1:0 (0:0)

Schiedsrichter: Carlos Amarilla (Paraguay) **Tor:** 1:0 Schewtschenko (70., Foulelfmeter) **Zuschauer:** 72.000 (ausverkauft) **Beste Spieler:** Tymoschuk, Rusol – Trabelsi, Chedli **Rote Karten:** keine **Gelb-Rote Karte:** Jaziri wegen wiederholten Foulspiels (45.+1) **Gelbe Karten:** Rusol (2), Swiderski (2), Tymoschuk, Schelajew – Bouazizi (2), Jaidi (2) **Torschüsse:** 6: 3 **Ecken:** 3: 3 **Fouls:** 18:24 **Ballbesitz:** 47%:53%

TABELLE GRUPPE H		Spiele	Tore	Pkt.
1.	Spanien	3	8 : 1	9
2.	Ukraine	3	5 : 4	6
3.	Tunesien	3	3 : 6	1
4.	Saudi-Arabien	3	2 : 7	1

■ JUBEL UND RUBEL

Durch den Einzug ins Achtelfinale rettete die Ukraine die Ehre des osteuropäischen Fußballs. Zuvor waren Tschechien, Kroatien, Polen sowie Serbien und Montenegro in der Vorrunde ausgeschieden. Der Sieg machte sich bezahlt: Der ukrainische Verband schüttete für das Weiterkommen eine Prämie von 2,2 Millionen Euro aus. In der Heimat verfolgte rund ein Drittel der 45 Millionen Einwohner das Spiel am Fernseher.

ALLE ERGEBNISSE AUF EINEN BLICK

GRUPPE A

München, 9.6.2006

Deutschland – Costa Rica 4 : 2 (2 : 1)

1:0 Lahm (6.), 1:1 Wanchope (12.), 2:1, 3:1 Klose (17., 61.), 3:2 Wanchope (73.),4:2 Frings (87.)

Gelsenkirchen, 9.6.006

Polen – Ecuador 0 : 2 (0 : 1)

0:1 C. Tenorio (24.), 0:2 Delgado (81.)

Dortmund, 14.6.2006

Deutschland – Polen 1 : 0 (0 : 0)

1:0 Neuville (90.+1)

Hamburg, 15.6.2006

Ecuador – Costa Rica 3 : 0 (1 : 0)

1:0 C. Tenorio (8.), 2:0 Delgado (54.), 3:0 Kaviedes (90.+2)

Berlin, 20.6.2006

Ecuador – Deutschland 0 : 3 (0 : 2)

0:1 Klose (4), 0:2 Klose (44.), 0:3 Podolski (57.)

Hannover, 20.6.2006

Costa Rica – Polen 1 : 2 (1 : 1)

1:0 Gomez (24.), 1:1 Bosacki (33.), 1:2 Bosacki (66.)

TABELLE		Spiele	Tore	Punkte
1.	Deutschland	3	8 : 2	9
2.	Ecuador	3	5 : 3	6
3.	Polen	3	2 : 4	3
4.	Costa Rica	3	3 : 9	0

GRUPPE B

Frankfurt, 10.6.2006

England – Paraguay 1 : 0 (1 : 0)

1:0 Gamarra (3., Eigentor)

Dortmund, 10.6.2006

Trinidad und Tobago – Schweden 0 : 0

Nürnberg, 15.6.2006

England – Trinidad und Tobago 2 : 0 (0 : 0)

1:0 Crouch (83.), 2:0 Gerrard (90.+ 1)

Berlin, 15.6.2006

Schweden – Paraguay 1 : 0 (0 : 0)

1:0 Ljungberg (89.)

Köln, 20.6. 2006

Schweden – England 2 : 2 (0 : 1)

0:1 Cole (34.), 1:1 Allbäck (51.), 1:2 Gerrard (85.), 2:2 Larsson (90.)

Kaiserslautern, 20.6.2006

Paraguay – Trinidad und Tobago 2 : 0 (1 : 0)

1:0 Sancho (25., Eigentor), 2:0 Cuevas (86.)

TABELLE		Spiele	Tore	Punkte
1.	England	3	5 : 2	7
2.	Schweden	3	3 : 2	5
3.	Paraguay	3	2 : 2	3
4.	Trinidad und Tobago	3	0 : 4	1

GRUPPE C

Hamburg, 10.6.2006

Argentinien – Elfenbeinküste 2:1 (2:0)

1:0 Crespo (24.), 2:0 Saviola (38.), 2:1 Drogba (82.)

Leipzig, 11.6.2006

Serbien/Montenegro – Niederlande 0:1 (0:1)

0:1 Robben (18.)

Gelsenkirchen, 16.6.2006

Argentinien – Serbien/Montenegro 6:0 (3:0)

1:0, 3:0 Rodriguez (6./41.), 2:0 Cambiasso (31.), 4:0 Crespo (78.), 5:0 Tevez (84.), 6:0 Messi (88.)

Stuttgart, 16.6.

Niederlande – Elfenbeinküste 2:1 (2:1)

1:0 van Persie (23.), 2:0 van Nistelrooy (27.), 2:1 B. Kone (38.)

Frankfurt, 21.6.2006

Niederlande – Argentinien 0:0

München, 21.6.2006

Elfenbeinküste – Serbien/Montenegro 3:2 (1:2)

0:1 Zigic (10), 0:2 Illic (20.), 1:2 Dindane (37., HE), 2:2 Dindane (67.), 3:2 Kalou (86., HE)

TABELLE		Spiele	Tore	Punkte
1.	Argentinien	3	8 : 1	7
2.	Niederlande	3	3 : 1	7
3.	Elfenbeinküste	3	5 : 6	3
4.	Serbien/Montenegro	3	2 : 10	0

GRUPPE D

Nürnberg, 11.6.2006

Mexiko – Iran 3:1 (1:1)

1:0 Bravo (28.), 1:1 Golmohammadi (36.), 2:1 Bravo (76.), 3:1 Sinha (79.)

Köln, 11.6.2006

Angola – Portugal 0:1 (0:1)

0:1 Pauleta (4.)

Hannover, 16.6.2006

Mexiko – Angola 0:0

Frankfurt, 17.6.2006

Portugal – Iran 2:0 (0:0)

1:0 Deco (63.), 2:0 Cristiano Ronaldo (80., Foulelfmeter)

Gelsenkirchen, 21.6.2006

Portugal – Mexiko 2:1 (2:1)

1:0 Maniche 16.1. 2:0 Simão (24., Handelfmeter), 2:1 Fonseca (29.)

Leipzig, 21.6.2006

Iran – Angola 1:1 (0:0)

0:1 Flavio (60.), 1:1 Bakhtiarizadeh (76.)

TABELLE		Spiele	Tore	Punkte
1.	Portugal	3	5 : 1	9
2.	Mexiko	3	4 : 3	4
3.	Angola	3	1 : 2	2
4.	Iran	3	2 : 6	1

GRUPPE E

Gelsenkirchen, 12.6.2006

USA – Tschechien **0 : 3** (0 : 2)
0:1 Koller (5.), 0:2 Rosicky (36.), 0:3 Rosicky (76.)

Hannover, 12.6.2006

Italien – Ghana **2 : 0** (1 : 0)
1:0 Pirlo (40.), 2:0 Iaquinta (83.)

Köln, 17.6.2006

Tschechien – Ghana **0 : 2** (0 : 1)
0:1 Gyan (2.), 0:2 Muntari (82.)

Kaiserslautern, 17.6.2006

Italien – USA **1 : 1** (1 : 1)
1:0 Gilardino (22.), 1:1 Zaccardo (27., Eigentor)

Hamburg, 22.6.2006

Tschechien – Italien **0 : 2** (0 : 1)
0:1 Materazzi (26.), 0:2 Inzaghi (87.)

Nürnberg, 22.6.2006

Ghana – USA **2 : 1** (2 : 1)
1:0 Draman (22.), 1:1 Dempsey (43.),
2:1 Appiah (45.+2, Foulelfmeter)

TABELLE		Spiele	Tore	Punkte
1.	Italien	3	5 : 1	7
2.	Ghana	3	4 : 3	6
3.	Tschechien	3	3 : 4	3
4.	USA	3	2 : 6	1

GRUPPE F

Kaiserslautern, 12.6.2006

Australien – Japan **3 : 1** (0 : 1)
0:1 Nakamura (26.), 1:1 Cahill (84.),
2:1 Cahill (89.), 3:1 Aloisi (90.+2)

Berlin, 13.6.2006

Brasilien – Kroatien **1 : 0** (1 : 0)
1:0 Kaka (44.)

Nürnberg, 18.6.2006

Japan – Kroatien **0 : 0**

München, 18.6.2006

Brasilien – Australien **2 : 0** (0 : 0)
1:0 Adriano (49.), 2:0 Fred (90.)

Dortmund, 22.6.2006

Japan – Brasilien **1 : 4** (1 : 1)
1:0 Tamada (34.), 1:1 Ronaldo (45.), 1:2 Juninho (53.),
1:3 Gilberto (59.), 1:4 Ronaldo (81.)

Stuttgart, 22.6.2006

Kroatien – Australien **2 : 2** (1 : 1)
1:0 Srna (2.), 1:1 Moore (39. Handelfmeter),
2:1 Niko Kovac (56.), 2:2 Kewell (78.)

TABELLE		Spiele	Tore	Punkte
1.	Brasilien	3	7 : 1	9
2.	Australien	3	5 : 5	4
3.	Kroatien	3	2 : 3	2
4.	Japan	3	2 : 7	1

GRUPPE G

Frankfurt, 13.6.2006

Südkorea – Togo **2 : 1** (0 : 1)
0:1 Kader (31.), 1:1 Chun-Soo (54.),
2:1 Jung-Hwan (72.)

Stuttgart, 13.6.2006

Frankreich – Schweiz **0 : 0**

Leipzig, 18.6.2006

Frankreich – Südkorea **1 : 1** (1 : 0)
1:0 Henry (9.), 1:1 Park Ji-Sung (81.)

Dortmund, 19.6.2006

Togo – Schweiz **0 : 2** (0 : 1)
0:1 Frei (16.), 0:2 Barnetta (88.)

Köln, 23.6.2006

Togo – Frankreich **0 : 2** (0 : 0)
0:1 Vieira (55.), 0:2 Henry (61.)

Hannover, 23.6.2006

Schweiz – Südkorea **2 : 0** (1 : 0)
1:0 Senderos (23.), 2:0 Frei (77.)

TABELLE		Spiele	Tore	Punkte
1.	Schweiz	3	4 : 0	7
2.	Frankreich	3	3 : 1	5
3.	Südkorea	3	3 : 4	4
4.	Togo	3	1 : 6	0

GRUPPE H

Leipzig, 14.6.2006

Spanien – Ukraine **4 : 0** (2 : 0)
1:0 Xabi Alonso (13.), 2:0 Villa (17.),
3:0 Villa (48., Foulelfmeter), 4:0 Torres (81.)

München, 14.6.2006

Tunesien – Saudi-Arabien **2 : 2** (1 : 0)
1:0 Jaziri (23.), 1:1 Al-Kahtani (57.), 1:2 Al-Jaber (84.), 2:2 Jaidi (90.+3)

Hamburg, 19.6.2006

Saudi-Arabien – Ukraine **0 : 4** (0 : 2)
0:1 Rusol (4.), 0:2 Rebrow (36.),
0:3 Schewtschenko (46.), 0:4 Kalinitschenko (84.)

Stuttgart, 19.6.2006

Spanien – Tunesien **3 : 1** (0 : 1)
0:1 Mnari (8.), 1:1 Raul (71.), 2:1 Torres (76.), 3:1 Torres (90.+1, Foulelfmeter)

Berlin, 23.6.2006

Ukraine – Tunesien **1 : 0** (0 : 0)
1:0 Schewtschenko (70. Foulelfmeter)

Kaiserslautern, 23.6.2006

Saudi-Arabien – Spanien **0 : 1** (0 : 1)
0:1 Juanito (36.)

TABELLE		Spiele	Tore	Punkte
1.	Spanien	3	8 : 1	9
2.	Ukraine	3	5 : 4	6
3.	Tunesien	3	3 : 6	1
4.	Saudi-Arabien	3	2 : 7	1

DAS AUSWAHL-TEAM DER VORRUNDE

AUFGESTELLT VOM SPORT-INFORMATIONS DIENST, NEUSS

Gianluigi Buffon
(Itlaien)

Gianluca Zambrotta
(Italien)

Philippe Senderos
(Schweiz)

Kaka
(Brasilien)

Juan Roman Riquelme
(Argentinien)

Carlos Tenorio
(Ecuador)

Rafael Marquez
(Mexiko)

Philipp Lahm
(Deutschland)

Michael Essien
(Ghana)

Tim Cahill
(Australien)

Miroslav Klose
(Deutschland)

Immer wieder auf die Kleinen

KEIN ASIATISCHES TEAM IN DER K.O.-RUNDE UND NUR GHANA FÜR AFRIKA

Der große Angriff der kleinen Verbände ist erneut gescheitert. Ob mit afrikanischem Zauber oder asiatischer Kampfkraft – am Thron des Establishments des Weltfußballs konnten die mit großen Ambitionen gestarteten Außenseiter nicht rütteln. Asien hat nach der Vorrunde bereits komplett die Segel gestrichen, Afrika enttäuschte ebenfalls, brachte aber immerhin Ghana ins Achtelfinale. Die »Black Stars« waren dann ausgerechnet gegen Weltmeister Brasilien dazu verdammt, die Ehre des Schwarzen Kontinents zu retten.

Ghana war im Mittelfeld dominanter, das war der Schlüssel zum Erfolg. Und die Elfenbeinküste wurde in einer schweren Gruppe unter Wert geschlagen«, erklärte FIFA-Analyst Holger Osieck im »kicker« das beinahe kollektive Aus. Dennoch ist sehr auffällig, dass die übrigen afrikanischen Vertreter Angola, Togo und Tunesien mit insgesamt nur drei Punkten und fünf Toren sang- und klanglos rausflogen und ihre Koffer packen mussten. Den Titel werden daher mit hoher Wahrscheinlichkeit wieder Europa und Südamerika unter sich ausmachen – wie bislang immer in der WM-Historie. Noch nie ging die Trophäe an einen anderen Verband als die UEFA oder CONMEBOL, Südamerika liegt nach 17 Turnieren knapp mit 9:8 in Front.

Die Dominanz der Großen ist weiter ungebrochen und wurde in der Vorrunde erneut bestätigt. 2,08 Punkte holten die vier Mannschaften des südamerikanischen Kontinents laut »kicker« in den Gruppenspielen im Durchschnitt, obwohl mit Paraguay (fast) ein Totalausfall zu verzeichnen war. Nur Europa (1,88) kann in der Statistik mithalten. Zu den Verfolgern aus Afrika (0,80), Asien (0,58) und Nord- und Mittelamerika (0,50) klafft eine große Lücke. Tapferen Widerstand gegen die euro-amerikanische Übermacht leistete nur noch Australien. Die Socceroos erkämpften für Ozeanien 1,33 Punkte im Durchschnitt und sorgten damit kurioserweise für einen asiatischen Hoffnungsschimmer, denn ab der Qualifikation für die WM 2010 ist Australien mangels ozeanischer Konkurrenz dem asiatischen Verband AFC zugeteilt.

Zwar gab es auch in Deutschland das ein oder andere Strohfeuer der »Exoten«, aber der Umsturz der Machtverhältnisse zeichnet sich noch nicht ab. Trinidad und Tobago ärgerte Schweden, Tunesien führte gegen Spanien, Angola ermauerte ein 0:0 gegen Mexiko, aber das war es dann auch schon. »Besonders imponiert hat mir Trinidad und Tobago als krasser Underdog«, lobt Osieck. »In Unterzahl gegen Schweden hat Leo Beenhakker einen Stürmer getauscht und nicht gemauert.« Für die Runde der letzten 16 hat es dennoch nicht gereicht.

Unter dem Strich steht daher die folgende ernüchternde Bilanz: Von 16 Achtelfinalisten kamen zehn aus Europa (Quote 10 von 14/71 Prozent), drei aus Südamerika (3 von 4/75 Prozent) und je einer aus Nord- und Mittelamerika (1 von 4/25 Prozent), Afrika (1 von 5/20 Prozent) und Ozeanien (1 von 1/100 Prozent). Zwingende Argumente für den teils so energisch geforderten sechsten afrikanischen Startplatz – 2010 ist Südafrika Gastgeber der ersten Weltmeisterschaft auf dem Schwarzen Kontinent – wurden nicht geliefert. Darüber hinweg trösten konnten auch nicht die wiederum enthusiastischen, farbenprächtig kostümierten Anhänger der Afrikavertreter, die jedes Stadion zum Tollhaus machten oder die Fan-Meilen-Besucher mit ihrer Lebensfreude ansteckten.

Erwartungsfrohe Zuschauermassen strömen zum Eröffnungsspiel Deutschland – Costa Rica in die Münchner WM-Arena.

Die Fan-Meile in Berlin auf der Straße des 17. Juni: Tag für Tag ein Besuchermagnet

ABSCHIED VON DER WM 2006

Trinidad und Tobago

USA

Polen

Tschechien

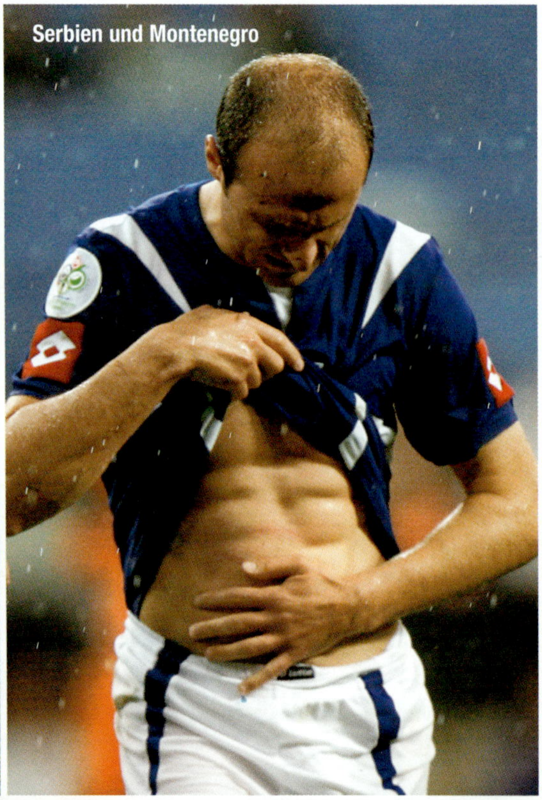

Serbien und Montenegro

Costa Rica

Japan

Elfenbeinküste

Togo

Tunesien

Angola

Südkorea

Saudi-Arabien

Iran

Paraguay

Kroatien

Lukas Podolski
schießt Deutschland
ins Viertelfinale

ACHTELFINALE

24.6. – 27.6.2006

DEUTSCHLAND	–	SCHWEDEN
ARGENTINEN	–	MEXIKO
ENGLAND	–	ECUADOR
PORTUGAL	–	NIEDERLANDE
ITALIEN	–	AUSTRALIEN
SCHWEIZ	–	UKRAINE
BRASILIEN	–	GHANA
SPANIEN	–	FRANKREICH

DEUTSCHLAND – SCHWEDEN

2:0 (2:0)

Schiedsrichter: Carlos Simon (Brasilien) **Tore:** 1:0 Podolski (4.), 2:0 Podolski (12.) **Zuschauer:** 66.000 (ausverkauft) **Beste Spieler:** Ballack, Klose, Podolski – Isaksson, Linderoth **Rote Karten:** keine **Gelb-Rote Karte:** Lucic wegen wiederholten Foulspiels (34.) **Gelbe Karten:** Frings – Jonson, Allbäck **Bes. Vorkommnis:** Larsson schießt Foulelfmeter über das Tor (53.) **Torschüsse:** 11:2 **Ecken:** 4:4 **Fouls:** 20:15 **Ballbesitz:** 63%:37%

■ PELE: EINE KLASSELEISTUNG

Fußball-Idol Pele hat den Auftritt gegen Schweden als »Klasseleistung« bezeichnet. »Man spürt dieser Mannschaft die Leidenschaft an. Ich habe immer gesagt, der Klinsmann braucht Zeit mit dem Aufbau. Mittlerweile ist die deutsche Abwehrreihe geschlossen, das Mittelfeld kompakt, und Klose und Podolski bilden ein Klasse-Sturm-Duo. Das Ergebnis gegen Schweden hat mich nicht überrascht.«

■ 24.6.2006 · MÜNCHEN

»Elchtest« mit Bravour bestanden

GLANZVOLLE ERSTE HALBZEIT ENTSCHEIDET DAS SPIEL

Das »Sommermärchen« geht weiter: Mit einer phasenweise begeisternden Vorstellung ist die deutsche Nationalmannschaft ins Viertelfinale eingezogen. Beim 2:0 gegen Schweden, das ab der 34. Minute in Unterzahl spielen musste, zeigte die Elf von Bundestrainer Klinsmann vor allem in der ersten Halbzeit den besten Fußball einer deutschen Mannschaft seit der Endrunde 1990 in Italien, die mit dem Gewinn des dritten deutschen Titels endete.

»Es herrscht eine Bombenstimmung, in der Kabine wird gesungen und getanzt. Der ganze Trainerstab ist mächtig stolz auf die Mannschaft, phantastisch, was sie geleistet hat«, berichtete der Bundestrainer sichtlich entspannt nach dem Sieg.

In der Runde der letzten Acht steht ein DFB-Team zum 14. Mal in Folge – WM-Rekord. Endspielträume sind weiter erlaubt: »Jetzt ist alles möglich. Das war heute der erste Schritt, es sind aber noch drei zu machen«, sagte der zweifache Torschütze Lukas Podolski (4./12.), der gemeinsam mit dem überragenden Miroslav Klose den Grundstein zum deutschen Erfolg legte.

»Wir haben sensationell gespielt und alles umgesetzt, was wir uns vorgenommen haben«, sagte Kapitän Michael Ballack, der Dreh- und Angelpunkt der deutschen Mannschaft war. Die Klinsmänner gingen ein hohes Tempo, kombinierten fast nach Belieben, waren meist souverän in den Zweikämpfen. Nur selten und erstaunlicherweise erst nach der eher unberechtigten Gelb-Roten Karte für Teddy Lucic sorgten auch die Schweden für Gefahr.

Auch die größte Chance, trotz Unterzahl noch einmal in das Spiel zurückzukommen, ließen die Schweden ungenutzt. Nach einer eher harmlos erscheinenden Attacke von Christoph Metzelder gegen Henrik Larsson entschied Schiedsrichter Carlos Simon umgehend auf Strafstoß.

Der schwedische Angreifer trat selbst an, schoss den Ball aber über das Tor (53.). Danach kontrollierte die DFB-Auswahl die Partie wieder. Am Ende wies die Statistik einen Spielanteil von 63 Prozent aus.

Die deutsche Mannschaft erwischte den besten Start ihrer WM-Geschichte. Bereits nach 12 Minuten stand es 2:0, zweimal war Lukas Podolski Nutznießer der glänzenden Vorarbeit von Sturmpartner Miroslav Klose. Beim ersten Treffer schlängelte sich der Bremer nach einem schönen Pass von Michael Ballack zwischen zwei Schweden hindurch, scheiterte an Torhüter Andreas Isaksson, doch den Abpraller schoss Podolski abgebrüht ins Netz (4.). Beim zweiten Treffer riss Klose die komplette schwedische Hintermannschaft auf, legte mit der Sohle ab, sein Sturmpartner vollendete (12.).

Zwölf Minuten, zwei Tore – nur einmal, im Entscheidungsspiel gegen die Türkei beim Endturnier 1954 (7:2), ging es genauso schnell. Damals trafen in der ersten Viertelstunde Ottmar Walter (5.) und Hans Schäfer (12.). Podolskis Treffer war zugleich der drittschnellste in der deutschen WM-Geschichte.

Und die deutsche Auswahl hätte schon vor der Pause durchaus noch höher führen können, etwa nach dem Flachschuss von Ballack, den Isaaksson gerade noch entschärfte (18.). Erst danach, als Lucic vom Platz musste, geriet bei einem Schuss von Zlatan Ibrahimovic (40.) und einer Hereingabe von Henrik Larsson, die Lahm gerade noch klären konnte, das deutsche Tor in Gefahr. Nach dem verschossenen Elfmeter und einem strammen Schuss von Ballack aus 25 m, den Isaaksson noch an den Pfosten lenkte, nahm die deutsche Mannschaft auch angesichts der hohen Temperaturen ein wenig das Tempo aus dem Spiel. Kleine Schönheitsflecke waren einige Patzer im Defensivverhalten. Ansonsten aber kontrollierte die DFB-Auswahl über die gesamte Spielzeit die Partie.

Podolski – Tor 1: 4. Minute.

Podolski – Tor 2: 12. Minute.

Schwedischer Elfer, 53. Minute.

Ein starkes Spiel machte Ballack, im Hintergrund Podolski.

Platzverweis für Teddy Lucic, 34. Minute.

Überragend neben Podolski einmal mehr Klose, der beide Treffer einleitete.

ARGENTINIEN – MEXIKO

2:1 n.V. (1:1)

Schiedsrichter: Massimo Busacca (Schweiz) **Tore:** 0:1 Marquez (6.), 1:1 Borgetti (10., Eigentor), 2:1 Maxi Rodriguez (98.) **Zuschauer:** 43.000 (ausverkauft) **Beste Spieler:** Crespo, Sorin – Borgetti, Marquez **Rote Karten:** keine **Gelb-Rote Karten:** keine **Gelbe Karten:** Heinze, Sorin – Marquez, Castro, Torrado, Fonseca **Torschüsse:** 5:3 **Ecken:** 6:5 **Fouls:** 23:28 **Ballbesitz:** 51%:49%

FREUDE AUF DEUTSCHLAND

Trainer José Pekermann (Argentinien), der auf dem Foto gerade seinen Spielern Anweisungen für die Verlängerung gibt: »Es war ein gutes, interessantes Spiel mit viel Tempo. Für uns war es sehr kompliziert, denn gegen Mexiko sind die Spiele immer sehr ausgeglichen. Wir haben unsere wenigen Chancen besser genutzt, das war der Unterschied. Jetzt freuen wir uns auf das Spiel gegen Deutschland. Das wird ein großes Spiel zweier großer Mannschaften.«

24.6.2006 · LEIPZIG

Unglaublich, dieser finale Schuss!

RODRIGUEZ´ TRAUMTOR ENTSCHEIDET DIE BEGEGNUNG

Mit einem spektakulären Tor in der Verlängerung hat Maxi Rodriguez Titelfavorit Argentinien ins Viertelfinale gegen Gastgeber Deutschland geschossen. Der Mittelfeldspieler von Atletico Madrid sicherte mit seinem dritten WM-Treffer in der 98. Minute den 2:1-Sieg des zweimaligen Weltmeisters, der damit zum achten Mal den Sprung unter die besten Acht schaffte. Dagegen scheiterte Mexiko zum vierten Mal hintereinander in der Runde der letzten 16.

»Wir spielen gegen eine der besten Mannschaften der Welt«, sagte Matchwinner Rodriguez zum bevorstehenden Viertelfinalduell respektvoll, war aber zunächst einmal glücklich über den Sieg: »Es war ein schweres Spiel. Wir waren sehr aufgeregt. Wir wussten, dass Mexiko eine sehr kampfstarke Mannschaft ist.« Mexikos Kapitän Rafael Marquez hatte den Außenseiter bereits in der sechsten Minute in Führung gebracht. Vier Minuten später beförderte Jared Borgetti den ersten Eckball der Argentinier unglücklich per Kopf zum Ausgleich ins eigene Tor. Am Ende der regulären Spielzeit hatten die Gauchos Pech, als ein Treffer des eingewechselten Lionel Messi wegen angeblichen Abseits nicht anerkannt wurde. In der Verlängerung sorgte dann Rodriguez mit einem Volleyschuss vom Strafraumeck für die Entscheidung. Ein unglaublich schönes Tor!

Bei den Argentiniern versuchte Regisseur Juan Roman Riquelme an seinem 28. Geburtstag sofort das Kommando im Mittelfeld zu übernehmen, die Akzente setzten zunächst aber die Mexikaner. Die favorisierten Argentinier, die 1930 das zuvor einzige WM-Spiel gegen Mexiko 6:3 gewannen, zeigten sich trotz ihres schnellen Ausgleichs von der Aggressivität des Kontrahenten überrascht. La Volpe, 1978 dritter Torwart in Argentiniens Weltmeister-Team und seit Februar 2003 Mexikos Nationaltrainer, hatte seine Mannschaft mit

Maxi Rodriguez beim Siegtreffer zum 2:1.

sechs nominellen Verteidigern defensiv ausgerichtet. Aber mit schnellen Kontern und einem starken Borgetti im Sturm war sein Team in der ersten Halbzeit besser, der Gegner schien regelrecht verblüfft. Kurz vor der Pause forderten die Mexikaner die Rote Karte für Gabriel Heinze, der nach einem schweren Schnitzer Francisco Fonseca in höchster Not kurz vor der Strafraumgrenze foulte. Schiedsrichter Massimo Busacca (Schweiz) sah jedoch keine Notbremse und beließ es bei Gelb. Spätestens da begann Argentiniens einstiger Superstar Diego Maradona unruhig auf der Ehrentribüne hin und her zu rutschen. Seine Albiceleste wirkte gehemmt und ließ ihr gefürchtetes Kurzpassspiel vermissen. Die Mexikaner, die im Vorjahr beim Konföderationen-Pokal erst im Elfmeterschießen gegen Argentinien verloren hatten, hielten weiter wacker dagegen – bis Maxi Rodriguez zum finalen Schuss ansetzte.

Jared Borgetti (l.) hat den Ball ins eigene Tor geköpft, Keeper Oswaldo Sanchez tobt, Pavel Pardo (r.) nimmt's mit Galgenhumor.

Mexikos Kapitän Rafael Marquez markierte die verheißungsvolle Führung.

Spielführer auf der Gegenseite: Juan Pablo Sorin.

ENGLAND - ECUADOR

1:0 (0:0)

Schiedsrichter: Frank de Bleeckere (Belgien) **Tor:** 1:0 Beckham (60.) **Zuschauer:** 52.000 (ausverkauft) **Beste Spieler:** Ferdinand, Hargreaves – Mendez, Carlos Tenorio **Rote Karten:** keine **Gelb-Rote Karten:** keine **Gelbe Karten:** Terry, Robinson, Carragher – Valencia, Calos Tenorio, de la Cruz **Torschüsse:** 4:3 **Ecken:** 5:7 **Fouls:** 13:24 **Ballbesitz:** 49%:51%

KRÄNKELNDER KÄPT'N

Pumpend wie ein Maikäfer und mit Pfiffen bedacht, nahm David Beckham nach seiner Auswechslung auf der Bank Platz. Als Grund für seinen katastrophalen körperlichen Zustand gab er an: »Ich habe mich schon vor dem Spiel schlecht gefühlt. Erst dachte ich, die Übelkeit sei weggegangen. In der zweiten Halbzeit ist es aber doch aus mir ›rausgebrochen‹.« Und er meinte dies durchaus wörtlich: Mitte der zweiten Hälfte musste sich »Becks« in der Nähe des Mittelkreises übergeben.

26.6.2006 · STUTTGART

Englands Fans singen sich Mut zu

ERNEUT DÜRFTIGER AUFTRITT MIT EINEM TÖRCHEN

Die rund 35.000 Engländer im Stadion sangen erleichtert ihre Hymne »Football´s coming home«, Matchwinner David Beckham drehte völlig entkräftet seine Ehrenrunde, und das ganze Fußball-Mutterland atmete erneut tief durch: Beim dürftigen Zittersieg gegen Ecuador wurden die Three Lions in Stuttgart ihren Ansprüchen wieder nicht gerecht, zum ersten Mal seit 40 Jahren den Titel auf die Insel zu holen – aber dank Beckham dürfen sie zumindest weiter davon träumen. »Ich habe schon lange kein Tor mehr für England geschossen und hatte zuletzt sogar im Training Probleme. Dann hat Wayne Rooney aber zu mir gesagt, dass ich genau aus diesem Grund gegen Ecuador einen Freistoß verwandeln werde. Da hat er wohl Recht behalten«, sagte der 31 Jahre alte Mittelfeldspieler von Spaniens Rekordmeister Real Madrid nach seinem ersten Tor im England-Dress seit 13 Spielen und dem ersten Freistoßtreffer seit drei Jahren. Beckham verschloss aber auch nicht die Augen vor dem erneut indisponierten Auftritt des Weltmeisters von 1966: »Wir wissen, dass wir besser spielen können und im Viertelfinale auch besser spielen müssen.«
Auch Beckham, der als erster englischer Nationalspieler bei drei WM-Turnieren ein Tor erzielt hat, blieb am Sonntag bis auf den sehenswerten Freistoß erneut weit unter seinen Möglichkeiten. Schon beim Siegtreffer war der Jubel des Superstars matt ausgefallen, dafür vollführte Beckhams Frau Victoria auf der Tribüne wahre Freudentänze. Seinem Trainer Sven-Göran Eriksson, der Beckham vor der Partie schon mit der Ersatzbank gedroht hatte, verschwieg er seine schlechte Verfassung. Mit dem Viertelfinale am Samstag in Gelsenkirchen beginnt angeblich für Eriksson, der nach Turnierende aus seinem Amt scheidet, die Endrunde in Deutschland erst richtig: »Wir wissen, dass wir noch viel mehr können, aber das Beste kommt noch. In der nächsten Runde spielen wir gegen einen Favoriten. Und ich verspreche, wir kommen weiter als bei der WM 2002.«
Vor vier Jahren in Südkorea und Japan waren die Engländer im Viertelfinale am späteren Weltmeister Brasilien gescheitert. Die Gunst der Stunde, eine schlaffe englische Mannschaft in die Schranken zu weisen, vermochten die Ecuadorianer dagegen nicht zu nutzen. Nach ihrem Lattentreffer in der elften Minute passten sie sich mehr und mehr dem niveauarmen Gekicke an, statt das Heft des Handelns in die Hand zu nehmen. Trainer Suarez war dennoch keinesfalls verbittert: »Ich bin trotzdem sehr stolz auf mein Team und diese Leistung in diesem historischen Spiel.« Ohne Zweifel, Ecuador hat sich als dritte südamerikanische Kraft hinter Brasilien und Argentinien etabliert.

Backham legt sich den Ball zum entscheidenden Freistoß zurecht …

… für Keeper Mora gab es nichts zu halten.

Wayne Rooney zum 1. mit Ivan Hurtado …

Wayne Rooney zum 2. mit Geovanny Espinoza …

Wayne Rooney, Solist im Sturm England.

Carlos Tenorio, Solist im Sturm Ecuador.

ACHTELFINALE

PORTUGAL – NIEDERLANDE

1:0 (1:0)

Schiedsrichter: Walentin Iwanow (Russland) **Tor:** 1:0 Maniche (23.) **Zuschauer:** 41.000 (ausverkauft) **Beste Spieler:** Maniche, Ricardo – vam Bommel, van der Sar **Rote Karten:** keine **Gelb-Rote Karten:** Costinha wegen absichtlichen Handspiels (45. +1), Boulahrouz wegen wiederholten Foulspiels (63.), Deco wegen unsportlichen Verhaltens (78.), van Bronckhorst wegen wiederholten Foulspiels (90.+5) **Gelbe Karten:** Maniche, Petit, Figo, Ricardo, Nuno Valente – van Bommel, Sneijder, van der Vaart **Torschüsse:** 6:9 **Ecken:** 3:5 **Fouls:** 10:15 **Ballbesitz:** 38%:62%

BESTMARKE UNTER NIVEAU

FIFA-Boss Blatter über den 45 Jahre alten russischen Referee: »Ich muss sagen, dass der Schiedsrichter nicht auf dem Niveau der Spieler gepfiffen hat. Man hätte auch ihm eine Gelbe Karte zeigen können.« Vier Platzverweise gab es in der 76-jährigen WM-Geschichte noch nie, und die insgesamt 16 gezeigten Karten bedeuten die Einstellung des bisherigen Negativ-Rekords. Auch beim Vorrunden-Spiel 2002 zwischen Deutschland und Kamerun (1:0) sahen die Spieler 16-mal den Karton.

25.6.2006 · NÜRNBERG

Da waren's auf jeder Seite nur noch neun...

IRRE: VIER PLATZVERWEISE, ACHT GELBE KARTEN

Nach einem hitzigen »Karten-Spiel« mit vier Platzverweisen und zwölf »Gelbphasen« hat Vize-Europameister Portugal nach 40 Jahren zum zweiten Mal das Viertelfinale bei einer WM-Endrunde erreicht. Die Partie vor 41.000 Zuschauern im Frankenstadion war geprägt von zahlreichen Unsportlichkeiten auf beiden Seiten. Costinha (45.+1) und Deco bei Portugal (78.) sowie der Hamburger Khalid Boulahrouz (63.) und Giovanni van Bronckhorst (90.+5) bei den Niederländern flogen jeweils mit Gelb-Rot vom Platz. Darüber hinaus zeigte der russische Schiedsrichter Walentin Iwanow nach Fouls und zahlreichen Rudelbildungen weitere acht Gelbe Karten. Vier Platzverweise in nur einem Spiel sind ein trauriger WM-Rekord, der bei den Beteiligten auf Unverständnis stieß. »So hart war die Partie doch gar nicht. Der Schiedsrichter hat sehr kleinlich gepfiffen und das Spiel damit kaputt gemacht«, schimpfte Torschütze Maniche. Ähnlich äußerte sich sein Trainer Luiz Felipe Scolari: »Es war ein sehr enges, manchmal überhartes, aber auch ein sehr schönes Spiel mit vielen guten Chancen auf beiden Seiten.« Fußball gespielt wurde tatsächlich auch, und bisweilen sehr ansehnlich. Die Führung der Portugiesen war zu diesem Zeitpunkt überraschend. Deco hatte die erste Chance für sein Team eingeleitet, Pauleta legte am Elfmeterpunkt kurz ab und Maniche schoss seinen zweiten Treffer bei diesem Turnier. Die Niederländer wirkten geschockt und hätten kurz vor der Pause beinahe den zweiten Gegentreffer kassiert. In der Nachspielzeit der ersten Halbzeit schwächten sich die Portugiesen dann selbst. Der nach Foulspiel bereits verwarnte Costinha sah nach einem unnötigen Handspiel die erste Gelb-Rote Karte. Die Niederländer, die Revanche für das 1:2 im EM-Halbfinale von 2004 wollten, hatten mit Spielbeginn zunächst die Akzente gesetzt. In der Sturmmitte wartete der 25-jährige Dirk Kuyt allerdings vergeblich auf gefährliche Anspiele. Für ihn hatte der vom FC Bayern umworbene Stürmer Ruud van Nistelrooy aus der Anfangsformation weichen müssen. Nach der Pause drehten die Holländer in Überzahl auf, u.a. traf Cocu (49.) aus sieben Metern die Lattenunterkante. Weitere gute Chancen vereitelte Portugals Schlussmann mehrfach mit Glück und Geschick. Es folgte die Phase, in der das Match aus dem Ruder zu laufen schien, nicht nur für Schiedsrichter Iwanow: Boulahrouz hatte seinen Platzverweis durch ein böses Foul gegen Cristiano Ronaldo »vorbereitet«; wegen der dadurch erlittenen Oberschenkelverletzung musste der Portugiese ausgewechselt werden (34.). In der 63. Minute war also der personelle Gleichstand zunächst wieder hergestellt, als eben jener Boulahrouz nach einem Ellenbogenschlag ins Gesicht von Luis Figo die zweite Gelbe Karte sah. Drei Minuten zuvor hätte der Kapitän der Portugiesen allerdings des Feldes verwiesen werden müssen, da er sich einen Kopfstoß gegen Mark van Bommel geleistet hatte. Diese Szene hatte der russische Unparteiische aber übersehen. Deco musste wegen unsportlichen Verhaltens vom Platz, ehe wiederum ein Holländer nachzog. Da waren's beidseitig nur noch jeweils neun ...

Glück gehabt: Luis Figo »köpft« Mark van Bommel.

Die Orgie in Gelb und Rot nimmt ihren Lauf. Hauptdarsteller Walentin Iwanow aus Russland inmitten von ganz vielen Holländern und Portugiesen.

Maniche hat für Portugal das goldene Tor des Spiel erzielt …

… nur ahnt er es selbst zu diesem Zeitpunkt noch nicht.

ITALIEN – AUSTRALIEN

1:0 (0:0)

Schiedsrichter: Luis Medina Cantalejo (Spanien) **Tor:** 1:0 Totti (90.+5, Foulelfmeter) **Zuschauer:** 46.000 (ausverkauft) **Beste Spieler:** Buiffon, Cannavaro – Chipperfield, Grella **Rote Karte:** Materazzi wegen groben Foulspiels (51.) **Gelb-Rote Karten:** keine **Gelbe Karten:** Grosso, Gattuso, Zambrotta – Grella, Cahill, Wilkshire **Torschüsse:** 6:4 **Ecken:** 2:2 **Fouls:** 17:26 **Ballbesitz:** 41%:59%

TOTTI, DER SPÄTVERWANDLER

Der Italiener Francesco Totti verwandelte den spätesten Elfmeter der WM-Geschichte in der regulären Spielzeit und sandte anschließend einen symbolischen Nuckelgruß an seinen sieben Monate alten Sohn. Vorgänger war Shaun Bartlett (1998 für Südafrika gegen Saudi-Arabien in der 4. Minute der Nachspielzeit); 3. Andreas Herzog (90.+2 1998 für Österreich gegen Italien). Insgesamt sechs Strafstöße wurden in der 90. Minute oder der Zugabezeit verhängt, alle wurden verwandelt. Weitere fünf Elfmeter gab es in der Verlängerung (91. bis 120. Minute).

26.6.2006 · KAISERSLAUTERN

Aussis ereilt »Sekundentod«

FRAGWÜRDIGER ELFMETER RETTET AZZURRI

Der eingewechselte Francesco Totti hat den dreimaligen Weltmeister Italien vor einer Riesenblamage bewahrt. Der Superstar erzielte in der fünften Minute der Nachspielzeit, Sekunden vor dem Abpfiff, per Foulelfmeter den schmeichelhaften Siegtreffer der Squadra Azzurra. Zugleich revanchierte sich das Team trotz der Roten Karte gegen Marco Materazzi bei Australiens Coach Guus Hiddink. Der Niederländer hatte bei der WM 2002 mit Co-Gastgeber Südkorea die Italiener ebenfalls im Achtelfinale aus dem Turnier geworfen.

»Ich habe meine ganze Wut in diesen Schuss gelegt«, sagte Totti, »ich wollte den Ball unbedingt reinmachen.« Dass er nicht von Beginn an spielte, sei mit Trainer Lippi abgesprochen gewesen. Australiens Torwart Mark Schwarzer meinte: »Die Enttäuschung ist sehr groß. Wir haben Italien unter Druck gesetzt und waren die bessere Mannschaft. Unser Problem war nur, dass wir das Tor nicht geschossen haben.« Während die Azzurri damit weiter vom ersten WM-Triumph seit 1982 träumen dürfen, ist die »Ära Hiddink« bei den erstmals in die K.o.-Runde eingezogenen Socceroos nach nur einem knappen Jahr bereits wieder beendet. Der 59-Jährige übernimmt den Cheftrainer-Posten bei der russischen Nationalmannschaft.

In der Anfangsphase erspielten sich die Australier zwar eine Feldüberlegenheit, die erste gute Chance hatten allerdings die Italiener. Die Schwächephase der Socceroos, in deren Heimat Millionen Fans die Nacht zum Tag machten, dauerte aber nur bis zur 30. Minute. Dann bot sich Scott Chipperfield die bis dahin beste Gelegenheit für die Australier. Italiens Torwart Gianluigi Buffon bewahrte sein Team in dieser Situation vor einem Rückstand. In der insgesamt auf mäßigem Niveau stehenden ersten Hälfte entwickelten sich Toni und Gilardino kurz vor der Pause endgültig zu den Chancen-Vernichtern für die Italiener. Beide verpassten gute Möglichkeiten zur Führung. Nach dem Seitenwechsel machte Toni da weiter, wo er vor der Pause aufgehört hatte, und schließlich hatte Lippi ein Einsehen und nahm den glücklosen Angreifer vom AC Florenz vom Platz. Weil die Australier allerdings trotz ihrer numerischen Überlegenheit mit der Spielgestaltung zumeist überfordert schienen, blieben die Italiener bei einigen Angriffen weiter gefährlich. Dennoch war Italiens Sieg letztlich sehr glücklich und ausschließlich das Verdienst der erneut sattelfesten Abwehr – und Tottis.

Marco Materazzi geht nach der Roten Karte vom Platz.

Entsprechend bissige Kommentare zu dem schmeichelhaften Elfmeter ließen nicht lange auf sich warten: »Das war kein Elfmeter, allenfalls ein Elfmeterchen. Hätte er nicht Materazzi vom Platz gestellt, hätte er den Elfer niemals gegeben«, fand ehrlicherweise Gennaro Gattuso. »Hässlich und vom Glück verfolgt«, titelte Italiens »La Republica«. »Den Elfmeter hat sich der spanische Schiedsrichter ausgedacht«, meinte »Gaseta« aus Russland. Und Australiens Premier John Howard empfand wie viele: »Es ist grausam, ein Spiel auf diese Art zu verlieren.«

Der Schiedsrichter und Francesco Totti bringen Italien eine Runde weiter.

Luca Toni (r.) beeindruckt Scott Chipperfield.

Marc Schwarzer ahnt die Ecke, kann das Unheil aber nicht verhindern.

Tim Cahill rauscht an Fabio Cannavaro vorbei.

Abgang der Männer von Fünften Kontinent im Trauermarsch nach der unglücklichen Niederlage.

SCHWEIZ – UKRAINE

0:3 n.E. (0:0)

Schiedsrichter: Benito Archundia (Mexiko) **Tore:** Fehlanzeige **Elfmeterschießen:** Zuberbühler hält gegen Schewtschenko, Schowkowski hält gegen Streller, 0:1 Milewski, Barnetta schießt an die Latte, 0:2 Rebrow, Schowkowski hält gegen Cabanas, 0:3 Gusew **Zuschauer:** 45.000 (ausverkauft) **Beste Spieler:** Magnin, Müller – Tymoschuk, Schewtschenko **Rote Karten:** keine **Gelb-Rote Karten:** keine **Gelbe Karte:** Barnetta **Torschüsse:** 6:2 **Ecken:** 5:6 **Fouls:** 24:20 **Ballbesitz:** 55%:45%

TRIO HIELT ZWEI ELFMETER

Der ukrainische Torhüter Alexander Schowkowski ist der dritte Schlussmann, der bei einer Weltmeisterschaft im Elfmeterschießen zwei Strafstöße abgewehrt hat. Als erstem gelang dies Toni Schumacher 1982 im Halbfinale gegen Frankreich und vier Jahre später im Viertelfinale gegen Mexiko. Wiederholt wurde das Kunststück 1990 vom Argentinier Sergio Goycoechea, der im Halbfinale gegen Italien zweimal parierte.

26.6.2006 · KÖLN

Das war gar nix, Schwyz

SCHWACH SCHLÄGT NOCH SCHWACHER VOM PUNKT

Oleg Gusew hat die Ukraine bei ihrer WM-Premiere gleich ins Viertelfinale geschossen. Mit seinem Treffer im Elfmeterschießen gegen die Schweiz sicherte der 23-Jährige von Dynamo Kiew dem Team des früheren Weltklassestürmers Oleg Blochin nach zuvor 120 torlosen Minuten den 3:0-Erfolg. Mit zwei Paraden trug auch Torhüter Alexander Schowkowski seinen Teil zum größten Erfolg in der noch jungen Verbandsgeschichte seit der Unabhängigkeit 1991 bei. Die Eidgenossen dagegen schieden als erstes Team in der WM-Historie ohne Gegentor aus. »Das ist ein fantastischer Tag für das Team und für unsere Nation«, sagte Schewtschenko: »Ich freue mich riesig für unser Volk. Wir sind vielleicht nicht die besten Spieler, aber wir haben ein Riesenherz.« Der Stuttgarter Ludovic Magnin war frustriert: »Es tut sehr weh. Wir haben das ganze Turnier gut gespielt, und dann verlieren wir so ein Spiel. Das haben wir nicht verdient, aber Fußball ist nicht immer gerecht. Wir haben wie Löwen gekämpft und gehen erhobenen Hauptes nach Hause.«

Die 45.000 Zuschauer sahen eine der schwächsten, wenn nicht die schwächste Partie dieses Turniers bis dato überhaupt. Beide Mannschaften leisteten sich viele Fehlpässe, so dass kaum Spielfluss zustande kam. Chancen blieben folglich Mangelware. Am Ende der regulären Spielzeit wurden die Pfiffe der enttäuschten Zuschauer immer lauter. Brenzlig wurde es auf beiden Seiten im ersten Durchgang allenfalls nach Standardsituationen.

Zunächst hatten die Ukrainer die große Chance zur Führung. Nach einem Freistoß von Maxim Kalinitschenko setzte Superstar Andrej Schewtschenko einen Kopfball an die Latte (20.). Vier Minuten später hatten die gut 15.000 Schweizer Fans den Torschrei auf den Lippen, als Alexander Frei mit einem fulminanten 20-m-Freistoß ebenfalls nur die Latte traf. Das war's dann aber auch schon an wirklich prickelnden

Seine Nerven hielten das Elfmeterschießen nicht aus, Trainer Blochin verschwand, bevor es losging, in den Katakomben.

Szenen bis zur 120. Minute, denn im zweiten Durchgang sahen die Zuschauer ein unverändertes Bild. Das ideenlose Spiel beider Mannschaften stellte die Abwehrreihen vor wenig Probleme, wodurch die Begegnung noch weiter verflachte. Auch in der 47. Verlängerung der WM-Geschichte blieb das Niveau bescheiden. Folgerichtig kam es zum Elfmeterschießen, in dem sich ausgerechnet die Schweizer Schützen dem erschreckenden Spielniveau nahtlos anpassten und am Torhüter bzw. der Latte scheiterten.

Dass die Eidgenossen zum Beispiel in Person von Pascal Zuberbühler die Schuld für ihr Scheitern bei anderen suchten, erschien dann doch etwas billig: »Die haben sich nur hinten reingestellt, die haben nichts für das Spiel gemacht, ich konnte keinen einzigen Ball halten.« Die »Neue Zürcher Zeitung« brachte es da schon eher auf den Punkt: »Der fett gedruckte Eintrag in die Schweizer Fußball-Chronik bleibt der Auswahl 2006 verwehrt. Die Mannschaft muss sich mit der achtbaren Notiz ›Achtelfinal-Qualifikation‹ begnügen. Die Schweizer waren willig und konzentriert, aber glanzlos und nicht unbedingt ideenreich.«

Oleg Gusew verwandelt den entscheidenden Elfmeter.

Der Held des Abends, Torwart Schowkowski (M.).

Anatoli Tymoschuk mit der ukrainischen Fahne.

Enttäuschte Eidgenossen.

BRASILIEN – GHANA

3:0 (2:0)

Schiedsrichter: Lubos Michel (Slowakei) **Tore:** 1:0 Ronaldo (5.), 2:0 Adriano (45.+1), 3:0 Ze Roberto (84.) **Zuschauer:** 65.000 (ausverkauft) **Beste Spieler:** Dida, Kaka – Appiah, Muntari **Rote Karten:** keine **Gelb-Rote Karte:** Gyan wegen unsportlichen Verhaltens (81.) **Gelbe Karten:** Adriano, Juan – Appiah, Muntari, Paintsil, Eric Addo **Torschüsse:** 11:18 **Ecken:** 3: 4 **Fouls:** 18:24 **Ballbesitz:** 48%:52%

■ OPTIMISTISCHER PRÄSIDENT

Brasiliens Präsident Luiz Inacio Lula da Silva sieht beim Nationalteam das, was jeder Staatschef gerne in seiner Wirtschaftspolitik hätte: Wachstumschancen: »Brasilien hat 60, 70 Prozent seiner Leistungsfähigkeit gezeigt.« Während Lula die anderen Teams »schon beim Maximum« angekommen sieht, fordert er von den Nationalspielern »Demut und Ernsthaftigkeit«, um jetzt nicht abzuheben. »Nicht wir müssen uns Sorgen um Brasilien machen, sondern die Gegner.«

■ 27.6.2006 · DORTMUND

Festival der Rekorde mit Beigeschmack

AFRIKAVERTRETER AUF AUGENHÖHE MIT BRASILIEN

Ronaldo überflügelte Gerd Müller, Brasilien steht erneut im Viertelfinale – aber den ganz großen Glanz hat der Rekordweltmeister erneut nicht verbreitet. Mit seinem 15. Treffer legte der Stürmerstar den Grundstein zum 3:0 gegen Ghana und löste damit »Bomber« Müller als erfolgreichsten WM-Torjäger aller Zeiten ab. Und auf dem Weg zum sechsten Titel schaffte die Selecao zum 15. Mal den Sprung unter die besten Acht und stellte damit die Bestmarke der deutschen Mannschaft ein. Es sei »ein phantastisches Gefühl«, Rekordtorschütze zu sein, sagte Ronaldo zu seinem Treffer in der 5. Minute. Adriano mit dem 200. WM-Tor des Rekordchampions (45.+1), das er allerdings aus Abseitsposition erzielte, und Ze Roberto (84.) besiegelten danach das Aus für das letzte afrikanische Team im Wettbewerb. Ghana verlor zudem wegen Schiedsrichter-Beleidigung Trainer Ratomir Dujkovic, der die zweite Halbzeit auf der Tribüne verfolgen musste, sowie Asamoah Gyan durch Platzverweis. Brasilien konnte nicht überzeugen, das räumte auch Ronaldo ein: »Wir wollen Weltmeister werden, und wer gut arbeitet, wird auch belohnt. Aber wir sind uns bewusst, dass wir noch auf schwere Gegner treffen werden, deswegen müssen wir uns auch noch steigern.«
Ghana, das den gesperrten Mittelfeldstrategen Michael Essien schmerzlich vermisste, agierte stets auf Augenhöhe mit dem Champion und trat trotz der Niederlage erhobenen Hauptes ab. »Wir haben Afrika und Ghana würdig vertreten«, sagte Teammanager Tony Baffoe.
Beim Festival der Rekorde schrieb auch Brasiliens Kapitän Cafu Geschichte: Mit 19 WM-Spielen setzte sich der 36-Jährige an die Spitze der Bestenliste der Südamerikaner. Zudem feierte der Außenverteidiger seinen 16. Endrunden-Sieg und zog damit an Lothar Matthäus und Wolfgang Overath (je 15) vorbei. Nach dem elften WM-Erfolg in Serie kommt es für den Rekordchampion nun im Viertelfinale zur Revanche für die Endspielniederlage 1998 gegen Frankreich. Die Ghanaer verpassten es hingegen, nach dem Senegal (2002) und Kamerun (1990) als dritte afrikanische Mannschaft in die Runde der letzten Acht einzuziehen. Eindeutig das Manko: die mangelnde Chancenverwertung.
Dennoch bewiesen sie eindrucksvoll, warum sie die Brasilianer Afrikas genannt werden. Sie kombinierten flüssig, überbrückten schnell das Mittelfeld und spielten sich bis in die Schlussviertelstunde hochkarätige Torgelegenheiten heraus. Mit dem 0:3 war dann allerdings der Widerstand der »Black Stars« endgültig gebrochen.

Brasiliens Verteidiger und Kapitän Cafu.

Per Übersteiger umkurvt Ronaldo (r.) Ghanas Torwart Kingson …

… und erzielt danach mühelos das 1:0 (5.).

Dass das 2:0 (45. + 1.) aus einer Abseitsposition resultierte, war dem Torschützen Adriano (l.) natürlich egal.

Aus ebenfalls abseitsverdächtiger Stellung erzielte Ze Roberto das 3:0 (84.).

Die Freude über sein Tor schreit Adriano förmlich raus.

Gelb-Rot (81.) wegen unsportlichen Verhaltens: Asamoah Gyan kann es nicht fassen.

SPANIEN – FRANKREICH

1:3 (1:1)

Schiedsrichter: Roberto Rosetti (Italien) **Tore:** 1:0 Villa (28., Foulelfmeter), 1:1 Ribery (41.), 1:2 Vieira (82.), 1:3 Zidane (90.+2) **Zuschauer:** 43.000 (ausverkauft) **Beste Spieler:** Xabi Alonso, Fabregas – Ribery, Gallas **Rote Karten:** keine **Gelb-Rote Karten:** keine **Gelbe Karten:** Puyol – Vieira, Ribery, Zidane **Torschüsse:** 7: 9 **Ecken:** 8: 5 **Fouls:** 29:23 **Ballbesitz:** 61%:39%

DIE GEDULD DER SPANIER

Ziemlich sicher war man in Spanien, bei dieser WM endlich wieder einen ganz großen Wurf landen zu können – nach dem bislang einzigen internationalen Titel bei der EM 1964 (und dem 2. Platz bei der EURO 84). »In unserer jungen Mannschaft steckt viel Qualität, das verspricht viel für zukünftige Turniere«, bilanzierte Trainer Aragones nach dem Aus. Nun ist die EM-Endrunde 2008 in Österreich und der Schweiz das nächste sportliche Ziel der Iberer, die Geduld ihrer Anhänger wird also weiter auf eine harte Probe gestellt.

27.6.2006 · HANNOVER

»Dinos« zähmen die jungen Wilden

SPANIEN IN DER OFFENSIVE DIESMAL ZU SCHWACH

Zinedine Zidane hat Frankreichs »Fußball-Dinos« mit zwei Geniestreichen in der Schlussphase ins Viertelfinale geführt. Als gegen Spanien eine Verlängerung drohte, schlug »Zizou« erst eine Flanke, die Patrick Vieira unter Mithilfe von Sergio Ramos zur Führung nutze (82.), den Schlusspunkt setzte der zurückgekehrte Kapitän der Equipe Tricolore mit einem Flachschuss dann selbst (90. + 2). Der Kapitän zeigte sich danach vor allem darüber erleichtert, dass er seine Karriere, die er nach der WM auf jeden Fall beenden wird, noch um mindestens ein Spiel verlängern konnte. »Das Abenteuer geht weiter, wir sind glücklich, dass wir diesen Schritt geschafft haben. Wir wollten unseren Fans zeigen, dass wir noch die Qualität haben«, sagte der 34-Jährige. Allerdings, merkte Torjäger Thierry Henry mit Blick auf die Begegnung mit den Brasilianern an, »haben wir jetzt einen Berg vor uns«. Vor 43.000 Zuschauern war Spanien vor den Augen von Kronprinz Felipe und seiner Frau Letizia in der 28. Minute durch einen Foulelfmeter verdientermaßen in Führung gegangen. Frankreichs Rekord-Nationalspieler Lilian Thuram hatte Pablo im Strafraum am Fuß getroffen. Vier Minuten vor dem Halbzeitpfiff gelang Frankreichs Jung-Star Franck Ribery nach glänzender Vorarbeit von Vieira der zwischenzeitliche Auslgleichtreffer. Zidane konnte nicht an seine vergangenen Glanzzeiten anknüpfen, doch immer wieder blitzte seine Klasse auf. So brachte er in der 16. Minute einen so sehenswerten wie gefährlichen Schuss zustande, der in letzter Sekunde noch abgeblockt werden konnte. Sieben Minuten nach Wiederbeginn bediente er mustergültig seinen Kollegen Claude Makelele, der allerdings mit einem Heber am spanischen Torhüter Iker Casillas scheiterte. Sein Siegeswille aber ging ihm bis zum Schluss nicht verloren. Wie von vielen erwartet, scheuten beide Teams während der

Patrick Vieira (l.) erzielt den Führungstreffer zum 1:2.

Der große »alte« Zinedine Zidane bejubelt seinen Treffer zum 1:3 Endstand.

gesamten Spielzeit das letzte Risiko. Konzentrierte Defensivarbeit war Trumpf und so entstanden nur wenige wirklich torreife Situationen. Insbesondere das Team von Coach Raymond Domenech tat sich bei seinen Angriffsbemühungen schwer. Trotz heftiger Kritik in der Heimat hatte Domenech mit Henry erneut nur eine einzige Sturmspitze aufgeboten, die sich in den Zweikämpfen mit der gut gestaffelten spanischen Abwehr immer wieder aufrieb. Aber auch die Iberer, die mit drei Siegen und nur einem einzigen Gegentor durch die Vorrunde marschiert waren, konnten viel zu selten an ihren bisherigen, teils begeisternden Angriffsfußball anknüpfen. Das lag unter anderem daran, dass Kapitän Raul, erstmals bei dieser Endrunde in der Startformation, an seinem 29. Geburtstag äußerst blass blieb und kaum für Impulse sorgen konnte.

Der französische Verteidiger Lilian Thuram (r.) kommt mit letztem Einsatz noch vor Stürmer Fernando Torres an den Ball.

Der französische Torwart Fabien Barthez mit einer sehenswerten Parade.

Die Bildung dieses französischen »Freudenhaufens« nach dem Abpfiff zeitigte erstaunlicherweise keine Verletzten.

Bloß kein Risiko eingehen!

DAS SICHERHEITSDENKEN DOMINIERT DIE ENDRUNDE

Mehr Karten, weniger Tore - und vor allem: bloß kein Risiko. Die WM befindet sich auf der Zielgeraden, doch bereits jetzt kann eine Bilanz gezogen werden. Das einhellige Urteil der Experten: Die Endrunde hat wenig neue Erkenntnisse hinsichtlich System und taktischen Varianten gebracht, die Überraschungsmomente blieben aus. »Richtige Knallerspiele waren selten, aber es gab auch kaum richtig enttäuschende Partien«, sagte OK-Chef Franz Beckenbauer vor den Viertelfinalpartien. Das Sicherheitsdenken ist dennoch unverkennbar zurückgekehrt, die Angst vor dem Fehler unterdrückt die Lust auf das risikoreiche Spiel nach vorne. 2,36 Tore im Schnitt pro Spiel, nur 1990 in Italien gab es mit 2,21 weniger. Die Verteidiger sind schon jetzt die Gewinner. Schönen und spannenden Offensivfußball hatte man sich von den K.o.-Spielen versprochen, das Gegenteil ist nach Meinung vieler Beobachter häufig eingetreten. »Die meisten Teams beweisen einen Mut, den man ihnen nicht zugetraut hätte: Italien und England den Mut zu einem total öden Spiel, Portugal und Holland den Mut zum hemmungslosen Erfolg, die Ukraine und die Schweiz den Mut, das Spiel völlig lahm zu legen«, sagte Gunter Gebauer, Philosoph und Sportsoziologe der Freien Universität Berlin, nach den Achtelfinal-Partien süffisant. Die deutsche Nationalmannschaft ist ausgebrochen aus diesem rein ergebnisorientierten Fußball. »Man merkt dieser Mannschaft die Leidenschaft an«, sagte Brasiliens Idol Pele und bescheinigte dem Team von Bundestrainer Jürgen Klinsmann »eine Klasseleistung« beim 2:0 über Schweden, mit dem das Viertelfinale gegen Argentinien nach einer rauschenden Offensivleistung souverän erreicht wurde. »Wir haben dem Publikum am meisten Freude gemacht und mit den besten Eindruck hinterlassen«, befand DFB-Teammanager Oliver Bierhoff. Für Wolfgang Dremmler war die Entwicklung der DFB-Elf überraschend.

Oliver Bierhoff

Der Chefscout des FC Bayern München räumte im Gespräch mit dem sid ein, vor dem Turnier skeptisch gewesen zu sein. »Aber wie die Mannschaft das gemacht hat, ist wirklich beeindruckend. Es ist richtig, was Jürgen Klinsmann macht, dass er offensiv spielen lässt. Dadurch konnten sich Miroslav Klose und Lukas Podolski zu diesem sehr guten Sturmduo entwickeln«, sagte der Vizeweltmeister von 1982. Doch abgesehen von der DFB-Elf? »Ehrlich gesagt bin ich da ein bisschen enttäuscht. Es gibt keine großen neuen Erkenntnisse. Die Favoriten setzen sich durch, es war keine Top-WM. 1998 und auch 2002 waren die Spiele interessanter für mich«, sagte der 51-Jährige und fügte hinzu: »Was mich vor allem enttäuscht: Dass es keine Quereinsteiger gibt, die mit 18, 19 Jahren alles einreißen.« Viele Mannschaften seien sehr defensiv ausgerichtet, Paradebeispiel dafür seien die Engländer. »Deren Coach Sven-Göran Eriksson hat die Abwehr so dicht gemacht, dass die Möglichkeiten nach vorne abhanden kommen«, meinte Dremmler, der auch von den Brasilianern enttäuscht ist. Die Ursache für diese Spielweise seiner Meinung nach: »Es geht um unglaublich viel. Geld und Sicherheitsdenken kann man wohl nicht auseinanderdividieren.« Einzelkönner wie Weltfußballer Ronaldinho kämen wegen der Risikoscheu der Trainer nicht so zur Geltung, glaubt Dremmler. Doch positiv ist ihm auch etwas aufgefallen: »Afrikaner und Asiaten haben aufgeholt.« Zumindest, was Ordnung und Disziplin angeht.

Sicherheit war Trumpf: Der ukrainische Torwart Schowkowski faustet in der Partie gegen die Schweiz den Ball weg.

Jens Lehmann sichert Deutschland das Halbfinale

VIERTELFINALE

30.6. – 1.7.2006

DEUTSCHLAND – ARGENTINEN
ITALIEN – UKRAINE
ENGLAND – PORTUGAL
BRASILIEN – FRANKREICH

DEUTSCHLAND – ARGENTINIEN

1:1 (1:1, 0:0) n.V., **4:2** i.E.

Schiedsrichter: Lubos Michel (Slowakei) **Tore:** 0:1 Ayala (49.), 1:1 Klose (80.) **Elfmeterschießen:** 1:0 Neuville, 1:1 Cruz, 2:1 Ballack, Lehmann hält gegen Ayala, 3:1 Podolski, 3:2 Maxi Rodriguez, 4:2 Borowski, Lehmann hält gegen Cambiasso **Zuschauer:** 72.000 (ausverkauft) **Beste Spieler:** Frings, Mertesacker – Ayala, Mascherano **Rote Karten:** Cufre (Ersatzspieler Argentinien) wegen unsportlichen Verhaltens (120.) **Gelb-Rote Karten:** keine **Gelbe Karten:** Friedrich, Odonkor, Podolski – Sorin (2), Cruz, Mascherano, Maxi Rodriguez **Torschüsse:** 5:5 **Ecken:** 4:6 **Fouls:** 23:32 **Ballbesitz:** 42%:58%

GEGEN RASSISMUS

Vor Spielbeginn verlasen die beiden Kapitäne Michael Ballack und Juan Pablo Sorin eine Botschaft gegen Fremdenfeindlichkeit und Diskriminierung. Der Fußball-Weltverband FIFA hatte die Viertelfinals bei der WM zu Anti-Diskriminierungs-Tagen erklärt. Die Apelle waren Bestandteile einer gemeinsamen Aktion der FIFA, des deutschen Organisationskomitees und des Netzwerkes FARE (Fußball Against Racism in Europe).

30.6.2006 · BERLIN

Lehmann sei Dank! Halbfinale erreicht

DEUTSCHER TORHÜTER PARIERT ZWEI ELFMETER

Jens Lehmann zappelte, tauchte ab, erwischte den Ball und schickte Deutschland in einen weiteren, kollektiven Rausch. Im Elfmeter-Krimi wurde der Torhüter mit zwei parierten Schüssen zum Helden des Abends und hielt damit den großen Traum der deutschen Nationalmannschaft am Leben. »Ich glaube, dass wir jetzt auch Weltmeister werden«, sagte Bundespräsident Horst Köhler. Auf der Ehrentribüne des Berliner Olympiastadions fielen sich derweil unter anderem Bundeskanzlerin Angela Merkel und Franz Beckenbauer um den Hals. »Es war verdammt hart«, merkte Klinsmann nach dem packenden Finale einer mäßigen Partie an. »Die beiden bisher besten Teams standen sich gegenüber. Wir haben immer an uns geglaubt und gewusst, dass wir zurückkommen werden. Es war wie ein Hitchcock-Thriller«, ergänzte Klinsmann; im Anschluss an die Nervenschlacht gingen einigen aber kurz die Nerven durch. Auf dem Rasen kam es zu Handgreiflichkeiten, dabei gerieten vor allem Ayala, der nach seinem Führungstreffer dann das erste »Opfer« von »Elfer-Killer« Lehmann wurde, und Teammanager Oliver Bierhoff aneinander. Argentiniens Trainer José Pekerman trat nach der Spiel sofort zurück.

Mit unbändigem Siegeswillen hatte sich die deutsche Auswahl zuvor dank des fünften Turniertreffers des bis dahin blassen Klose, der kurz darauf (86.) mit Wadenproblemen den Platz räumen musste, eine Verlängerung ihres Fußball-Märchens erkämpft.

Eine gute halbe Stunde zuvor war das DFB-Team nach einer zaghaften ersten Halbzeit zunächst ziemlich kalt erwischt worden. Bei einem scharfen Eckball von Spielmacher Juan Roman Riquelme übersprang Abwehrspieler Ayala ausgerechnet den nicht gerade kopfballschwachen Klose und wuchtete den Ball mit der Stirn zur Führung ins Netz.

Mit dem Erfolg beendete die deutsche Mannschaft zugleich eine schwarze Serie. Seit dem 7. Oktober 2000 und einem Sieg in Wembley gegen England (1:0) hatte sie in 16 Partien nicht gegen einen sogenannten Großen gewonnen. Bei der 16. Teilnahme an einer Endrunde steht eine DFB-Mannschaft) zum 11. Mal unter den besten Vier.

Das Elfmeterschießen war der Höhepunkt einer ansonsten eher niveauarmen Partie. »Von den Torchancen her war es für die Zuschauer nicht so interessant, aber das Spiel stand auf einem hohen taktischen Niveau. Wir haben bis zum Schluss gefightet und nicht viel zugelassen«, sagte Michael Ballack. Der Kapitän leitete das 1:1 mit einer Flanke ein, hielt in der Verlängerung trotz einer Wadenverletzung mit eisernem Willen und humpelnd durch und verwandelte im Elfmeterschießen seinen Versuch eiskalt. Erstaunlicherweise hatte ausgerechnet der frühe Gegentreffer gleich nach der Pause wie eine Dosis »Hallo Wach« auf die deutsche Mannschaft gewirkt. Der Druck auf die Argentinier wurde nach einem allzu zaghaften Auftreten in der ersten Hälfte immer größer, auch wenn die großen Chancen dabei nicht heraussprangen. Schließlich war der bis dahin abgetauchte Klose nach einer Flanke von Ballack und einer Kopfballverlängerung von Borowski doch noch rechtzeitig zur Stelle. Viel hätte nämlich nicht gefehlt, und das Spiel wäre kurz vorher schon entschieden gewesen. Nach einem kapitalen Schnitzer von Philipp Lahm traf Maxi Rodriguez, der Argentinien beim 2:1 n.V. gegen Mexiko mit seinem herrlichen Volleytor ins Viertelfinale geschossen hatte, mit einem wuchtigen Schuss nur das Außennetz. Kurz darauf nahm Trainer José Pekerman erstaunlicherweise Riquelme vom Feld, um die knappe Führung zu verteidigen. Eine voreilige Entscheidung, denn die große Linie im Spiel des zweimaligen Weltmeisters war danach dahin, auch wenn die Argentinier in der 115. Minute bei einem Lattentreffer von Fabricio Coloccini die Begegnung vorzeitig hätten entscheiden können.

Durch Roberto Ayala (l.) ging Argentinien 1:0 (49.) in Führung.

Bei Miroslav Kloses fünftem WM-Treffer zum 1:1-Ausgleich (80.)…

… war Torhüter Leonardo Franco chancenlos.

Jens Lehmann wurde beim Shoot out mit dem zweiten »blind« gehaltenen Elfer von Esteban Cambiasso der Held des Abends.

David Odonkor (l.), der sprintschnellste deutsche Spieler, war der Erste als Gratulant bei Keeper Lehmann.

Halbfinale erreicht: Gerald Asamoah (l.) und Michael Ballack im Siegesjubel vereint.

Tumult nach dem Elfmeterkrimi, hervorgerufen durch einen Tritt des Argentiniers Cufre gegen Mertesacker.

ITALIEN – UKRAINE

3:0 (1:0)

Schiedsrichter: Frank de Bleeckere (Belgien) **Tore:** 1:0 Zambrotta (6.), 2:0 Toni (59.), 3:0 Toni (69.) **Zuschauer:** 50.000 (ausverkauft) **Beste Spieler:** Buffon, Toni, Zambrotta – Gusin, Tymoschuk **Rote Karten:** keine **Gelb-Rote Karten:** keine **Gelbe Karten:** – Kalinitschenko, Swiderski **Torschüsse:** 7: 7 **Ecken:** 1: 3 **Fouls:** 26:15 **Ballbesitz:** 41%:59%

IN GEDANKEN BEI PESSOTTO

Der Halbfinal-Einzug war Balsam für die Seele der Tifosi. Der hohe Wellen schlagende Bestechungsskandal um Juventus Turin, der Selbstmordversuch des einstigen »Juve«-Akteurs und heutigen Managers Gianluca Pessotto während der WM-Tage machten Italien schwer zu schaffen. Um so ausgelassener feierten Fans und Spieler. Und entrollten, wie hier Zambrotta und Cannavaro, Transparente: »Pessottino, sia mo con te« (»Pessotto, wir sind bei dir«).

30.6.2006 · HAMBURG

Squadra Azzurra gnadenlos effektiv

FRÜHES TOR VERHINDERT BEFÜRCHTETES »RASENSCHACH«

Italien hat den Klassiker gegen Deutschland im Halbfinale perfekt gemacht. Die Squadra Azzurra setzte sich im Viertelfinale in Hamburg mit 3:0 (1:0) gegen WM-Neuling Ukraine durch. Trotz des klaren Resultats hatte der dreimalige Weltmeister aber viel Glück und überzeugte nur durch seine gnadenlose Effektivität.

Deutschland bietet sich somit bei der Halbfinal-Neuauflage des verlorenen »Jahrhundert-Spiels« bei der WM 1970 in Mexiko (3:4 n.V.) die Chance zur dreifachen Revanche: Auch beim bislang letzten Duell im Finale 1982 (1:3) und im bislang letzten Länderspiel am 1. März 2006 in Florenz (1:4) musste die Auswahl des DFB bittere Niederlagen hinnehmen.

»Wir sind weitergekommen, ich habe zwei Tore geschossen, das war ein wunderschöner Abend für mich«, sagte der zweifache Torschütze Luca Toni. Auch Trainer Marcello Lippi verspürte eine »unheimliche Befriedigung« und kündigte selbstbewusst an: »Das Halbfinale ist nicht das Endziel.« Den 50.000 Zuschauern in der ausverkauften Hamburger Arena bot sich trotz der drei Treffer ein sehr dürftiges Spiel. Dass es wenigstens nicht zum befürchteten »Rasenschach« kam, war Zambrotta zu verdanken. Der Außenverteidiger von Juventus Turin eroberte im Mittelfeld den Ball von Maxim Kalinitschenko und traf mit einem Linksschuss aus 22 Metern. Dabei gab der ukrainische Torhüter Alexander Schowkowski, im Elfmeterschießen des Achtelfinals gegen die Schweiz noch der umjubelte Held, allerdings keine gute Figur ab.

In der ersten Halbzeit taten die Italiener nach dem frühen Führungstor nicht mehr als nötig, die Ukraine fand trotz engagierten Spiels zunächst keine Mittel gegen die sichere italienische Abwehr. Seine defensive Grundausrichtung so früh aufgeben zu müssen, bereitete dem Team von Trainer Oleg Blochin sichtlich Mühe. Der zweimalige Torschützenkönig der italienischen Serie A, Andrej Schewtschenko, hing an seinem offiziell letzten Tag als Spieler des AC Mailand im ersten Durchgang ohne Unterstützung in der Luft. So mussten die Ukrainer bis zur 50. Minute warten, ehe Andrej Gusin zur ersten großen Chance kam. Bei seinem Kopfball verhinderten aber Italiens Keeper Gianluca Buffon und der Pfosten den Ausgleich für den ohne den verletzten Bundesliga-Profi Andrej Woronin (Bayer Leverkusen) angetretenen WM-Neuling.

Noch mehr Glück hatte Italien acht Minuten später, als Buffon zunächst gegen Oleg Gusew rettete und Zambrotta anschließend Kalinitschenkos Nachschuss von der Linie bugsierte. Als Blochin noch vor Entsetzen die Hände vor dem Gesicht zusammenschlug, traf Toni im Gegenzug per Kopf auf Flanke von Francesco Totti. Vor Tonis zweitem Tor köpfte Gusin an die Latte (61.).

Bei Italien überzeugten vor allem Buffon, Zambrotta und Toni. Bei der Ukraine gefielen Anatoli Timoschuk und Andrej Gusin.

Verteidiger Fabio Cannavaro (r.) gewinnt mit dieser Flugeinlage das Duell gegen den ukrainischen Kapitän Andrej Schewtschenko.

Sturmspitze Luca Toni (Nr.9, M.) köpft zum 2:0 für Italien.

Torwart Gianluigi Buffon (r.) klärt die Situation.

Der zweifache Torschütze Luca Toni hat allen Grund, zu strahlen.

ENGLAND - PORTUGAL

0:0 n.V., 1:3 i.E.

Schiedsrichter: Horacio Elizondo (Argentinien) **Tore:** Fehlanzeige **Elfmeterschießen:** 0:1 Simao, Ricardo hält gegen Lampard, Hugo Viana schießt an den Pfosten, 1:1 Hargreaves, Petit verschießt, Ricardo hält gegen Gerrard, 1:2 Helder Postiga, Ricardo hält gegen Carragher, 1:3 Cristiano Ronaldo **Zuschauer:** 52.000 (ausverkauft) **Beste Spieler:** Ashley Cole, Hargreaves – Figo, Carvalho **Rote Karten:** Rooney wegen einer Tätlichkeit (62.) **Gelb-Rote Karten:** keine **Gelbe Karten:** Terry (2), Hargreaves – Petit (2), Carvalho **Torschüsse:** 4: 9 **Ecken:** 6: 4 **Fouls:** 21:10 **Ballbesitz:** 43%:57%

■ ALLER GUTEN DINGE SIND 3

Portugals Keeper hat einen neuen Rekord aufgestellt, indem er als Erster in einem WM-Elfmeterschießen drei Schüsse parierte. Die vorherige Bestmarke von zwei gehaltenen Elfmetern teilten sich Harald Schumacher (1982 gegen Frankreich, 1986 gegen Mexiko), der Argentinier Sergio Goycoechea (1990 gegen Italien) sowie seit dieser Endrunde der Ukrainer Alexander Schowkowski (gegen die Schweiz) und Jens Lehmann (gegen Argentinien).

■ 1.7.2006 · GELSENKIRCHEN

Wiedersehen mit »Ricardo Löwenherz«

ENGLANDS TITELTRÄUME, ENGLANDS DILEMMA

Als Cristiano Ronaldo um 19.44 Uhr den Ball ins Netz drosch, nach oben blickte und Gott dankte, waren Englands Titelträume wieder einmal geplatzt. Und, wie sollte es auch anders sein, erneut in einem Elfmeter-Drama.
40 Jahre nach ihrem einzigen Triumph versagten den Stars aus dem Fußball-Mutterland wie so oft die Nerven: Portugals Torhüter Ricardo wehrte als erster Schlussmann in der WM-Geschichte drei Versuche in einem Shoot out ab.
»Das tut so unglaublich weh. Wir haben so viele Elfmeter geübt. Ich weiß nicht, was man sonst noch hätte tun können. Wir haben es einfach nicht verdient, dieses Spiel zu verlieren«, jammerte Trainer Sven-Göran Eriksson nach dem Viertelfinale in Gelsenkirchen, seinem letzten Spiel auf der englischen Bank. Für den Schweden und sein Team wiederholte sich der Albtraum von 2004, als die »Three Lions« bei der EM ebenfalls in der Runde der letzten Acht an Gastgeber Portugal gescheitert waren. Wie vor zwei Jahren war Ricardo der Held der Iberer. »Ich habe alles gegeben wie beim letzten Mal«, sagte der Keeper, der 2004 einen Elfer pariert und den entscheidenden selbst verwandelt hatte. Danach war er als »Ricardo Löwenherz« gefeiert worden. Für Eusebio, 1966 Torschützenkönig, ist dies schon jetzt »der größte Moment der portugiesischen Fußball-Geschichte«. Während sich die Sieger von den 10.000 Landsleuten im Stadion feiern ließen, hockten David Beckham & Co. im Mittelkreis – fassungslos und mit Tränen in den Augen. Das Elfmeter-Trauma hatten sie wieder nicht besiegt: Schon bei der WM 1990 und der EM 1996 gegen Deutschland, der WM 1998 gegen Argentinien und vor zwei Jahren gegen Portugal hatten sie vom ominösen Punkt aus versagt.
Als seine Teamkollegen versuchten, sich gegenseitig zu trösten, war Wayne Rooney schon längst verschwunden. Der Jungstar hatte in der 62. Minute nach einer Tätlichkeit gegen Ricardo Carvalho Rot gesehen. Ausgerechnet dem Spieler, der ihm am 29. April in der englischen Premier League den Fuß gebrochen hatte, trat er vor den Augen von Schiedsrichter Horacio Elizondo aus Argentinien in den Unterleib. Auch David Beckham erlebte das bittere Ende nur als Zuschauer: Schon nach 52 Minuten musste der Kapitän entkräftet und angeschlagen vom Feld.
Dennoch bot England in Unterzahl und ohne seinen etatmäßigen Kapitän den Portugiesen einen großen Kampf, der selbst den gegnerischen Trainer beeindruckte. »Wir müssen auch den Engländern gratulieren. Sie haben mit zehn Mann ein unglaubliches Match geliefert«, sagte Luiz Felipe Scolari. Dessen Spielführer Luis Figo konnte wie vor zwei Jahren bei der EM die Entscheidung vom Elfmeterpunkt nur von der Seitenlinie aus verfolgen. Diesmal nahm Scolari den 33-Jährigen kurz vor Schluss der regulären Spielzeit vom Platz, weil er mit seinen Kräften am Ende war. So fehlten den Iberern in der Verlängerung trotz numerischer Überlegenheit die Ideen, um das englische Abwehrbollwerk zu knacken.

Halbfinale geschafft: Freude und Erleichterung bei Cristiano Ronaldo (l) und Fernando Meira.

Gleich drei Elfer hielt Portugals Keeper … den von Frank Lampard,

… von Steven Gerrard

sowie jenen von Jamie Carragher.

England ist ausgeschieden, die Spieler sind fassungslos.

16 Stunden nach dem Spiel erklärte David Beckham seinen Rücktritt als Kapitän der englischen Nationalmanschaft.

VIERTELFINALE

BRASILIEN – FRANKREICH

0:1 (0:0)

Schiedsrichter: Luis Medina Cantalejo (Spanien) **Tor:** 0:1 Henry (57.) **Zuschauer:** 48.000 (ausverkauft) **Beste Spieler:** Lucio, Ze Roberto – Henry, Zidane, Makelele **Rote Karten:** keine **Gelb-Rote Karten:** keine **Gelbe Karten:** Juan (2), Lucio, Cafu, Ronaldo – Sagnol, Saha, Thuram **Torschüsse:** 1:5 **Ecken:** 5:7 **Fouls:** 22:17 **Ballbesitz:** 55%:45%

■ PARIS IM FREUDENTAUMEL

Das Ausscheiden von Titelverteidiger Brasilien gegen Frankreich feierten und bejubelten auf den Champs-Elysées Hunderttausende mit nicht enden wollender Begeisterung.

■ 1.7.2006 · FRANKFURT

Blaues Wunder, Teil zwei

»SIR HENRY« BESIEGELT AUS DES TITELVERTEIDIGERS

Acht Jahre nach dem Trauma des Finals von Paris (0:3) hat Rekordweltmeister Brasilien gegen Frankreich erneut ein blaues Wunder erlebt. Die Selecao verlor das Viertelfinale gegen »Les Bleus« und verpasste die erhoffte Revanche und eine erfolgreiche Titelverteidigung. Damit gibt es die erste rein europäische Semifinal-Runde seit der Weltmeisterschaft 1982 in Spanien.

»Schwer zu sagen, warum es nicht geklappt hat, aber Trainer Parreira hat schon vor der WM gesagt, dass er sich mehr Einsatz wünscht. Frankreich war besser als Mannschaft, viel besser als Brasilien«, sagte Brasiliens Fußball-Idol Pele im ZDF. Anschließend lobte er Frankreichs Kapitän in höchsten Tönen: »Zidane war der absolute Zauberer dieses Spiels, er hat das Mittelfeld beherrscht.« Der so hoch Gelobte betonte: »Ich glaube, dass wir den Sieg verdient haben.« Er hatte damit ebenso Recht wie Torschütze Henry, der ergänzte: »Das war kein geschenkter Sieg.«

»Sir Henry« besiegelte in dem Prestigeduell nach einem Freistoß von Zidane die erste Pleite des Titelverteidigers nach zuvor elf siegreichen WM-Partien in Serie. Während Ronaldinho, Ronaldo & Co. trotz einer stürmischen Schlussphase den Traum vom sechsten Titel begraben mussten, genoss vor allem Zidane den Jubel der eigenen Fans. Das Karriereende des 34 Jahre alten Kapitäns, der vor ein paar Monaten seinen ursprünglich noch bis 2007 laufenden Vertrag bei Real Madrid vorzeitig aufgelöst hatte, zögert sich damit weiter hinaus. Zwar konnte der dreimalige Weltfußballer Zidane nicht wie im Finale von 1998 Akzente (zwei Tore) setzen, doch er ließ ab und an sein Können aufblitzen.

Die Brasilianer beherzigten die Vorgabe von Stürmer Ronaldo, das Viertelfinale wie ein »Endspiel« anzugehen und zeigten etliche gelungene Spielzüge. Besonders mit dem diesmal als zweite Sturmspitze aufgebotenen Ronaldinho war der beste WM-Torjäger aller Zeiten zu Beginn ein steter Unruheherd. Nach einem Freistoß von Ronaldinho verfehlte Ronaldo das Tor per Kopf aber um etliche Meter (11.). Nur vier Minuten später war es erneut der Angreifer von Real Madrid, der nach einem Flankenlauf hereinpasste. Doch Italien-Legionär Kaka verfehlte die Vorlage um wenige Zentimeter. Vor den Augen von Frankreichs Staatspräsident Jacques Chirac kam die Equipe Tricolore zum Ende der ersten Halbzeit auch dank einiger Vorstöße von Zidane immer besser ins Spiel. Nach glänzender Vorarbeit von »Zizou« setzte Florent Malouda einen Kopfball nur kanpp über das gegnerische Gehäuse (38.).

Auch nach dem Wechsel dominierten die taktisch klug agierenden Franzosen und blieben besonders bei Standards gefährlich. Symptomatisch, dass Henry nach einem Freistoß von Zidane aus drei Metern mit dem rechten Fuß zur verdienten Führung einschoss. Es war der dritte Treffer des England-Legionärs bei dieser WM. Nur vier Minuten später hätte Frankreich schon für die Vorentscheidung sorgen können, als ein vom Leverkusener Juan abgefälschter Ball haarscharf am brasilianischen Gehäuse vorbeirollte.

Brasiliens Trainer Carlos Alberto Parreira konnte nur ernüchtert konstatieren: »Wir sind nicht verfrüht ausgeschieden, aber wir haben auch noch nicht damit gerechnet. Wir haben mit großen Problemen zu kämpfen gehabt, obwohl wir alles vorher besprochen haben. Wir haben dumme Fehler gemacht und sind deswegen sehr enttäuscht. Wir sind leider nicht wieder ins Finale gekommen, aber damit müssen wir jetzt fertig werden. Für uns ist jetzt wichtig, an die Zukunft zu denken.«

Dem Ball von Thierry Henry zum 1:0 kann Brasiliens Torwart Dida nur entsetzt hinterher schauen.

Glücksgefühle pur: Der Torschütze Thierry Henry direkt nach seinem Treffer in der 57. Minute.

Ronaldinhos Geste der Ratlosigkeit nach dem Spiel: Wie konnte uns das bloß passieren?

Zinedine Zidane mit Patrick Vierra huckepack.

Der traurige Abgang des großen Ronaldo. Weltmeisterschaft ade.

Die Alte Welt fällt die Entscheidung unter sich

SÜDAMERIKA VERABSCHIEDET SICH / PLATINI: PRÄCHTIGE STIMMUNG, NIVEAUARME WM

Kaum Tore, Elfmeterschießen mit dem üblichen Ausgang und nur noch Europäer im Rennen: Nach dem Viertelfinale ist die Weltmeisterschaft eine EM, bei der die Fans nur noch selten und dann meist ganz spät jubeln. »Dass keine südamerikanische Mannschaft im Halbfinale steht, kann es eigentlich nicht geben. Das ist eine Schande«, sagte Brasiliens Trainer Carlos Alberto Parreira nach dem 0:1-K.o. des Titelverteidigers gegen Frankreich. Vorher war bereits der zweimalige Weltmeister Argentinien ausgeschieden. Erstmals seit 24 Jahren machen die Europäer in der Runde der letzten Vier den Titel unter sich aus. Italien, Deutschland und Frankreich hatten bereits 1982 allen Teams von anderen Kontinenten den Weg ins Halbfinale versperrt – zusammen mit Polen. Diesmal komplettiert Vize-Europameister Portugal die Vorschlussrunde, der 1966 zum letzten Mal bei einer WM so weit gekommen war. Auch damals war kein Platz für Nicht-Europäer unter den ersten Vier: England, Deutschland und die Sowjetunion spielten mit Eusebio & Co. um die ersten Plätze. Ebenso 1934, als Italien, die Tschechoslowakei, Deutschland und Österreich den Kampf um die Weltkrone im Fußball zu einer europäischen Angelegenheit machten. »Das ist jetzt eine Europameisterschaft, aber wenn wir gewinnen, sind wir trotzdem Weltmeister«, meinte Peter Lohmeyer, Schauspieler im »Wunder von Bern« und brachte damit die Konstellation auf den Punkt.

Um Weltmeister 2006 zu werden, sollte man zudem gute Nerven im Elfmeterschießen haben, denn die Entscheidung vom ominösen Punkt wird bei der 18. WM von Runde zu Runde wichtiger. Nach einem Shoot out im Achtelfinale zwischen der Ukraine und der Schweiz (3:0) musste im Viertelfinale zweimal das Duell zwischen Torhüter und Schützen entscheiden. Die Elfmeterschießen wurden nötig, weil vorher wenig oder gar keine Tore gefallen waren. Nur 138 Treffer stehen nach 60 von 64 Spielen zu Buche, der Schnitt von 2,3 Toren pro Partie liegt nur knapp über dem Minusrekord von 1990 (2,21). Sollten in den verbleibenden vier Spielen nur noch insgesamt drei Tore erzielt werden, würde dieser Negativrekord unterboten (2,20). Den höchsten Trefferschnitt mit 5,38 Toren pro Spiel gab es beim Finalturnier 1954 in der Schweiz. Sogar noch darüber lagen damals die Ungarn mit 5,4 Toren pro Partie. Der Titel ging an Fritz Walter & Co., die in sechs Begegnungen im Schnitt auf 4,2 Treffer kamen. Mindestens vier Tore pro Spiel gab es bei drei Endrunden, 1950 in Brasilien (4,00), 1934 in Italien (4,12) und 1938 in Frankreich (4,67). Die achte Rote Karte des Turniers sah der Engländer Wayne Rooney nach einer Tätlichkeit. 2002 in Japan und Südkorea wurden insgesamt 16 Rote Karten gezeigt. Der Negativ-Rekord stammt von 1998 in Frankreich mit 18-mal »Rot«.

Kritik äußerte diesbezüglich auch der Franzose Michel Platini, der sich im kommenden Jahr um die Nachfolge von Lennart Johansson als UEFA-Präsident bewerben wird. Zum durchschnittlichen Spielniveau der WM, den Schiedsrichtern und dem Ticketing meinte er: »Ich denke nicht, dass wir ein besonders hohes Niveau erlebt haben. Wir brauchen mehr Zidanes, Ronaldinhos oder Messis. Wegen dieser Typen gehen die Fans ins Stadion. Athleten und Läufer erleben sie bei Olympia.« Allerdings habe er nicht so viele Spiele wie Franz Beckenbauer gesehen, sagte Platini: »Ich habe ja kein Flugzeug.« Das Ticketing sah der 72-malige Nationalspieler als »problematisch« an, »aber das Thema wird bei der FIFA aufgearbeitet. Die Schiedsrichter sind laut Platini »schon länger ein Problem. Sie zücken zu schnell die Karten. Fußball ist ein Männersport.« Begeistert zeigte sich der frühere französische Weltstar von der Stimmung und Anteilnahme in Deutschland: »Ich habe den Fußball erlebt, wie ich es mir nicht vorstellen konnte. Als

Michel Platini

Feste. Herrliche Stadien, von denen auch der deutsche Fußball profitieren wird«, sagte der WM-OK-Chef von 1998 in einem »kicker«-Interview.

So sahen die ersten 60 Spiele insgesamt 3,115 Millionen Zuschauer, 51.917 Fans kamen somit im Durchschnitt in die Stadien, die offiziell zu 100 Prozent ausgelastet waren. Damit wurde die Resonanz von 2002 in Südkorea und Japan (2,7 Millionen) und 1998 in Frankreich (2,8 Millionen) schon lange vor dem Finale übertroffen. Der Rekord von 1994 in den USA ist allerdings unerreichbar: 68.604 Besucher pro Spiel sorgten für eine Gesamtzahl von 3,6 Millionen Zuschauern.

Großes Lob zollte der Europameister von 1984, der heute Mitglied der Exekutive des Weltverbandes FIFA und der Europäischen Fußball-Union (UEFA) ist, schließlich der deutschen Mannschaft und ihrem Stürmerstar Miroslav Klose. »Ich habe das Team vorher nicht so häufig verfolgt. Aber die Regelmäßigkeit der starken Auftritte war schon imponierend. Die Überraschung für mich ist Miroslav Klose. Er spielt alle vier Jahre groß auf, schon 2002. Er spielt ein riesiges Turnier. Dabei ist er mit Werder Bremen in der Champions League gar nicht groß in Erscheinung getreten.«

Den deutschen Sieg über Argentinien am 30. Juni feierten die Fans im Berliner Olympiastadion total begeistert.

In der Partie gegen Portugal bekam der Engländer Wayne Rooney (Nr. 9) für dieses Foul an Ricardo Carvalho die achte Rote Karte des Turniers gezeigt.

Deutschlands Träume vom Finale verflogen

HALBFINALE

4.7. – 5.7.2006

DEUTSCHLAND – ITALIEN

PORTUGAL – FRANKREICH

DEUTSCHLAND – ITALIEN

0:2 n.V. (0:0)

Schiedsrichter: Benito Archundia (Mexiko) **Tore:** 0:1 Grosso (119.), 0:2 del Piero (120.+1) **Zuschauer:** 65.000 (ausverkauft) **Beste Spieler:** Lehmann, Mertesacker – Grosso, Cannavaro **Rote Karten:** keine **Gelb-Rote Karten:** keine **Gelbe Karten:** Borowski, Metzelder – Camoranesi **Torschüsse:** 2:10 **Ecken:** 4:12 **Fouls:** 21:19 **Ballbesitz:** 43%:57%

■ ITALIEN IM WM-RAUSCH

Die »italienische Nacht« begann um 23.28 Uhr und dauerte bis Sonnenaufgang. Als der sechste Einzug der Squadra Azzurra in ein WM-Finale perfekt war, stand ganz Italien Kopf. In Roms historischen Zentren Piazza Venezia, Piazza del Popolo und Via Veneto herrschte ein einziges Fußball-Volksfest. Bis zur Morgendämmerung ertönte unaufhörlich der begeisterte Schlachtruf »Italia, Italia«.

■ 4.7.2006 · DORTMUND

Ein Tor wie ein Stich ins Herz

ITALIENER DEN ENTSCHEIDENDEN TICK BESSER

Die Superparty ist beendet, Fußball-Deutschland trägt Trauer. Durch eine 0:2 (0:0)-Niederlage nach Verlängerung im Halbfinale gegen Italien ist vor 65.000 Zuschauern in Dortmund der Traum der deutschen Nationalmannschaft vom vierten Titelgewinn nach 1954, 1974 und 1990 geplatzt. Fabio Grosso sorgte mit einem unhaltbaren 12-m-Schuss für die Führung (119. Minute), Alessandro del Piero machte alles klar (120.+1). Nach zuvor fünf teilweise beeindruckenden Siegen in Folge musste das DFB-Team erstmals als Verlierer von Platz, wurde von den Fans vier Jahre nach dem zweiten Platz bei der WM in Asien dennoch euphorisch gefeiert. Auch Bundestrainer Jürgen Klinsmann, dessen Zukunft beim Deutschen Fußball-Bund (DFB) offen ist, erntete viel Zuspruch. Der 41-Jährige hatte beim Anpfiff mit einer Überraschung aufgewartet. Nicht Sebastian Kehl oder Tim Borowski ersetzten den am Vortag von der FIFA-Disziplinarkommission für das Halbfinale gesperrten Torsten Frings, es standen gleich beide auf dem Feld. Neben dem Bremer, der zumindest auf der Bank Platz nehmen durfte, musste auch Bastian Schweinsteiger, der bislang bei allen bisherigen Partien in der Anfangsformation gestanden hatte, zunächst draußen bleiben. Während Kehl in die Rolle als »Sechser« schlüpfte, orientierte sich Borowski auf die linke Seite, auf der bislang Schweinsteiger seinen Dienst verrichtet hatte.

Bei Italien stand diesmal Marco Materazzi nach »Rot« aus dem Achtelfinale gegen Australien für Alessandro Nesta in der Innenverteidigung. Die Italiener hatten zunächst die klareren Aktionen in der Offensive, auch deshalb, weil Kehl Orientierungsschwierigkeiten offenbarte. Die erste Chance der Squadra Azzurra vereitelte in der 16. Minute Jens Lehmann mit mutigem Eingreifen gegen Simone Perrotta. Zuvor hatte Philipp Lahm nach einer Hereingabe von Perotta in allerletzter Sekunde vor Camoranesi geklärt (11.). Insgesamt wirkte die Truppe von Marcello Lippi abgeklärter. Die deutsche Mannschaft hielt mit Leidenschaft dagegen, stand in der Abwehr aber nicht immer sicher und hatte Glück, dass Kehl nach einem Freistoß von Andrea Pirlo den Schuss des freistehenden Totti abblocken konnte (29.). Kurz darauf musste Christoph Metzelder gegen Torjäger Luca Toni retten. Die besten Szenen für die DFB-Auswahl hatte zunächst Lukas Podolski. Sein erster Schussversuch wurde von Kapitän Fabio Cannavaro abgeblockt (15.), beim zweiten flog der Ball nach einer Hereingabe von Kehl hoch über das Tor der Italiener (21.). Die größte Chance hatte Schneider, der nach Pass von Klose freistehend über das Tor schoss (34.). Auch nach der Pause änderte sich das Bild kaum. Nachdem Klose eine vielversprechende Situation nicht nutzte, rettete 60 Sekunden später Lehmann in höchster Not gegen Fabio Grosso. Auf der anderen Seite parierte Italiens Keeper Gianluigi Buffon nach einem Drehschuss von Podolski, den Abpraller schoss Friedrich über das Tor (63.). In der 83. Minute musste Lehmann gegen Perrotto schon Kopf und Kragen riskieren, um eine Führung der Italiener zu verhindern.

Nur 40 Sekunden nach Beginn der Verlängerung hatte die deutsche Mannschaft viel Glück, als Alberto Gilardino aus spitzem Winkel den Pfosten traf. Nur eine Minute später rasierte Gianluca Zambrotto mit einem Distanzschuss die Latte des deutschen Tores. Podolski setzte einen Kopfball am italienischen Tor vorbei, der künftige Bayern-Stürmer scheiterte danach aus wenigen Metern auch mit einem Schuss am großartig reagierenden Buffon (112.). Es folgten die Schlussminuten, die das jähe Erwachen brachten: Ein Traumpass von Pirlo auf Grosso entwurzelte förmlich die DFB-Elf, die in Gedanken offensichtlich schon beim Elfmeterduell schien. Del Pieros 2:0 bedurfte es fast schon nicht mehr.

Das Verhängnis nimmt seinen Lauf: 1:0, Minute 119, Fabio Grosso …

… 2:0, Minute 120+1, Alessandro del Piero …

… und hinterlässt Trauer und Bestürzung.

Torwart Jens Lehmann mit Tunnelblick.

Turmbau zu Dortmund: Per Mertesacker (o.), Luca Toni (M.), Arne Friedrich.

Akrobat schön: Francesco Totti (l.) überrollt Michael Ballack.

Ich ergebe mich: Lucas Podolski (l.) und Fabio Cannavaro.

»DIESE MANNSCHAFT HAT CHARAKTER«

Gespräch mit Bundestrainer Jürgen Klinsmann

Jürgen Klinsmann, Sie haben das Finale denkbar knapp verpasst. Wie tief sitzt die Enttäuschung?
Das ist natürlich schwer in Worte zu fassen. Die Enttäuschung ist riesengroß. Es ist eine bittere Pille, die man erst einmal schlucken muss. Das tut besonders weh, wenn der K.o.-Stoß so kurz vor dem Ende kommt. Wir hatten alle einen großen Traum, der nicht wahr geworden ist.

Wie war die Stimmung in der Kabine?
Die Spieler waren natürlich sehr geknickt. Ich habe der Mannschaft aber sofort gesagt, dass sie riesig stolz auf sich sein kann, dass sie Fantastisches geleistet hat. Sie ist immer an die Grenzen gegangen, hat totale Leidenschaft gezeigt.

Ist es überhaupt möglich, die Mannschaft bis zum Spiel um Platz drei, wieder aufzurichten?
Ich denke, die Mannschaft hat genug Charakter, sich mit Anstand zu verabschieden. Sie hat es verdient, in Stuttgart fantastisch empfangen zu werden. Wir wollen das Publikum noch einmal begeistern. Wir wollen Tempo machen und die WM mit einem Erfolg beenden. Ich denke, die Jungs werden alles geben. Wir werden versuchen, sie wieder aufzurichten.

Wie sehen Sie die Zukunft der deutschen Mannschaft?
Die Spieler haben unglaubliches Potenzial. Sie haben im Weltfußball auf sich aufmerksam gemacht. Mir ist nicht bange, im Gegenteil. Deutschland kann optimistisch sein, vor allem wenn man sieht, dass viele Spieler von uns noch sehr jung sind und zum Teil sogar noch in der U21 spielen dürften. Viele Spieler haben sich international einen Namen gemacht. Das ist ein großes Lob, dass europäische Spitzenklubs Interesse an unseren Jungs zeigen.

Fühlt man an einem solchen Tag auch Stolz auf das Geleistete?
Auf jeden Fall. Diese Mannschaft hat Charakter, sie hat ein ganzes Land stolz gemacht. Man kann ihr nur Komplimente machen. Diese WM war ein Riesenerfolg für die Mannschaft und ganz Deutschland. Wir haben der Welt ein anderes Gesicht von Deutschland gezeigt.

Hat sich letztlich die Cleverness der Italiener durchgesetzt?
Die Italiener waren sehr kaltschnäuzig, dafür gebührt ihnen ein Kompliment. Ich habe Marcello Lippi direkt nach dem Spiel gratuliert und ihm gesagt, dass wir ihnen die Daumen im Finale drücken. Kann sein, dass die Italiener am Ende den Tick cooler waren und deshalb ihre Chancen genutzt haben. Sie haben uns spät bestraft. Aber es ist sicher falsch, jetzt schon in eine detaillierte Analyse zu gehen.

Wie sieht Ihre Zukunft aus?
Das ist im Moment absolut unwichtig. Ich weiß es wirklich noch nicht, und ich verschwende daran im Moment auch überhaupt keinen Gedanken. Nach so einem Turnier muss man erst mal in sich gehen und alles sacken lassen, und dann sehen wir weiter.

Spieler, Fans und Verantwortliche wollen, dass Sie weitermachen. Warum zögern Sie noch?
Es ist viel passiert in den letzten zwei Jahren, da muss man erst einmal durchschnaufen. Ich habe zwei Jahre lang die volle Energie reingelegt und an nichts anderes gedacht als den Finaleinzug. Dennoch freut es mich, dass Anerkennung und Respekt da sind. Ich werde mich im Urlaub mit meiner Frau und meiner Familie unterhalten, und dann wird irgendwann eine Entscheidung fallen. Ich habe auch schon Dr. Zwanziger und Herrn Mayer-Vorfelder *(die DFB-Präsidenten, d. Red.)* um Bedenkzeit gebeten.

HALBFINALE

DES EINEN FREUD' …

Gianluigi Buffon, Simone Barone.

Fabio Cannavaro.

Marco Materazzi, Fabio Cannavaro.

Jubel auf vier Etagen.

Alessandro del Piero.

Fabio Grosso, Gianluca Zambrotta.

Marco Materazzi, Schiedsrichter Benito Archundia.

Michael Ballack.

David Odonkor.

Lukas Podolski.

Philipp Lahm.

Miroslav Klose.

Jens Lehmann.

PORTUGAL – FRANKREICH

0:1 (0:1)

Schiedsrichter: Jorge Larrondia (Uruguay) **Tor:** 0:1 Zidane (33., Foulelfmeter) **Zuschauer:** 66.000 (ausverkauft) **Beste Spieler:** Ricardo, Cristiano Ronaldo, Maniche – Thuram, Zidane, Henry **Rote Karten:** keine **Gelb-Rote Karten:** keine **Gelbe Karten:** Carvalho (2) – Saha (2) **Torschüsse:** 12: 5 **Ecken:** 8: 3 **Fouls:** 18:11 **Ballbesitz:** 59%:41%

DER KAPITÄN GEHT VON BORD

Portugals Kapitän Luis Figo (l. mit Zidane beim Trikottausch) wird mit dem Spiel um Platz 3 seine internationale Karriere beenden. »Das nächste Spiel wird definitiv mein letztes sein. Nach so vielen Jahren in der Nationalmannschaft ist es Zeit für mich zu gehen«, sagte der 33-Jährige nach der 0:1-Niederlage gegen Frankreich. Ein großer internationaler Titel bleibt Figo damit versagt. Eine Wiederholung des dritten WM-Platzes von 1966 wäre im 127. Länderspiel des Weltfußballers von 2001 aber immerhin ein schöner Abschied.

5.7.2006 · MÜNCHEN

Zidane gibt sich selbst einen Aufschub

KAPITÄN TRIFFT UND VERLEGT SEINEN RÜCKTRITT

Zinedine Zidane darf von einem glorreichen Abgang von der Fußball-Bühne träumen. Im vorletzten Spiel seiner Karriere führte Frankreichs Mannschaftskapitän die »Grande Nation« durch einen verwandelten Foulelfmeter (33.) ins Finale und zerstörte damit die Hoffnungen von Vize-Europameister Portugal auf die erste Teilnahme an einem WM-Endspiel. Nach dem 1:0 können »Zizou« & Co. den zweiten Titel nach 1998 perfekt machen. Portugal, das bereits bei der EURO 2000 im Semifinale ebenfalls durch einen entscheidenden Elfmeter (damals noch das Golden Goal zum 1:2) am späteren Europameister Frankreich gescheitert war, ist damit Gegner der deutschen Auswahl im »kleinen Finale« um Platz drei. In der entscheidenden Situation der Partie spielte Zidane die ganze Routine eines Weltstars aus. Mit nur drei Schritten Anlauf schoss er platziert neben den Pfosten und ließ Portugals Torhüter Ricardo, der im Viertelfinale gegen England drei Elfmeter gehalten hatte, keine Chance.

Portugals Kapitän Luis Figo dagegen verpasste als letzter Vertreter der sogenannten »goldenen Generation« dagegen die letzte Chance auf einen großen Titel. Mit ein Grund dafür war vor allem der eher mäßige Auftritt der Leistungsträger wie eben er selbst sowie Deco und Maniche, die von den Franzosen über weite Strecken ausgeschaltet wurden.

Diese hatten die Partie ausgesprochen offensiv begonnen, denn schon nach 38 Sekunden hätte Florent Malouda die Equipe Tricolore in Führung bringen können. Die Portugiesen kamen nach leichten Problemen zu Beginn jedoch besser in die Begegnung, erspielten sich durch Deco, Luis Figo und Cristiano Ronaldo eine Überlegenheit im Mittelfeld und erarbeiteten sich gute Chancen. Zunächst rettete Frankreichs Keeper Fabien Barthez gegen Deco (4.). Fünf Minuten später verfehlte Maniche aus 22 Metern das Tor. Bei einem Schuss von Figo (16.) war Barthez erneut auf dem Posten. Nach einem Foul von Ricardo Carvalho an Thierry Henry entschied Schiedsrichter Jorge Larrionda (Uruguay) zu Recht auf Strafstoß. Auf der Gegenseite hatten die »Blauen« allerdings Glück, dass Larrionda nach einem Rempler von Bayern Münchens Rechtsverteidiger Willy Sagnol gegen Cristiano Ronaldo (37.) nicht ebenfalls auf Foulelfmeter entschied. Unmittelbar nach dem Seitenwechsel hätte Frankreich für die Vorentscheidung sorgen können. Zunächst rettete Ricardo gegen Henry (48.), nur eine Minute später parierte der Keeper auch gegen Frank Ribery. Die Portugiesen, die erstmals bei dieser Endrunde in Rückstand gerieten, gaben jedoch nicht auf. Pauleta (53.) traf mit einem Drehschuss aber lediglich das Außennetz. Dem zunehmenden Druck Portugals begegnete Frankreich mit Cleverness und überragendem Stellungsspiel seiner Abwehrgiganten um Lilian Thuram, so dass auch mancher Aussetzer von Barthez nicht ins Gewicht fiel.

Die Protagonisten feiern. Thierry Henry, der den Elfmeter herausholte, klatscht Zinedine Zidane, der ihn zum Siegtreffer verwandelte, ab.

Ricardo Carvalhos Bein (r.) wird zum »Stolperstein« für Thierry Henry, der Schiedsrichter gibt Elfmeter.

Zinedine Zidane legt sich Ball auf dem ominösen Punkt zurecht …

… zieht nach nur drei Schritten Anlauf ab …

… und Portugals Torhüter Ricardo streckt sich vergebens.

Allen Grund zu strahlen hat der französische Trainer Raymond Domenech: Endspiel erreicht!

»BIG PHIL« UND DAS MÄCHTIGE GROLLE

Portugal hofft auf weiteres Engagement Scolaris bis 2008

Luiz Felipe Scolari brodelte wie ein Vulkan. Nach seiner ersten Niederlage bei einer WM entlud sich die ganze Wut von Portugals Nationaltrainer auf Schiedsrichter Jorge Larrionda. Unmittelbar nach dem 0:1 gegen Frankreich musste »Big Phil« gleich von mehreren Teamkollegen zurückgehalten werden, als er auf den Referee aus Uruguay losstürmen wollte. In der Pressekonferenz brach es dann endgültig aus Scolari heraus: »Der Schiedsrichter wusste ganz genau, was er tun wollte«, schimpfte Scolari und unterstellte dem Unparteiischen, Portugal beim geplatzten Traum vom erstmaligen Einzug in ein WM-Finale absichtlich benachteiligt zu haben: »Der Strafstoß gegen uns war berechtigt, aber auf der Gegenseite hätte es nach dem Foul von Willy Sagnol an Cristiano Ronaldo ebenfalls Elfmeter geben müssen.« Dennoch räumte er ein, dass Frankreichs Sieg letztlich nicht unverdient war, wozu sein Kollege Raymond Domenech heftig zustimmend nickte und dann sagte: »Das ist unglaublich, dass wir hier im Finale stehen. Das ist super. Jetzt müssen wir noch einmal alle Kräfte bündeln, um unser ganz großes Ziel auch wirklich zu erreichen.«
In der Stunde der großen Enttäuschung will Scolari, dessen Siegesserie ausgerechnet im 13. Endrunden-Spiel endete, Trost bei seiner Familie suchen. »Ich werde jetzt mit meiner Frau und meinen Kindern reden. Dann wird sich mein Frust auch wieder legen, ich werde stolz darauf sein, was wir bislang erreicht haben, und noch mal alles dafür geben, die Mannschaft auf Platz drei zu führen.«
Ob Scolari, der Brasilien 2002 zum Titel geführt hatte, der Seleccao weiterhin zur Verfügung stehen wird, ließ der gewiefte Taktiker offen: »Mein Vertrag läuft bis Ende Juli. Danach wird man weitersehen.« Doch die Chancen, dass die goldenen Zeiten Portugals unter Scolari nach Platz zwei bei der EM 2004 im eigenen Land und dem starken Auftritt in Deutschland weitergehen, stehen nicht schlecht. Dank der Unterstützung von Sponsoren soll der mit 32 Siegen seit seinem Amtsantritt im Herbst 2002 erfolgreichste portugiesische Nationalcoach aller Zeiten zumindest bis zur EM 2008 in Österreich und der Schweiz gehalten werden. Eine portugiesische Bank sowie der Trikotausrüster (Nike) sollen Scolari finanzieren und sein Jahresgehalt von 1,5 Millionen Euro übernehmen. Und Scolari scheint nicht abgeneigt. Ende April 2006 schlug er ein Angebot des englischen Verbandes aus, Nachfolger von Sven-Göran Eriksson bei den »Three Lions« zu werden. Von seinen Spielern wird er ohnehin geschätzt. Mittelfeldstar Luis Figo, der als einer von wenigen Akteuren aus dem Team seinen Rücktritt ankündigte, hofft, dass Scolari weiter zur Verfügung steht: »Er ist der richtige Mann am richtigen Platz.«

Luiz Felipe Scolari und sein Frust über den Schiedsrichter.

Eckstoß Portugal: Luis Figo entfernt zuvor einen kleinen Ball, der aufs Feld geworfen wurde.

Mit vollem Einsatz: Portugals Mittelfeldspieler Costinha (r.) in einer Szene mit Florent Malouda.

Der Portugiese Luis Figo steigt zum Kopfball vor dem Tor von Fabien Barthez (l.) auf, entsetzt beäugt vom Franzosen William Gallas (helles Trikot).

Der französische Verteidiger William Gallas kurz nach dem Abpfiff.

Stürmer Thierry Henry, eingehüllt nach Spielende in eine französische Fahne.

Helder Postiga als »Häufchen Unglück« nach der Niederlage.

Deutschland im »kleinen Finale« ganz groß

SPIEL UM PLATZ 3

8.7.2006

DEUTSCHLAND – PORTUGAL

SPIEL UM PLATZ 3

DEUTSCHLAND – PORTUGAL

3:1 (0:0)

Schiedsrichter: Toru Kamikawa (Japan) **Tore:** 1:0 Schweinsteiger (56.), 2:0 Petit (61., Eigentor), 3:0 Schweinsteiger (78.), 3:1 Nuno Gomes (88.) **Zuschauer:** 52.000 (ausverkauft) **Beste Spieler:** Kahn, Metzelder, Schweinsteiger – Deco, Maniche **Rote Karten:** keine **Gelb-Rote Karten:** keine **Gelbe Karten:** Frings (2), Schweinsteiger – Ricardo Costa, Costinha, Paulo Ferreira **Torschüsse:** 5:8 **Ecken:** 2:7 **Fouls:** 14:15 **Ballbesitz:** 43%:57%

ALLE MANN IM EINSATZ

Jürgen Klinsmann hat als erster Fußball-Bundestrainer seit Sepp Herberger 1958 bei einer WM-Endrunde alle Feldspieler auflaufen lassen. Nachdem Jens Nowotny und Marcell Jansen sowie die eingewechselten Mike Hanke und Thomas Hitzlsperger gegen Portugal zu ihrem ersten Einsatz kamen, blieb lediglich Timo Hildebrand als dritter Torwart ohne Spielminute. Herberger hatte allerdings nur 18 Spieler mit nach Schweden genommen, wo die DFB-Auswahl Platz vier belegte.

■ 8.7.2006 · STUTTGART

Nach der Party ist vor der Party

SCHWEINSTEIGERS TORE SORGEN FÜR EUPHORIE

Jürgen Klinsmann riss mit seinem strahlendsten Lachen die Arme ebenso in die Höhe wie Oliver Kahn nach seinem letzten Länderspiel, und Bundeskanzlerin Angela Merkel umarmte anschließend den Bundestrainer so innig wie den besten Freund: Als Bundespräsident Horst Köhler und die Regierungschefin den »Weltmeistern der Herzen« die »Bronzemedaillen« für den dritten Platz überreichten und ein Feuerwerk den Nachthimmel über Stuttgart erhellte, hatte die deutsche Nationalmannschaft durch ihren 3:1 (0:0)-Sieg im »kleinen Finale« gegen Portugal nach einer Gala von Bastian Schweinsteiger Fußball-Deutschland längst ein letztes Mal in rauschende Party-Laune versetzt. »Das ist der größte und emotionalste Moment, an den ich mich erinnern kann, und ich frage mich, was gewesen wäre, wenn wir tatsächlich Weltmeister geworden wären«, kommentierte Kahn die Gänsehaut-Atmosphäre nach der Medaillen-Zeremonie und erklärte danach seinen Rücktritt.

Der gelungene Abschluss durch zwei Treffer von Bastian Schweinsteiger (56. und 78.) und ein Eigentor durch Petit (61.) nach einem Freistoß des Münchners bei einem Gegentreffer von Nuno Gomes (88.) darf auch als zusätzliche Hilfestellung für den ebenfalls frenetisch bejubelten Bundestrainer Klinsmann bei seiner Entscheidung über die Fortsetzung seines Engagements verstanden werden. Schon vor Deutschlands letztem Auftritt bei der WM im eigenen Land, durch den die DFB-Auswahl zum dritten Mal nach 1934 und 1970 Platz drei belegte, hatten Tausende von Fans den Weltmeister von 1990 in seiner schwäbischen Heimat vor dem Team-Quartier und auf der Fahrt ins Stadion durch Gesänge und Transparente zur Verlängerung seines auslaufenden Vertrages bewegen wollen.

Aber auch Kahn erhielt bei seinem ersten Turnier-Einsatz mehrmals Applaus auf offener Szene. Wie angekündigt hatte der 37-Jährige die deutsche Mannschaft als Kapitän aufs Feld geführt. Nach dem Ausfall des etatmäßigen Spielführers Michael Ballack (Sehnenentzündung) wurde dem früheren »Welttorhüter« diese Ehre zuteil, womit sich Klinsmann für dessen vorbildliches Verhalten als Nummer zwei im vorherigen Turnierverlauf bedankte. Kahn konnte in der Anfangsphase die erste Möglichkeiten der Gastgeber durch Sebastian Kehl (5.) sowie Miroslav Klose im Kampf um die Torjägerkrone (8.) aus der hinteren Perspektive verfolgen. Bei der ersten Chance für die Portugiesen, bei denen der scheidende Superstar Luis Figo überraschend erst 13 Minuten vor dem Abpfiff zu seinem 127. und letzten Länderspiel-Einsatz kam, scheiterte Kapitän Pauleta an Kahn (15.). Auf der Gegenseite hatte anschließend nach einem Heber von Kehl (20.), den Ricardo über die Latte lenkte, Lukas Podolski per Freistoß das 1:0 auf dem Fuß, aber wiederum konnte sich Portugals Schlussmann auszeichnen.

Verletzungsbedingt hatte Klinsmann seine Mannschaft auf fünf Positionen ändern müssen. Nachdem Ballack sowie ebenfalls wegen Verletzungen auch Arne Friedrich und Per Mertesacker bereits frühzeitig passen mussten, konnten auch Tim Borowski und Robert Huth nicht an der »Abschiedsparty« teilnehmen. Die deutsche Verlegenheits-Defensive stand jedoch im ersten Durchgang bis auf kleine Unsicherheiten ganz gut. Nach dem Seitenwechsel nutzten die Platzherren Portugals zunächst zurückhaltendere Gangart zur schnellen Vorentscheidung. Schweinsteiger ließ nach feiner Einzelleistung Ricardo mit einem »Flatterball« aus 20 Metern nicht gut aussehen. Nur fünf Minuten später war Schweinsteiger beim 2:0 wiederum der Ausgangspunkt: Seinen scharf getretenen Freistoß fälschte Petit unhaltbar ins eigene Tor ab. Den direkten Gegenzug der Iberer machte Kahn mit einer Parade gegen Deco zunichte (62.), ehe erneut Schweinsteiger den Erfolg definitiv perfekt machte.

Matchwinner und »Zweieinhalbfach«-Torschütze Bastian Schweinsteiger (l.) nimmt Maß zum dritten Tor.

Petit (r.) lenkt den Schweinsteiger-Freistoß (61.) an Torwart Ricardo vorbei ins eigene Netz.

Nuno Valente (u.) stoppt den Toptorschützen der WM, Miroslav Klose.

Jungstars des Championats: Cristiano Ronaldo (v.) und Bastian Schweinsteiger.

Jens Nowotny (l.) in seinem wohl letzten Auswahlspiel gegen Portugals Pauleta.

Feuerwerk über der Stuttgarter WM-Arena nach Abpfiff des »kleinen Finals«.

Die Begeisterung haut jeden um, außer den gehandicapten Per Mertesacker (stehend mit Krücken).

Das drittplazierte DFB-Team empfängt die »Bronzemedaillen« u. a. aus den Händen von Bundespräsident Horst Köhler, Bundeskanzlerin Angela Merkel sowie OK-Chef Franz Beckenbauer.

Erschöpft, aber glücklich: Schweinsteiger, Metzelder und Kehl (v.l.).

Applaus begleitet Philipp Lahm auf dem Weg in die Stadion-Katakomben.

Die Helden bedanken sich bei ihren Fans für die phänomenale Unterstützung.

Oliver Kahn, wie er leibt und lebt: angespannt bis in die Haarspitzen.

DAS LETZTE WORT VON »TITAN« OLIVER KAHN

Als die deutsche Nationalmannschaft ins Stadion in Stuttgart einlief, fühlte man sich vier Jahre zurückversetzt. Vorneweg schritt ein stolzer Oliver Kahn mit der Kapitänsbinde am Arm. Der 37 Jahre alte Keeper von Bayern München ersetzte gegen Portugal nicht nur Jens Lehmann im Tor, sondern war in seinem 86. und letzten Länderspiel für den verletzten Michael Ballack auch Kapitän. »Es war einer der größten, wenn nicht der größte emotionale Moment, an den ich mich erinnern kann. Ein schöneres letztes Länderspiel kann man sich kaum wünschen. Es war eine schöne Zeit, aber man muss wissen, wann es vorbei ist.« Bundestrainer Jürgen Klinsmann und ein bisschen auch Jens Lehmann, der auf seinen Einsatz verzichtet hatte, bescherten Kahn diesen würdigen Abschied und honorierten damit auch das vorbildliche Verhalten des einstigen Welttorhüters als Nummer zwei. Und der beste Akteur der WM 2002 bestätigte mit einer starken Leistung, dass er immer noch einer der besten Schlussmänner der Welt ist. Man merkte, Kahn hatte »richtig Lust« auf dieses Spiel, das er nicht als »Almosen« sah. Trotz seiner Degradierung zur Nummer zwei unmittelbar vor der Endrunde, des für ihn »größten persönlichen Tiefschlags«, hatte er alle überrascht, indem er auch als Ersatzkeeper mitmachte.

Großer Medienauflauf für einen Großen der Branche: der »Titan« nach dem Spiel um Platz drei gegen Portugal.

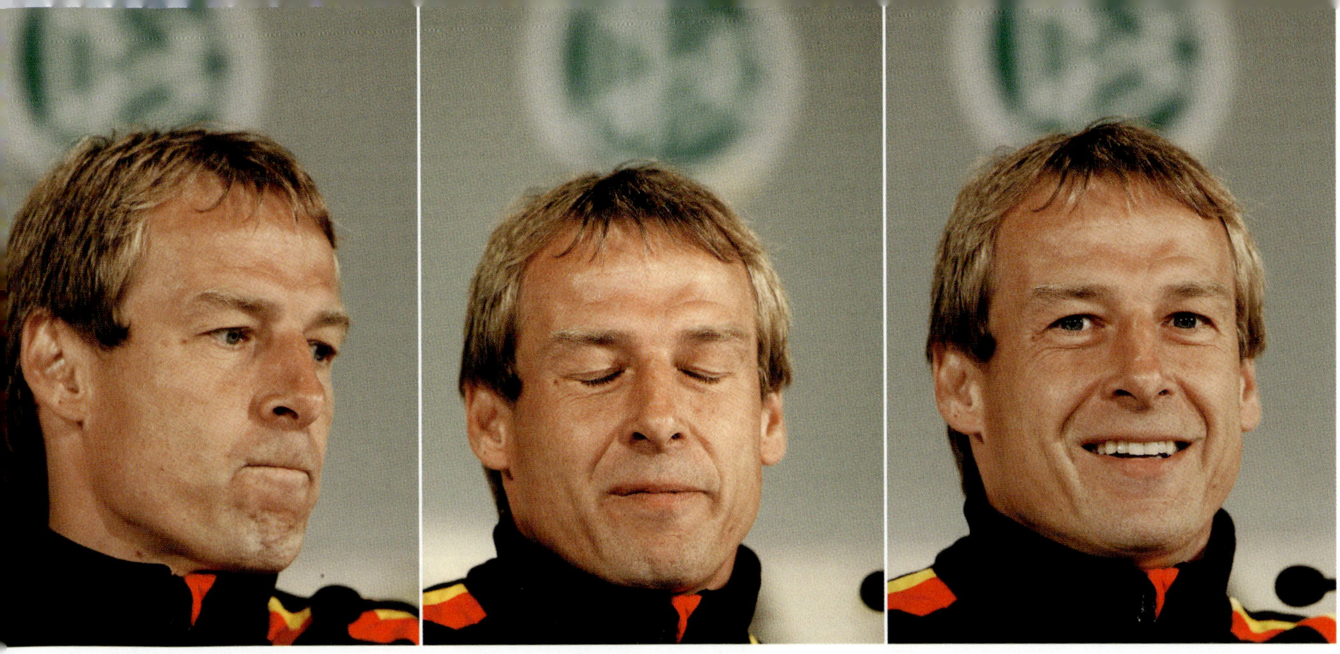

Torwartfrage, Trainingsmethoden, Nominierungen – er hat alle Kritiker eines Besseren belehrt.

DIE KRÖNUNG DES JÜRGEN KLINSMANN

Am 29. Juli 2004 hatte Bundestrainer Jürgen Klinsmann sein Amt mit dem Ziel angetreten, Weltmeister werden zu wollen. Er schaffte es schließlich ins »kleine Finale« am 8. Juli 2006, wo sein Team zum WM-Dritten gekürt wurde. Hier wichtige Stationen eines einzigartigen Weges:

7. April 2006 Klinsmann entscheidet sich in der zwei Jahre andauernden Diskussion um die Nummer eins im deutschen Tor für Jens Lehmann und gegen Oliver Kahn.

15. Mai 2006 Klinsmann präsentiert in Berlin seinen 23-köpfigen Kader.

Übungen auf Sardinien nach Klinsmanns Vorstellungen.

16. Mai 2006 Beginn der Vorbereitung auf Sardinien und am Genfer See. Zur Förderung des Teamgeistes sind erstmals die Familien der Spieler in den ersten fünf Tagen mit dabei.

2. Juni 2006 3:0 bei der Generalprobe gegen Kolumbien.

5. Juni 2006 Einzug ins WM-Quartier nach Berlin, ins Schlosshotel Grunewald.

9. Juni 2006 4:2 im WM-Eröffnungsspiel in München gegen Costa Rica.

14. Juni 1:0 in der zweiten Vorrundenbegegnung gegen Polen und vorzeitige Qualifikation fürs Achtelfinale.

16. Juni OK-Chef Franz Beckenbauer lobt: »Klinsmann macht im Moment alles richtig.«

20. Juni Das 3:0 gegen Ecuador sorgt für die beste Vorrunde seit der WM 1970.

22. Juni Klinsmann: »Du kannst jetzt mit Deutschland nicht rausfliegen. Wir sind eine Fußball-Nation, und da ist ein frühes Ausscheiden eine Katastrophe.«

24. Juni 2:0-Sieg im Achtelfinale in München gegen Schweden.

26. Juni Klinsmann: »Ich bin sehr zuversichtlich, dass wir auch Argentinien im Viertelfinale schlagen und die negative Serie gegen die Großen stoppen.«

30. Juni Die DFB-Auswahl gewinnt gegen Argentinien 4:2 im Elfmeterschießen. Lehmann avanciert mit zwei gehaltenen Elfern zum Helden.

2. Juli: Klinsmann: »Ich bin erst zufrieden, wenn wir am 9. Juli Weltmeister sind.«

4. Juli: Ein unglückliches 0:2 n.V. im Halbfinale gegen Italien sorgt für viel Tränen und reichlich Frust. Klinsmann: »Meine Zukunft ist absolut unwichtig.«

8. Juli: Überzeugendes 3:1 gegen Portugal in Stuttgart bringt die »Bronzemedaille« und macht das DFB-Team endgültig zum »Weltmeister der Herzen«.

Der Chef mit Freudensprung und sein Assistent Joachim Löw (l.).

Das eigens aus Stuttgart angereiste deutsche Team verneigt sich vor seinen Fans, eine Million Anhänger bedankt sich am 9. Juli am

Brandenburger Tor in Berlin-Mitte für die großartige Leistung des WM-Dritten 2006.

Italien gewinnt die wertvollste Fußball-Trophäe

FINALE

9.7.2006

ITALIEN – FRANKREICH

ITALIEN – FRANKREICH

1:1 n.V., 5:3 i.E.

Schiedsrichter: Horacio Elizondo (Argentinien) **Tore:** 0:1 Zidane (7., Foulelfmeter), 1:1 Materazzi (19.) **Zuschauer:** 69.000 (ausverkauft) **Beste Spieler:** Buffon, Grosso – Henry, Vieira **Rote Karten:** Zidane nach einer Tätlichkeit (110.) **Gelb-Rote Karten:** keine **Gelbe Karten:** Zambrotta (2) – Sagnol (2), Diarra, Malouda **Elfmeterschießen:** 1:0 Pirlo, 1:1 Wiltord, 2:1 Materazzi, Trezeguet schießt an die Latte, 3:1 de Rossi, 3:2 Abidal, 4:2 del Piero, 4:3 Sagnol, 5:3 Grosso **Torschüsse:** 3: 5 **Ecken:** 5: 7 **Fouls:** 24:15 **Ballbesitz:** 55%:45%

■ MASKOTTCHEN ENTZAUBERT

Vor acht Jahren beim WM-Triumph der Franzosen bekam Fabien Barthez vor und nach jedem Spiel von Kapitän Laurent Blanc einen Kuss auf seine Glatze. Spätestens seit diesem Ritual gilt der Torhüter als Maskottchen der Equipe Tricolore. Im Elfmeterschießen gegen Italien half aber auch sein Zauber nicht mehr. Bei keinem der fünf Schüsse kam er auch nur in die Nähe des Balles. Seine Kritiker hatten bereits zuvor gespottet, er hätte nicht mehr wegen seiner Leistung, sondern lediglich als Glücksbringer zwischen den Pfosten gestanden.

■ 9.7.2006 · BERLIN

Der Champion trägt Grün-Weiß-Rot

ITALIEN FEIERT NACH ELFMETERDRAMA VIERTEN WM-TITEL

Elfmeterheld Fabio Grosso sprang seinen jubelnden Kollegen mit einem gewaltigen Satz in die Arme, und die riesige WM-Party der Tifosi begann. Mitten im größten Skandal seiner Fußball-Geschichte feierte Italien im Finale von Berlin gegen Frankreich einen 5:3-Triumph im Shoot out.

Im zweiten Elfmeterschießen der Finalgeschichte nach 1994 avancierte Grosso vor 69.000 Zuschauern im Stadion und weltweit über einer Milliarde Menschen vor den Fernsehgeräten erneut zum Helden. Der Abwehrspieler von US Palermo hatte schon beim 2:0-Sieg im Halbfinale gegen Deutschland kurz vor Ende der Verlängerung den Treffer zum 1:0 erzielt. Vor Grossos goldenem Schuss zeigte ausgerechnet David Trezeguet Nerven. Der eingewechselte Stürmer, der Frankreich im EM-Endspiel 2000 gegen Italien per Golden Goal noch den Titel beschert hatte, traf vom ominösen Punkt nur die Latte. Frankreichs Superstar Zinedine Zidane saß da schon in der Kabine und erlebte so ein besonders bitteres Ende seiner Karriere. »Zizou« hatte in seinem 108. und letzten Länderspiel in der 110. Minute nach einem brutalen Kopfstoß gegen Marco Materazzi die Rote Karte gesehen.

»Ich kann noch gar nicht glauben, was wir geleistet haben«, stammelte Grosso noch lange nach Abpfiff völlig fassungslos in die Mikrofone. Trainer Marcello Lippi meinte: »Ich habe schon die Champions League gewonnen, aber dies ist die Krönung der Karriere eines jeden Sportlers.« Frankreichs Trainer Raymond Domenech war dagegen völlig bedient: »Wir haben nicht verloren, wir haben nur die Elfmeter nicht so geschossen, wie wir sie hätten schießen müssen. Ich kann nicht zufrieden damit sein, nur im Finale gestanden zu haben. Schade, dass uns Zidane auch schon in den letzten zehn Minuten gefehlt hat. Es gibt halt Situationen, wo einem die Sicherungen durchgehen. Ich kann die Sache nicht entschuldigen, aber trotzdem ein bisschen verstehen. Ihm und uns tut es leid.«

Zuvor hatten die Fans eine über weite Strecken packende Partie gesehen. Bereits nach 30 Sekunden blieb Thierry Henry nach einem Zusammenprall mit Fabio Cannavaro benommen auf dem Rasen liegen. Nach drei Minuten intensiver Behandlung kehrte der England-Legionär aber auf das Feld zurück. Wenig später setzte er Mittelfeldspieler Florent Malouda in Szene, der von Materazzi im Strafraum zu Fall gebracht wurde. Schiedsrichter Elizondo zeigte, ohne zu zögern, auf den Elfmeterpunkt. Zidane verwandelte mit einem gefühlvollen Schlenzer, bei dem der Ball von der Latte hinter die Torlinie sprang, mit seinem 31. Länderspieltor zur frühen Führung. Italien zeigte sich in der Folge zunächst sichtlich geschockt, schaffte aber dennoch bereits in der 19. Minute den Ausgleichstreffer ausgerechnet durch »Sündenbock« Materazzi. Der Abwehrspieler von Inter Mailand wuchtete einen Eckball von Pirlo per Kopf ins französische Gehäuse. In der Folge entwickelte sich ein offener Schlagabtausch, weil das Team von Lippi nach dem Ausgleich Rhythmus und Ordnung wiederfand. In der 35. Minute bot sich den Italienern die nächste hochkarätige Chance, als Torjäger Luca Toni im letzten Moment von Frankreichs Rekordnationalspieler Lilian Thuram am erfolgreichen Torschuss gehindert wurde und wenige Sekunden später mit einem Kopfball nur die Latte traf. Nach dem Wechsel zeigten die Franzosen die klareren Aktionen, doch es fehlte in letzter Konsequenz am erfolgreichen Abschluss. In der Verlängerung ging das zähe Ringen zwischen beiden Teams weiter. Den Franzosen, die weiter das Geschehen diktierten, boten sich noch zwei Großchancen, während es die Italiener auf die Entscheidung vom Punkt offenbar ankommen lassen wollten. Sie taten gut daran.

Führung Frankreich: Zinedine Zidane »zaubert« den Strafstoß (7.) in die Maschen.

Ausgleich Italien: Strafstoßverursacher Marco Materazzi bügelt seinen Fehler aus (19.).

Hoch das Bein und lang das Bein: Eric Abidal, Vincenzo Iaquinta, Lilian Thuram (v.l.).

Claude Makelele (l.) bedrängt Mauro Camoranesi, der nach Abpfiff eine Wette einlöste und seinen Zopf »opferte«.

Elfmeterschießen, Nachteil Frankreich: David Trezeguet trifft nur die Latte …

… Elfmeterschießen, Vorteil Italien: Fabio Grosso (r.) behält die Nerven – Sieg Italien!

Ich möchte auch mal: Ausgelassene Männerrunde herzt einen goldenen Pokal.

Der Moment, in dem alle Dämme brechen: Der Teamkollege hat getroffen!

Francesco Totti und die Pokal-Hypnose.

Seht her, ich bin's, euer Marco Materazzi!

Alberto Gilardino, Francesco Totti und Luca Toni (v.l.) genießen nach dem Konfetti-Bad weiter den Triumph.

Nach dem Empfang der höchsten Weihen: Gianluigi Buffon (l.) und Marco Materazzi.

Raymond Domenech und die Seinen (links David Trezeguet) beobachten völlig frustriert das ausgelassene italienische Treiben.

Auftakt des unwürdigen Abschieds des Zinedine Zidane von der großen Fußball-Bühne: der brutale Kopfstoß gegen Marco Materazzi.

SCHÖNER ZIDANE, HÄSSLICHER ZIDANE

Unrühmlicher Abschied für einen Großen des Weltfußballs

Die Bühne war bereitet für einen der Größten, den der Fußball jemals hervorgebracht hat. Zinedine Zidane wollte sich nach 1998 zum zweiten Mal zum Weltmeister krönen und in seinem letzten Spiel seiner glanzvollen Karriere als Champion abtreten. Aber nach einem totalen Blackout und einem Kopfstoß gegen Marco Materazzi sah Zidane in der 110. Minute die Rote Karte und musste von draußen den 5:3-Sieg Italiens im Elfmeterschießen mitverfolgen.

Zidane, der große Stratege der Equipe Tricolore, hatte sich selbst ins Abseits manövriert und erlebte eine der schwärzesten Stunden seiner Karriere.

Dabei hatte alles so gut begonnen: Schon in der siebten Minute trat der kahlgeschorene Supertechniker als Protagonist in Erscheinung. Zidane trat wie schon im Halbfinale gegen Portugal erneut zum Elfmeter an. Doch diesmal wählte er gegen Italiens Weltklasse-Torwart Gianluigi Buffon eine neue Taktik, um zum Erfolg zu kommen. Diese ließ allerdings den Fans der französischen Mannschaft, die sich gegen viele Hindernisse im WM-Verlauf auch dank Zidane enorm gesteigert hatte, förmlich graue Haare wachsen. »Zizou« schnippelte den Ball mit dem rechten Fuß ins rechte Eck, während Buffon nach links tauchte. Der Ball flog im hohen Bogen in Richtung italienisches Tor, streifte die Unterkante der Latte und segelte fast in Zeitlupentempo einen halben Meter hinter der Torlinie auf den Boden. Im 108. Länderspiel sein 31. Treffer, einer aus dem Raritätenkabinett, wie es nur ein Zidane vermag. Selbst der dreimalige Weltmeister Pele, dessen Brasilianer im Viertelfinale nach einer Zidane-Gala die Segel streichen mussten, hatte ihn noch vor dem Endspiel über den grünen Klee gelobt: »Er ist das leuchtende Beispiel des Fußballs.« In der Verlängerung wäre der dreimalige Weltfußballer des Jahres dann fast noch zur absoluten Lichtgestalt des Finals avanciert, doch Buffon parierte seinen Kopfball in der 104. Minute mit einer Klasseparade.

Nur sechs Minuten später stand Zidane schon nicht mehr auf dem Platz. Was ihn veranlasste, derart auszurasten, bleibt womöglich immer sein Geheimnis. Für viele, wie Franz Beckenbauer, bleibt nur die Spekulation: »Irgendetwas muss man Zidane gesagt haben, er ist eigentlich ein zurückhaltender und harmloser Mensch.« Eine Rechtfertigung für diese Entgleisung ist dies jedoch in keiner Weise, und sie stellt auch kein Novum in der Laufbahn des Zinedine Zidane dar: Zum Beispiel wurde er im Turnier 1998 nach einer Tätlichkeit gegen einen Saudi für zwei Spiele gesperrt. Fakt ist auch, dass Frankreichs Kapitän entgegen zahlreicher Vermutungen nicht auf Grund eines Videobeweises vom Platz gestellt wurde – zum 12. Mal in seiner Karriere. Schiedsrichter Elizondo zeigte ihm die Rote Karte nach einem Hinweis des vierten Unparteiischen Luis Medina Cantalejo aus Spanien, der den Kopfstoß mit eigenen Augen und nicht am Bildschirm gesehen habe.

»Ich will mein Privatleben genießen und mit meiner Familie zusammen sein. Und ich möchte meine Ruhe haben«, hatte die oft schüchtern wirkende Galionsfigur des Weltfußballs schon vor der Endrunde für die Zeit danach angekündigt. Es ist ein unwürdiger Abschied geworden.

Unter diesem Aspekt erhält die nach Journalisten-Votum getroffene Entscheidung der FIFA, ihn mit dem Goldenen Ball als »wertvollsten Spieler« der WM auszuzeichnen (vor den Italienern Pirlo und Cannavaro), einen äußerst faden Beigeschmack.

Den Goldpokal würdigt der französische Kapitän keines Blickes.

Au revoir, Monsieur Zidane! Danke für die Zeit bis zur 110. Minute!

Was wird wohl Zidanes Bruder Jamal durch den Kopf gegangen sein, der das Endspiel im 350 km von Algier entfernt gelegenen Aguemoune in einem Café verfolgte?

Der Schwerenöter beim Empfang des Staatspräsidenten im Elysée-Palast in Paris. Ob er Jacques Chirac gerade sein Tatmotiv erklärt?

1966 Uwe Seeler, Hans Tilkowski, Karl-Heinz Schnellinger, Franz Beckenbauer, Willi Schulz, Helmut Haller, Siegfried Held, Wolfgang Weber, Wolfgang Overath, Werner Krämer, Horst Höttges (v.l.) wurden nach dem legendären »Wembley-Tor« gegen England Zweite (2:4).

1986 Harald Schumacher, Thomas Berthold, Hans-Peter Briegel, Karl-Heinz Rummenigge, Ditmar Jakobs, Felix Magath (stehend, v.l.), Karlheinz-Förster, Andreas Brehme, Klaus Allofs, Norbert Eder, Lothar Matthäus (vorn, v.l.) unterlagen damals Argentinien im Endspiel (2:3).

STATISTIK

1998 Jürgen Kohler, Dietmar Hamann, Michael Tarnat, Jörg Heinrich, Oliver Bierhoff, Christian Wörns (stehend, v.l.); Lothar Matthäus, Thomas Häßler, Jens Jeremies, Jürgen Klinsmann, Andreas Köpke (vorn, v.l.) schieden in Frankreich am 4. Juli im Viertelfinale gegen Kroatien aus (0:3).

SPIELPLAN

VOM ACHTELFINALE BIS ZUM FINALE

ACHTELFINALE

DEUTSCHLAND – SCHWEDEN
2:0 (2:0)

ARGENTINIEN – MEXIKO
2:1 n.V. (1:1)

ITALIEN – AUSTRALIEN
1:0 (0:0)

SCHWEIZ – UKRAINE
0:3 i.E. (0:0 n.V.)

ENGLAND – ECUADOR
1:0 (0:0)

PORTUGAL – NIEDERLANDE
1:0 (1:0)

BRASILIEN – GHANA
3:0 (2:0)

SPANIEN – FRANKREICH
1:3 (1:1)

VIERTELFINALE

DEUTSCHLAND – ARGENTINIEN
4:2 i.E. (1:1 n.V.)

ITALIEN – UKRAINE
3:0 (1:0)

ENGLAND – PORTUGAL
1:3 i.E. (0:0 n.V.)

BRASILIEN – FRANKREICH
0:1 (0:0)

TABELLE A		Spiele	Tore	Punkte
1.	Deutschland	3	8:2	9
2.	Ecuador	3	5:3	6
3.	Polen	3	2:4	3
4.	Costa Rica	3	3:9	0

TABELLE B		Spiele	Tore	Punkte
1.	England	3	5:2	7
2.	Schweden	3	3:2	5
3.	Paraguay	3	2:2	3
4.	Trinidad & Tobago	3	0:4	1

TABELLE C		Spiele	Tore	Punkte
1.	Argentinien	3	8:1	7
2.	Niederlande	3	3:1	7
3.	Elfenbeinküste	3	5:6	3
4.	Serbien/Montenegro	3	2:10	0

TABELLE D		Spiele	Tore	Punkte
1.	Portugal	3	5:1	9
2.	Mexiko	3	4:3	4
3.	Angola	3	1:2	2
4.	Iran	3	2:6	1

HALBFINALE

DEUTSCHLAND – ITALIEN

0:2 n.V. (0:0)

SPIEL UM PLATZ DREI

DEUTSCHLAND – PORTUGAL

3:1 (0:0)

PORTUGAL – FRANKREICH

0:1 (0:1)

FINALE

1:0 ging Frankreich durch Kapitän Zinedine Zidane (2.v.l.) in der 7. Min. per Elfmeter in Führung. Buffon im Tor ohne Chance.

ITALIEN – FRANKREICH

5:3 i.E. (1:1 n.V.)

Torwart Barthez (M.), Ribery und Makelele an den Pfosten beim Ausgleichstreffer durch Marco Materazzi in der 19. Min.

TABELLE E		Spiele	Tore	Punkte
1.	Italien	3	5:1	7
2.	Ghana	3	4:3	6
3.	Tschechien	3	3:4	3
4.	USA	3	2:6	1

TABELLE F		Spiele	Tore	Punkte
1.	Brasilien	3	7:1	9
2.	Australien	3	5:5	4
3.	Kroatien	3	2:3	2
4.	Japan	3	2:7	1

TABELLE G		Spiele	Tore	Punkte
1.	Schweiz	3	4:0	7
2.	Frankreich	3	3:1	5
3.	Südkorea	3	3:4	4
4.	Togo	3	1:6	0

TABELLE H		Spiele	Tore	Punkte
1.	Spanien	3	8:1	9
2.	Ukraine	3	5:4	6
3.	Tunesien	3	3:6	1
4.	Saudi-Arabien	3	2:7	1

ANGOLA

GRUPPE D

Angola am 11. Juni 2006 in Köln vor dem ersten Spiel gegen Portugal (0:1). Stehend (v.l.): Joao Ricardo, Loco, Luis Manuel Delgado, Joao Pereira Jamba, Kali, Akwa; vorn (v.l.): Paulo Figueiredo, António Mendonca, Zé Kalanga, Mateus, Mantorras.

DER KAPITÄN

Akwa, erster Kapitän des ersten WM-Teams.

DER TRAINER

LUIS GONCALVES DE OLIVEIRA
Portugal
Geburtsdatum: 22.06.1960
Nationaltrainer seit Okt. 2003

Tor

Ricardo, Joao · 07.01.1970 · 1
180 cm · 80 kg · vereinslos

E	EW	AW	G	G/R	R	T	V	WMS/T	LS/T
3	0	0	1	0	0	0	0	0/0	26/0

Lama, Luis Joao · 01.02.1981 · 12
184 cm · 94 kg · Petro Atletico de Luanda

E	EW	AW	G	G/R	R	T	V	WMS/T	LS/T
0	0	0	0	0	0	0	0	0/0	9/0

Hipolito, Mario · 01.06.1985 · 22
184 cm · 84 kg · Interclube de Luanda

E	EW	AW	G	G/R	R	T	V	WMS/T	LS/T
0	0	0	0	0	0	0	0	0/0	1/0

Abwehr

Airosa, Marcos · 06.08.1984 · 2
178 cm · 75 kg · FC Barreirense

E	EW	AW	G	G/R	R	T	V	WMS/T	LS/T
0	0	0	0	0	0	0	0	0/0	2/0

Jamba, Joao · 10.07.1977 · 3
182 cm · 79 kg · AS Aviacao Luanda

E	EW	AW	G	G/R	R	T	V	WMS/T	LS/T
3	0	0	1	0	0	0	0	0/0	35/0

Lebo, Lebo · 29.05.1977 · 4
178 cm · 79 kg · Petro Atletico

E	EW	AW	G	G/R	R	T	V	WMS/T	LS/T
0	0	0	0	0	0	0	0	0/0	15/0

Kali · 11.10.1978 · 5
178 cm · 80 kg · FC Barreirense

E	EW	AW	G	G/R	R	T	V	WMS/T	LS/T
3	0	0	0	0	0	0	0	0/0	21/0

Rui, Marques · 03.09.1977 · 15
185 cm · 79 kg · FC Hull City

E	EW	AW	G	G/R	R	T	V	WMS/T	LS/T
2	2	0	0	0	0	0	0	0/0	1/0

Loco · 25.12.1984 · 20
180 cm · 82 kg · Primeiro Agosto

E	EW	AW	G	G/R	R	T	V	WMS/T	LS/T
3	0	0	2	0	0	0	0	0/0	11/0

Delgado, Luis Manuel · 01.11.1979 · 21
178 cm · 78 kg · CD 1°Agosto Luanda

E	EW	AW	G	G/R	R	T	V	WMS/T	LS/T
3	0	0	1	0	0	0	0	0/0	17/0

Abreu, Marco · 08.12.1974 · 23
179 cm · 78 kg · SC Portimonense

E	EW	AW	G	G/R	R	T	V	WMS/T	LS/T
0	0	0	0	0	0	0	0	0/0	3/0

Mittelfeld

Miloy · 27.05.1981 · 6
182 cm · 84 kg · GD Interclube

E	EW	AW	G	G/R	R	T	V	WMS/T	LS/T
3	0	2	0	0	0	0	0	0/0	11/0

Figueiredo, Paulo · 28.11.1972 · 7
170 cm · 75 kg · SC Varzim

E	EW	AW	G	G/R	R	T	V	WMS/T	LS/T
3	0	3	0	0	0	0	0	0/0	22/2

André, Makanga · 14.05.1978 · 8
175 cm · 74 kg · Al-Kuwait SC

E	EW	AW	G	G/R	R	T	V	WMS/T	LS/T
2	0	0	1	1	0	0	0	0/0	33/0

Edson · 02.03.1980 · 13
174 cm · 67 kg · Pacos Ferreira

E	EW	AW	G	G/R	R	T	V	WMS/T	LS/T
1	1	0	0	0	0	0	0	0/0	7/0

Mendonca, António · 09.10.1982 · 14
178 cm · 70 kg · SC Varzim

E	EW	AW	G	G/R	R	T	V	WMS/T	LS/T
3	0	0	1	0	0	0	0	0/0	34/3

Zé Kalanga · 12.10.1983 · 17
170 cm · 75 kg · Petro Atletico

E	EW	AW	G	G/R	R	T	V	WMS/T	LS/T
3	0	2	2	0	0	0	1	0/0	23/4

Sturm

Mantorras · 18.03.1982 · 9
179 cm · 77 kg · Benfica Lissabon

E	EW	AW	G	G/R	R	T	V	WMS/T	LS/T
2	2	0	0	0	0	0	0	0/0	11/3

Akwa · 30.05.1977 · 10
181 cm · 81 kg · Al-Wakra

E	EW	AW	G	G/R	R	T	V	WMS/T	LS/T
3	0	2	0	0	0	0	0	0/0	77/36

Mateus · 19.06.1984 · 11
174 cm · 74 kg · Gil Vicente

E	EW	AW	G	G/R	R	T	V	WMS/T	LS/T
3	0	2	0	0	0	0	0	0/0	4/2

Flavio · 30.12.1979 · 16
175 cm · 75 kg · Al Ahly

E	EW	AW	G	G/R	R	T	V	WMS/T	LS/T
1	1	0	0	0	0	1	0	0/0	46/13

Love · 14.03.1979 · 18
178 cm · 78 kg · AS Aviacao

E	EW	AW	G	G/R	R	T	V	WMS/T	LS/T
1	1	0	0	0	0	0	0	0/0	35/6

Buengo, André · 11.02.1980 · 19
189 cm · 87 kg · Clermont Foot

E	EW	AW	G	G/R	R	T	V	WMS/T	LS/T
0	0	0	0	0	0	0	0	0/0	2/0

Legende: E: Einsätze · EW: eingewechselt · AW: ausgewechselt · G (Karten): Gelb · G/R: Gelb-Rot · R: Rot
T: Tore · V: Vorlagen zu Toren · WMS/T: WM-Spiele/WM-Tore vor 2006 · LS/T: Länderspiele/Tore vor WM 2006

ARGENTINIEN

Tor

Abbondanzieri, Roberto · 19.08.1972 · 1

186 cm · 83 kg · Boca Juniors

E	EW	AW	G	G/R	R	T	V	WMS/T	LS/T
5	0	1	0	0	0	0	0	0/0	22/0

Franco, Leonardo · 20.05.1977 · 12

188 cm · 79 kg · Athletico Madrid

E	EW	AW	G	G/R	R	T	V	WMS/T	LS/T
1	1	0	0	0	0	0	0	0/0	3/0

Ustari, Oscar · 03.07.1986 · 23

182 cm · 82 kg · Independiente

E	EW	AW	G	G/R	R	T	V	WMS/T	LS/T
0	0	0	0	0	0	0	0	0/0	0/0

Abwehr

Ayala, Roberto · 14.04.1973 · 2

178 cm · 85 kg · FC Valencia

E	EW	AW	G	G/R	R	T	V	WMS/T	LS/T
5	0	0	0	0	0	1	0	5(98)/0	100/6

Sorin, Juan Pablo · 05.05.1976 · 3

173 cm · 67 kg · FC Villarreal

E	EW	AW	G	G/R	R	T	V	WMS/T	LS/T
4	0	0	2	0	0	0	1	3(02)/0	71/11

Coloccini, Fabricio · 22.01.1982 · 4

182 cm · 78 kg · Deportivo La Coruna

E	EW	AW	G	G/R	R	T	V	WMS/T	LS/T
2	1	0	0	0	0	0	0	0/0	23/1

Heinze, Gabriel · 19.04.1978 · 6

178 cm · 72 kg · Manchester United

E	EW	AW	G	G/R	R	T	V	WMS/T	LS/T
4	0	0	2	0	0	0	0	0/0	29/1

Militio, Gabriel Alejandro · 07.09.1980 · 15

176 cm · 70 kg · Real Saragossa

E	EW	AW	G	G/R	R	T	V	WMS/T	LS/T
1	0	0	0	0	0	0	0	0/0	15/0

Cufre, Leandro Damian · 09.05.1978 · 17

176 cm · 76 kg · AS Rom

E	EW	AW	G	G/R	R	T	V	WMS/T	LS/T
1	0	0	0	0	1	0	0	0/0	2/0

Burdisso, Nicolas Andres · 12.04.1981 · 21

183 cm · 81 kg · Inter Mailand

E	EW	AW	G	G/R	R	T	V	WMS/T	LS/T
3	0	1	0	0	0	0	0	0/0	8/0

Mittelfeld

Cambiasso, Esteban · 18.08.1980 · 5

177 cm · 33 kg · Inter Mailand

E	EW	AW	G	G/R	R	T	V	WMS/T	LS/T
5	2	1	1	0	0	1	0	0/0	22/1

Mascherano, Javier · 08.06.1984 · 8

171 cm · 68 kg · Corinthians Sao Paolo

E	EW	AW	G	G/R	R	T	V	WMS/T	LS/T
5	0	0	2	0	0	0	0	0/0	15/0

Riquelme, Juan Roman · 24.06.1978 · 10

182 cm · 79 kg · FC Villarreal

E	EW	AW	G	G/R	R	T	V	WMS/T	LS/T
5	0	3	0	0	0	0	3	0/0	31/8

Scaloni, Lionel Sebastián · 16.05.1978 · 13

182 cm · 79 kg · West Ham United

E	EW	AW	G	G/R	R	T	V	WMS/T	LS/T
1	0	0	0	0	0	0	0	0/0	6/0

Aimar, Pablo Cesar · 03.11.1979 · 16

170 cm · 62 kg · FC Valencia

E	EW	AW	G	G/R	R	T	V	WMS/T	LS/T
3	3	0	0	0	0	0	0	0/0	40/7

Rodriguez, Maxi · 02.01.1981 · 18

180 cm · 79 kg · Atletico Madrid

E	EW	AW	G	G/R	R	T	V	WMS/T	LS/T
5	0	1	1	0	0	3	0	0/0	13/3

Gonzalez, Luis Oscar · 19.01.1981 · 22

185 cm · 75 kg · FC Porto

E	EW	AW	G	G/R	R	T	V	WMS/T	LS/T
3	1	1	1	0	0	0	0	0/0	27/5

Sturm

Saviola, Javier · 11.12.1981 · 7

168 cm · 60 kg · FC Sevilla

E	EW	AW	G	G/R	R	T	V	WMS/T	LS/T
3	0	3	1	0	0	1	2	0/0	31/9

Crespo, Hernan · 05.07.1975 · 9

184 cm · 79 kg · Chelsea London

E	EW	AW	G	G/R	R	T	V	WMS/T	LS/T
4	0	3	1	0	0	3	1	3(02)/1	55/29

Tevez, Carlos · 05.02.1984 · 11

168 cm · 67 kg · Corinthians Sao Paolo

E	EW	AW	G	G/R	R	T	V	WMS/T	LS/T
4	2	0	0	0	0	1	1	0/0	21/3

Palacio, Rodrigo · 05.02.1982 · 14

175 cm · 66 kg · Boca Juniors

E	EW	AW	G	G/R	R	T	V	WMS/T	LS/T
1	1	0	0	0	0	0	0	0/0	2/0

Messi, Lionel · 24.06.1987 · 19

169 cm · 67 kg · FC Barcelona

E	EW	AW	G	G/R	R	T	V	WMS/T	LS/T
3	2	1	0	0	0	1	1	0/0	7/1

Cruz, Julio Ricardo · 10.10.1974 · 20

190 cm · 78 kg · Inter Mailand

E	EW	AW	G	G/R	R	T	V	WMS/T	LS/T
2	2	0	1	0	0	0	0	0/0	15/3

GRUPPE C

Argentinien am 24. Juni 2006 in Leipzig vor dem Achtelfinale gegen Mexiko (2:1 n.V.). Stehend (v.l.): Juan Pablo Sorin, Gabriel Heinze, Lionel Scaloni, Roberto Abbondanzieri, Juan Roman Riquelme, Roberto Ayala; vorn (v.l.): Maxi Rodriguez, Javier Saviola, Esteban Cambiasso, Hernan Crespo, Javier Alejandro Mascherano.

DER KAPITÄN

Juan Pablo Sorin: bereits 1995 Junioren-Spielführer.

DER TRAINER

JOSE PEKERMAN
Argentinien
Geburtsdatum:
03.09.1949
Nationaltrainer
seit Herbst 2004

AUSTRALIEN

GRUPPE F

Australien am 12. Juni 2006 in Kaiserslautern vor dem ersten Spiel gegen Japan (3:1). Stehend (v.l.): Vincenzo Grella, Mark Viduka, Mark Schwarzer, Brett Emerton, Scott Chipperfield, Harry Kewell; vorn (v.l.): Lucas Neill, Jason Culina, Luke Wilkshire, Craig Moore, Mark Bresciano.

DER KAPITÄN

Mark Viduka, Stürmer kroatischer Abstammung.

DER TRAINER

GUUS HIDDINK
Niederlande
Geburtsdatum: 08.11.1946
Nationaltrainer seit 2005

Tor

Schwarzer, Mark · 06.10.1972 · 1
196 cm · 95 kg · FC Middlesbrough

E	EW	AW	G	G/R	R	T	V	WMS/T	LS/T
3	0	0	0	0	0	0	0	0/0	37/0

Covic, Ante · 13.06.1975 · 12
192 cm · 89 kg · Hammarby IF

E	EW	AW	G	G/R	R	T	V	WMS/T	LS/T
0	0	0	0	0	0	0	0	0/0	1/0

Kalac, Zeljko · 16.12.1972 · 18
202 cm · 95 kg · AC Mailand

E	EW	AW	G	G/R	R	T	V	WMS/T	LS/T
1	0	0	0	0	0	0	0	0/0	52/0

Abwehr

Neill, Lucas · 09.03.1978 · 2
185 cm · 78 kg · Blackburn Rovers

E	EW	AW	G	G/R	R	T	V	WMS/T	LS/T
4	0	0	0	0	0	0	0	0/0	25/0

Moore, Craig · 12.12.1975 · 3
186 cm · 76 kg · Newcastle United

E	EW	AW	G	G/R	R	T	V	WMS/T	LS/T
4	0	2	1	0	0	1	0	0/0	33/2

Popovic, Tony · 04.07.1973 · 6
194 cm · 88 kg · Crystal Palace

E	EW	AW	G	G/R	R	T	V	WMS/T	LS/T
1	0	1	0	0	0	0	0	0/0	56/7

Beauchamp, Michael · 08.03.1981 · 16
191 cm · 85 kg · Central Coast

E	EW	AW	G	G/R	R	T	V	WMS/T	LS/T
0	0	0	0	0	0	0	0	0/0	2/0

Milligan, Mark · 04.08.1985 · 22
180 cm · 80 kg · FC Sydney

E	EW	AW	G	G/R	R	T	V	WMS/T	LS/T
0	0	0	0	0	0	0	0	0/0	1/0

Mittelfeld

Cahill, Tim · 06.12.1979 · 4
178 cm · 69 kg · FC Everton

E	EW	AW	G	G/R	R	T	V	WMS/T	LS/T
4	1	1	2	0	0	2	0	0/0	16/9

Culina, Jason · 05.08.1980 · 5
175 cm · 72 kg · PSV Eindhoven

E	EW	AW	G	G/R	R	T	V	WMS/T	LS/T
4	0	0	1	0	0	0	0	0/0	13/1

Emerton, Brett · 22.02.1979 · 7
188 cm · 75 kg · Blackburn Rovers

E	EW	AW	G	G/R	R	T	V	WMS/T	LS/T
3	0	0	1	1	0	0	0	0/0	48/11

Skoko, Josip · 10.12.1975 · 8
177 cm · 77 kg · Stoke City

E	EW	AW	G	G/R	R	T	V	WMS/T	LS/T
0	0	0	0	0	0	0	0	0/0	46/9

Kewell, Harry · 22.09.1978 · 10
183 cm · 74 kg · FC Liverpool

E	EW	AW	G	G/R	R	T	V	WMS/T	LS/T
3	1	0	0	0	0	1	0	0/0	20/6

Lazaridis, Stan · 16.08.1972 · 11
175 cm · 75 kg · Birmingham City

E	EW	AW	G	G/R	R	T	V	WMS/T	LS/T
0	0	0	0	0	0	0	0	0/0	59/0

Grella, Vincenzo · 05.10.1979 · 13
179 cm · 79 kg · FC Parma

E	EW	AW	G	G/R	R	T	V	WMS/T	LS/T
4	0	1	2	0	0	0	0	0/0	17/0

Chipperfield, Scott · 30.12.1975 · 14
180 cm · 80 kg · FC Basel 0 0/0

E	EW	AW	G	G/R	R	T	V	WMS/T	LS/T
4	0	1	0	0	0	0	0	0/0	46/11

Wilkshire, Luke · 02.10.1981 · 20
176 cm · 72 kg · Bristol City

E	EW	AW	G	G/R	R	T	V	WMS/T	LS/T
2	0	1	1	0	0	0	0	0/0	8/0

Sterjovski, Mile · 27.05.1979 · 21
185 cm · 81 kg · FC Basel

E	EW	AW	G	G/R	R	T	V	WMS/T	LS/T
3	0	2	0	0	0	0	0	0/0	22/4

Bresciano, Mark · 11.02.1980 · 23
182 cm · 73 kg · FC Parma

E	EW	AW	G	G/R	R	T	V	WMS/T	LS/T
4	2	1	0	0	0	0	0	0/0	24/7

Sturm

Viduka, Mark · 09.10.1975 · 9
188 cm · 91 kg · FC Middlesbrough

E	EW	AW	G	G/R	R	T	V	WMS/T	LS/T
4	0	0	0	0	0	0	0	0/0	33/6

Aloisi, John · 05.02.1976 · 15
185 cm · 80 kg · Deportivo Alaves

E	EW	AW	G	G/R	R	T	V	WMS/T	LS/T
4	4	0	1	0	0	1	2	0/0	41/23

Thompson, Archie · 23.10.1978 · 17
179 cm · 70 kg · PSV Eindhoven

E	EW	AW	G	G/R	R	T	V	WMS/T	LS/T
0	0	0	0	0	0	0	0	0/0	20/21

Kennedy, Joshua · 20.08.1982 · 19
194 cm · 84 kg · Dynamo Dresden

E	EW	AW	G	G/R	R	T	V	WMS/T	LS/T
2	2	0	0	0	0	0	0	0/0	1/1

BRASILIEN

GRUPPE F

Brasilien am 13. Juni 2006 in Berlin vor dem ersten Spiel gegen Kroatien (1:0). Stehend (v.l.): Dida, Lucio, Juan, Adriano, Emerson, Cafu; vorn (v.l.): Ronaldinho, Roberto Carlos, Kaka, Ze Roberto, Ronaldo.

Tor

Dida · 07.10.1973 · 1

195 cm · 85 kg · AC Mailand

E	EW	AW	G	G/R	R	T	V	WMS/T	LS/T
5	1	0	0	0	0	0	0	0/0	86/0

Rogerio Ceni · 22.01.1973 · 12

188 cm · 85 kg · FC Sao Paulo

E	EW	AW	G	G/R	R	T	V	WMS/T	LS/T
1	0	1	0	0	0	0	0	0/0	15/0

Julio Cesar · 03.09.1979 · 22

184 cm · 84 kg · Inter Mailand

E	EW	AW	G	G/R	R	T	V	WMS/T	LS/T
0	0	0	0	0	0	0	0	0/0	16/1

Abwehr

Cafu · 19.06.1970 · 2

176 cm · 75 kg · AC Mailand

E	EW	AW	G	G/R	R	T	V	WMS/T	LS/T
4	0	1	2	0	0	0	2	16(94-02)/0	138/5

Lucio · 08.05.1978 · 3

188 cm · 84 kg · FC Bayern München

E	EW	AW	G	G/R	R	T	V	WMS/T	LS/T
5	0	0	1	0	0	0	0	7(02)/0	50/2

Juan · 01.02.1979 · 4

181 cm · 73 kg · Bayer 04 Leverkusen

E	EW	AW	G	G/R	R	T	V	WMS/T	LS/T
5	0	0	2	0	0	0	1	0/0	38/2

Roberto Carlos · 10.04.1973 · 6

168 cm · 70 kg · Real Madrid

E	EW	AW	G	G/R	R	T	V	WMS/T	LS/T
4	0	0	0	0	0	0	0	13(98-02)/1	121/11

Cicinho · 24.06.1980 · 13

171 cm · 68 kg · Real Madrid

E	EW	AW	G	G/R	R	T	V	WMS/T	LS/T
2	1	0	0	0	0	0	1	0/0	10/1

Luisao · 13.02.1981 · 14

192 cm · 81 kg · Benfica Lissabon

E	EW	AW	G	G/R	R	T	V	WMS/T	LS/T
0	0	0	0	0	0	0	0	0/0	19/1

Cris · 03.06.1977 · 15

183 cm · 77 kg · Olympique Lyon

E	EW	AW	G	G/R	R	T	V	WMS/T	LS/T
0	0	0	0	0	0	0	0	0/0	16/1

Gilberto · 25.04.1976 · 16

180 cm · 78 kg · Hertha BSC Berlin

E	EW	AW	G	G/R	R	T	V	WMS/T	LS/T
1	0	0	1	0	0	1	1	0/0	9/0

Mittelfeld

Emerson · 04.04.1976 · 5

179 cm · 82 kg · Juventus Turin

E	EW	AW	G	G/R	R	T	V	WMS/T	LS/T
3	0	2	1	0	0	0	0	0/0	70/6

Kaka · 15.05.1982 · 8

183 cm · 79 kg · AC Mailand

E	EW	AW	G	G/R	R	T	V	WMS/T	LS/T
5	0	3	0	0	0	1	1	1(02)/0	38/13

Ronaldinho · 21.03.1980 · 10

181 cm · 76 kg · FC Barcelona

E	EW	AW	G	G/R	R	T	V	WMS/T	LS/T
5	0	1	0	0	0	0	1	5(02)/2	63/27

Ze Roberto · 06.07.1974 · 11

172 cm · 72 kg · FC Bayern München

E	EW	AW	G	G/R	R	T	V	WMS/T	LS/T
5	1	0	0	0	0	1	0	1(98)/0	79/5

Gilberto Silva · 07.10.1976 · 17

191 cm · 79 kg · Arsenal London

E	EW	AW	G	G/R	R	T	V	WMS/T	LS/T
4	2	0	0	0	0	0	0	0/0	36/3

Mineiro · 02.08.1975 · 18

169 cm · 65 kg · FC Sao Paulo

E	EW	AW	G	G/R	R	T	V	WMS/T	LS/T
0	0	0	0	0	0	0	0	0/0	2/0

Juninho · 30.01.1975 · 19

178 cm · 71 kg · Olympique Lyon

E	EW	AW	G	G/R	R	T	V	WMS/T	LS/T
3	1	1	0	0	0	1	0	0/0	37/5

Ricardinho · 23.05.1976 · 20

176 cm · 72 kg · Corinthians Sao Paolo

E	EW	AW	G	G/R	R	T	V	WMS/T	LS/T
2	2	0	0	0	0	0	1	3(02)/0	19/1

Sturm

Adriano · 17.02.1982 · 7

189 cm · 86 kg · Inter Mailand

E	EW	AW	G	G/R	R	T	V	WMS/T	LS/T
4	1	2	1	0	0	2	0	0/0	32/23

Ronaldo · 22.09.1976 · 9

183 cm · 89 kg · Real Madrid

E	EW	AW	G	G/R	R	T	V	WMS/T	LS/T
5	0	2	2	0	0	3	1	14(98-02)/12	92/59

Fred · 03.10.1983 · 21

185 cm · 75 kg · Olympique Lyon

E	EW	AW	G	G/R	R	T	V	WMS/T	LS/T
1	1	0	0	0	0	1	0	0/0	3/2

Robinho · 25.01.1984 · 23

172 cm · 62 kg · Real Madrid

E	EW	AW	G	G/R	R	T	V	WMS/T	LS/T
4	3	0	1	0	0	0	1	0/0	23/5

DER KAPITÄN

Cafu bestritt seine vierte Weltmeisterschaft.

DER TRAINER

CARLOS ALBERTO PARREIRA
Brasilien
Geburtsdatum: 27.02.1943
Nationaltrainer seit 2002

COSTA RICA

GRUPPE A

Costa Rica am 9. Juni 2006 in München vor dem ersten Spiel gegen Deutschland (2:4). Stehend (v.l.): José Francisco Porras, Douglas Sequeira, Paulo Wanchope, Leonardo Gonzalez, Mauricio Solis, Luis Marin, Ronald Gomez; vorn (v.l.): Gilberto Martinez, Michael Umana, Dany Fonseca, Walter Centeno.

DER KAPITÄN

Luis Marin führte einen Kader ohne Legionäre.

DER TRAINER

ALEXANDRE GUIMARAES
Costa Rica
Geburtsdatum: 07.11.1959
Nationaltrainer seit Januar 2001

Tor

Mesen, Alvaro · 24.12.1972 · 1
181 cm · 85 kg · CS Herediano

E	EW	AW	G	G/R	R	T	V	WMS/T	LS/T
0	0	0	0	0	0	0	0	0/0	38/0

Porras, Jose · 11.08.1970 · 18
184 cm · 81 kg · Deportivo Saprissa

E	EW	AW	G	G/R	R	T	V	WMS/T	LS/T
3	0	0	0	0	0	0	0	0/0	16/0

Alfaro, Wardy · 31.12.1977 · 23
180 cm · 70 kg · LD Alajuelense

E	EW	AW	G	G/R	R	T	V	WMS/T	LS/T
0	0	0	0	0	0	0	0	0/0	2/0

Abwehr

Drummond, Jervis · 08.09.1976 · 2
172 cm · 73 kg · Deportivo Saprissa

E	EW	AW	G	G/R	R	T	V	WMS/T	LS/T
2	1	1	0	0	0	0	0	0/0	56/1

Marin, Luis · 10.08.1974 · 3
180 cm · 80 kg · LD Alajuelense

E	EW	AW	G	G/R	R	T	V	WMS/T	LS/T
3	0	0	2	0	0	0	0	3(02)/0	120/5

Umana, Michael · 16.07.1982 · 4
180 cm · 78 kg · Brujas de Escazu

E	EW	AW	G	G/R	R	T	V	WMS/T	LS/T
3	0	0	1	0	0	0	0	0/0	18/0

Martinez, Gilberto · 01.10.1979 · 5
172 cm · 73 kg · Brescia Calcio

E	EW	AW	G	G/R	R	T	V	WMS/T	LS/T
1	0	1	0	0	0	0	0	3(02)/0	57/0

Gonzalez, Leonardo · 17.02.1984 · 12
186 cm · 76 kg · CS Herediano

E	EW	AW	G	G/R	R	T	V	WMS/T	LS/T
3	0	1	1	0	0	0	0	0/0	36/0

Wallace, Harold · 07.09.1975 · 15
176 cm · 74 kg · LD Alajuelense

E	EW	AW	G	G/R	R	T	V	WMS/T	LS/T
2	1	0	0	0	0	0	0	3(02)/0	78/1

Badilla, Gabriel · 30.06.1984 · 17
181 cm · 73 kg · Deportivo Saprissa

E	EW	AW	G	G/R	R	T	V	WMS/T	LS/T
1	0	0	1	0	0	0	0	0/0	7/0

Rodriguez, Michael · 30.12.1981 · 22
174 cm · 76 kg · LD Alajuelense

E	EW	AW	G	G/R	R	T	V	WMS/T	LS/T
0	0	0	0	0	0	0	0	0/0	3/0

Mittelfeld

Fonseca, Dany · 07.11.1979 · 6
177 cm · 77 kg · Cartagines

E	EW	AW	G	G/R	R	T	V	WMS/T	LS/T
2	0	1	1	0	0	0	0	0/0	22/2

Bolanos, Christian · 17.05.1984 · 7
178 cm · 67 kg · Deportivo Saprissa

E	EW	AW	G	G/R	R	T	V	WMS/T	LS/T
2	1	1	0	0	0	0	0	0/0	16/1

Solis, Mauricio · 13.12.1972 · 8
179 cm · 78 kg · CSD Comunicaciones

E	EW	AW	G	G/R	R	T	V	WMS/T	LS/T
3	0	1	1	0	0	0	0	3(02)/0	107/6

Azofeifa, Randall · 30.12.1984 · 14
182 cm · 83 kg · Deportivo Saprissa

E	EW	AW	G	G/R	R	T	V	WMS/T	LS/T
1	1	0	0	0	0	0	0	0/0	5/0

Hernandez, Carlos · 09.04.1982 · 16
179 cm · 72 kg · LD Alajuelense

E	EW	AW	G	G/R	R	T	V	WMS/T	LS/T
2	2	0	0	0	0	0	0	0/0	17/6

Sequeira, Douglas · 23.08.1977 · 20
186 cm · 81 kg · Real Salt Lake

E	EW	AW	G	G/R	R	T	V	WMS/T	LS/T
2	0	0	0	0	0	0	0	0/0	29/2

Sturm

Wanchope, Paulo · 31.07.1976 · 9
186 cm · 83 kg · CS Herediano

E	EW	AW	G	G/R	R	T	V	WMS/T	LS/T
3	0	0	0	0	0	2	0	3(02)/1	69/43

Centeno, Walter · 06.10.1974 · 10
174 cm · 70 kg · Deportivo Saprissa

E	EW	AW	G	G/R	R	T	V	WMS/T	LS/T
3	0	1	0	0	0	0	1	3(02)/0	93/15

Gomez, Ronald · 24.01.1975 · 11
187 cm · 92 kg · Deportivo Saprissa

E	EW	AW	G	G/R	R	T	V	WMS/T	LS/T
3	0	2	1	0	0	1	1	3(02)/2	80/23

Bernard, Kurt · 08.08.1977 · 13
185 cm · 85 kg · Puntarenas

E	EW	AW	G	G/R	R	T	V	WMS/T	LS/T
1	1	0	0	0	0	0	0	0/0	3/0

Saborio, Alvaro · 25.03.1982 · 19
183 cm · 77 kg · Deportivo Saprissa

E	EW	AW	G	G/R	R	T	V	WMS/T	LS/T
2	2	0	0	0	0	0	0	0/0	23/7

Nunez, Victor · 15.04.1980 · 21
178 cm · 81 kg · Cartagines

E	EW	AW	G	G/R	R	T	V	WMS/T	LS/T
0	0	0	0	0	0	0	0	0/0	3/0

Tor

Lehmann, Jens · 10.11.1969 · 1

193 cm · 86 kg · Arsenal London

E	EW	AW	G	G/R	R	T	V	WMS/T	LS/T
6	0	0	0	0	0	0	0	0/0	32/0

Kahn, Oliver · 15.06.1969 · 12

188 cm · 91 kg · FC Bayern München

E	EW	AW	G	G/R	R	T	V	WMS/T	LS/T
1	0	0	0	0	0	0	0	7(02)/0	85/0

Hildebrand, Timo · 05.04.1979 · 23

185 cm · 79 kg · VfB Stuttgart

E	EW	AW	G	G/R	R	T	V	WMS/T	LS/T
0	0	0	0	0	0	0	0	0/0	3/0

Abwehr

Jansen, Marcell · 04.11.1985 · 2

190 cm · 84 kg · Borussia Mönchengladbach

E	EW	AW	G	G/R	R	T	V	WMS/T	LS/T
1	0	0	0	0	0	0	0	0/0	7/0

Friedrich, Arne · 29.05.1979 · 3

185 cm · 78 kg · Hertha BSC Berlin

E	EW	AW	G	G/R	R	T	V	WMS/T	LS/T
6	0	1	1	0	0	0	0	0/0	36/0

Huth, Robert · 18.08.1984 · 4

188 cm · 82 kg · Chelsea London

E	EW	AW	G	G/R	R	T	V	WMS/T	LS/T
1	0	0	0	0	0	0	0	0/0	16/2

Nowotny, Jens · 10.01.1974 · 6

187 cm · 87 kg · Bayer Leverkusen

E	EW	AW	G	G/R	R	T	V	WMS/T	LS/T
1	0	0	0	0	0	0	0	0/0	46/1

Lahm, Philipp · 11.11.1983 · 16

170 cm · 62 kg · FC Bayern München

E	EW	AW	G	G/R	R	T	V	WMS/T	LS/T
7	0	0	0	0	0	1	0	0/0	18/1

Mertesacker, Per · 29.09.1984 · 17

198 cm · 90 kg · Hannover 96

E	EW	AW	G	G/R	R	T	V	WMS/T	LS/T
6	0	0	0	0	0	0	0	0/0	23/1

Metzelder, Christoph · 05.11.1980 · 21

193 cm · 84 kg · Borussia Dortmund

E	EW	AW	G	G/R	R	T	V	WMS/T	LS/T
6	0	0	2	0	0	0	0	7(02)/0	22/0

Mittelfeld

Kehl, Sebastian · 13.02.1980 · 5

188 cm · 80 kg · Borussia Dortmund

E	EW	AW	G	G/R	R	T	V	WMS/T	LS/T
4	2	0	0	0	0	0	0	2(02)/0	27/3

Schweinsteiger, Bastian · 01.08.1984 · 7

181 cm · 77 kg · FC Bayern München

E	EW	AW	G	G/R	R	T	V	WMS/T	LS/T
7	1	4	1	0	0	2	4	0/0	28/7

Frings, Torsten · 22.11.1976 · 8

182 cm · 80 kg · Werder Bremen

E	EW	AW	G	G/R	R	T	V	WMS/T	LS/T
6	0	2	2	0	0	1	0	7(02)/0	52/7

Ballack, Michael · 26.09.1976 · 13

189 cm · 84 kg · FC Bayern München

E	EW	AW	G	G/R	R	T	V	WMS/T	LS/T
5	0	0	1	0	0	0	1	6(02)/3	65/31

Hitzlsperger, Thomas · 05.04.1982 · 15

182 cm · 75 kg · VfB Stuttgart

E	EW	AW	G	G/R	R	T	V	WMS/T	LS/T
1	1	0	0	0	0	0	0	0/0	15/0

Borowski, Tim · 02.05.1980 · 18

194 cm · 86 kg · Werder Bremen

E	EW	AW	G	G/R	R	T	V	WMS/T	LS/T
6	4	2	2	0	0	0	1	0/0	20/2

Schneider, Bernd · 17.11.1973 · 19

176 cm · 64 kg · Bayer Leverkusen

E	EW	AW	G	G/R	R	T	V	WMS/T	LS/T
7	0	4	0	0	0	0	1	7(02)/1	64/1

Odonkor, David · 21.02.1984 · 22

172 cm · 74 kg · Borussia Dortmund

E	EW	AW	G	G/R	R	T	V	WMS/T	LS/T
4	4	0	2	0	0	0	1	0/0	1/0

Sturm

Hanke, Mike · 05.11.1983 · 9

185 cm · 85 kg · VfL Wolfsburg

E	EW	AW	G	G/R	R	T	V	WMS/T	LS/T
1	1	0	0	0	0	0	0	0/0	6/1

Neuville, Oliver · 01.05.1973 · 10

171 cm · 66 kg · Borussia Mönchengladbach

E	EW	AW	G	G/R	R	T	V	WMS/T	LS/T
7	7	0	0	0	0	1	0	6(02)/1	55/8

Klose, Miroslav · 09.06.1978 · 11

182 cm · 81 kg · Werder Bremen

E	EW	AW	G	G/R	R	T	V	WMS/T	LS/T
7	0	5	0	0	0	5	2	7(02)/5	55/24

Asamoah, Gerald · 03.10.1978 · 14

180 cm · 85 kg · FC Schalke 04

E	EW	AW	G	G/R	R	T	V	WMS/T	LS/T
1	1	0	0	0	0	0	0	3(02)/0	40/6

Podolski, Lukas · 04.06.1985 · 20

180 cm · 81 kg · 1. FC Köln

E	EW	AW	G	G/R	R	T	V	WMS/T	LS/T
7	0	3	1	0	0	3	0	0/0	25/12

GRUPPE A

Deutschland am 9. Juni 2006 in München vor dem ersten Spiel gegen Costa Rica (4:2). Stehend (v.l.): Tim Borowski, Christoph Metzelder, Jens Lehmann, Arne Friedrich, Per Mertesacker, Bastian Schweinsteiger; vorn (v.l.): Lukas Podolski, Torsten Frings, Bernd Schneider, Philipp Lahm, Miroslav Klose.

DER KAPITÄN

Michael Ballack war 2002 im Finale gesperrt.

DER TRAINER

JÜRGEN KLINSMANN
Geburtsdatum: 30.07.1964
Nationaltrainer seit Juli 2004

ECUADOR

GRUPPE A

Ecuador am 9. Juni 2006 in Gelsenkirchen vor dem ersten Spiel gegen Polen (2:0). Stehend (v.l.): Geovanny Espinoza, Ivan Hurtado, Cristian Mora, Carlos Tenorio, Edwin Tenorio; vorn (v.l.): Agustin Delgado, Neicer Reasco, Edison Mendez, Luis Valencia, Segundo Castillo, Ulises de la Cruz .

DER KAPITÄN

Ivan Hurtado: bereits 133 Einsätze für Ecuador.

DER TRAINER

LUIS SUAREZ
Kolumbien
Geburtsdatum: 23.12.1959
Nationaltrainer seit Juli 2004

Tor

Villafuerte, Edwin · 12.03.1979 · 1
180 cm · 80 kg · Barcelona SC

E	EW	AW	G	G/R	R	T	V	WMS/T	LS/T
0	0	0	0	0	0	0	0	0/0	15/0

Mora, Cristian · 28.08.1982 · 12
186 cm · 76 kg · LDU Quito

E	EW	AW	G	G/R	R	T	V	WMS/T	LS/T
4	0	0	1	0	0	0	0	0/0	8/0

Lanza, Damian · 10.04.1982 · 22
189 cm · 86 kg · SD Aucas

E	EW	AW	G	G/R	R	T	V	WMS/T	LS/T
0	0	0	0	0	0	0	0	0/0	5/0

Abwehr

Guagua, Jorge · 28.09.1981 · 2
179 cm · 85 kg · El Nacional

E	EW	AW	G	G/R	R	T	V	WMS/T	LS/T
3	0	2	0	0	0	0	0	0/0	18/1

Hurtado, Ivan · 16.08.1974 · 3
180 cm · 77 kg · Al-Arabi

E	EW	AW	G	G/R	R	T	V	WMS/T	LS/T
3	0	1	1	0	0	0	0	3(02)/0	130/5

de la Cruz, Ulises · 08.02.1974 · 4
178 cm · 74 kg · Aston Villa

E	EW	AW	G	G/R	R	T	V	WMS/T	LS/T
4	0	0	2	0	0	0	0	3(02)/0	84/5

Perlaza, Jose · 06.10.1981 · 5
193 cm · 80 kg · CD Olmedo

E	EW	AW	G	G/R	R	T	V	WMS/T	LS/T
0	0	0	0	0	0	0	0	0/0	3/0

Ambrossi, Paul Vicente · 14.10.1980 · 13
177 cm · 71 kg · LDU Quito

E	EW	AW	G	G/R	R	T	V	WMS/T	LS/T
1	0	0	0	0	0	0	0	0/0	24/0

Espinoza, Geovanny · 12.04.1977 · 17
189 cm · 89 kg · LDU Quito

E	EW	AW	G	G/R	R	T	V	WMS/T	LS/T
4	0	1	0	0	0	0	0	0/0	56/2

Reasco, Neicer · 23.07.1977 · 18
170 cm · 71 kg · LDU Quito

E	EW	AW	G	G/R	R	T	V	WMS/T	LS/T
3	0	0	0	0	0	0	0	0/0	31/0

Mittelfeld

Urrutia, Patricio · 15.10.1977 · 6
178 cm · 72 kg · LDU Quito

E	EW	AW	G	G/R	R	T	V	WMS/T	LS/T
3	3	0	0	0	0	0	0	0/0	6/0

Lara, Christian · 27.04.1980 · 7
162 cm · 60 kg · El Nacional

E	EW	AW	G	G/R	R	T	V	WMS/T	LS/T
2	2	0	0	0	0	0	0	0/0	19/3

Mendez, Edison · 16.03.1979 · 8
170 cm · 65 kg · LDU Quito

E	EW	AW	G	G/R	R	T	V	WMS/T	LS/T
4	0	0	1	0	0	0	2	3(02)/1	64/10

Castillo, Segundo · 15.05.1982 · 14
178 cm · 77 kg · El Nacional

E	EW	AW	G	G/R	R	T	V	WMS/T	LS/T
3	0	0	1	0	0	0	0	0/0	11/1

Ayovi, Marlon · 27.08.1971 · 15
176 cm · 74 kg · CS Deportivo Quito

E	EW	AW	G	G/R	R	T	V	WMS/T	LS/T
1	0	1	0	0	0	0	0	3(02)/0	74/5

Valencia, Luis · 05.08.1985 · 16
180 cm · 77 kg · Recreativo Huelva

E	EW	AW	G	G/R	R	T	V	WMS/T	LS/T
4	0	2	2	0	0	0	1	0/0	17/3

Saritama, Luis · 20.10.1983 · 19
175 cm · 70 kg · CS Deportivo Quito

E	EW	AW	G	G/R	R	T	V	WMS/T	LS/T
0	0	0	0	0	0	0	0	0/0	15/0

Tenorio, Edwin · 16.06.1976 · 20
172 cm · 64 kg · Barcelona SC

E	EW	AW	G	G/R	R	T	V	WMS/T	LS/T
4	0	1	0	0	0	0	0	2(02)/0	68/0

Sturm

Borja, Felix · 02.04.1983 · 9
180 cm · 70 kg · El Nacional

E	EW	AW	G	G/R	R	T	V	WMS/T	LS/T
1	0	1	0	0	0	0	0	0/0	6/1

Kaviedes, Ivan · 24.10.1977 · 10
182 cm · 71 kg · Argentinos Juniors

E	EW	AW	G	G/R	R	T	V	WMS/T	LS/T
4	3	0	0	0	0	1	1	2(02)/0	44/13

Delgado, Agustin · 23.12.1974 · 11
187 cm · 83 kg · LDU Quito

E	EW	AW	G	G/R	R	T	V	WMS/T	LS/T
3	0	1	0	0	0	2	1	3(02)/1	68/29

Tenorio, Carlos · 14.05.1979 · 21
182 cm · 79 kg · Al-Sadd

E	EW	AW	G	G/R	R	T	V	WMS/T	LS/T
3	0	3	1	0	0	2	0	3(02)/0	29/5

Benitez, Christian · 01.05.1986 · 23
179 cm · 67 kg · El Nacional

E	EW	AW	G	G/R	R	T	V	WMS/T	LS/T
1	1	0	0	0	0	0	0	0/0	5/0

ELFENBEINKÜSTE

GRUPPE C

Elfenbeinküste am 10. Juni 2006 in Hamburg vor dem ersten Spiel gegen Argentinien (1:2). Stehend (v.l.): Bonaventure Kalou, Kanga Akale, Yaya Toure, Abdoulaye Meite, Kolo Toure, Jean-Jacques Tizie; vorn (v.l.): Emmanuel Eboue, Didier Zokora, Didier Drogba, Arthur Boka, Kader Keita.

Tor

Tizie, Jean-Jacques · 07.09.1972 · 1

181 cm · 80 kg · Esperance Tunis

E	EW	AW	G	G/R	R	T	V	WMS/T	LS/T
2	0	0	0	0	0	0	0	0/0	24/0

Gnanhouan, Gerard · 12.02.1979 · 16

180 cm · 76 kg · HSC Montpellier

E	EW	AW	G	G/R	R	T	V	WMS/T	LS/T
0	0	0	0	0	0	0	0	0/0	6/0

Boubacar, Barry · 30.12.1979 · 23

178 cm · 70 kg · KSK Beveren

E	EW	AW	G	G/R	R	T	V	WMS/T	LS/T
1	0	0	0	0	0	0	0	0/0	6/0

Abwehr

Boka, Arthur · 2.04.1983 · 3

166 cm · 67 kg · Racing Straßburg

E	EW	AW	G	G/R	R	T	V	WMS/T	LS/T
3	0	0	1	0	0	0	0	0/0	23/1

Toure, Kolo · 19.03.1981 · 4

183 cm · 74 kg · Arsenal London

E	EW	AW	G	G/R	R	T	V	WMS/T	LS/T
2	0	0	0	0	0	0	0	0/0	42/1

Kouassi, Blaise · 02.02.1974 · 6

180 cm · 75 kg · ES Troyes AC

E	EW	AW	G	G/R	R	T	V	WMS/T	LS/T
1	0	0	0	0	0	0	0	0/0	36/0

Meite, Abdoulaye · 06.10.1980 · 12

185 cm · 82 kg · Olympique Marseille

E	EW	AW	G	G/R	R	T	V	WMS/T	LS/T
2	0	0	0	0	0	0	0	0/0	18/0

Zoro, Marc · 27.11.1983 · 13

182 cm · 75 kg · FC Messina

E	EW	AW	G	G/R	R	T	V	WMS/T	LS/T
0	0	0	0	0	0	0	0	0/0	13/0

Domoraud, Cyril · 22.07.1971 · 17

180 cm · 75 kg · US Creteil

E	EW	AW	G	G/R	R	T	V	WMS/T	LS/T
1	0	0	0	1	0	0	0	0/0	50/0

Demel, Guy · 13.06.1981 · 20

189 cm · 85 kg · Hamburger SV

E	EW	AW	G	G/R	R	T	V	WMS/T	LS/T
0	0	0	0	0	0	0	0	0/0	7/0

Eboue, Emmanuel · 04.06.1983 · 21

178 cm · 65 kg · Arsenal London

E	EW	AW	G	G/R	R	T	V	WMS/T	LS/T
3	0	0	1	0	0	0	0	0/0	11/0

Mittelfeld

Zokora, Didier · 14.12.1980 · 5

179 cm · 70 kg · AS St. Etienne

E	EW	AW	G	G/R	R	T	V	WMS/T	LS/T
3	0	0	1	0	0	0	1	0/0	38/0

Fae, Emerse · 24.01.1984 · 7

173 cm · 70 kg · FC Nantes

E	EW	AW	G	G/R	R	T	V	WMS/T	LS/T
0	0	0	0	0	0	0	0	0/0	14/1

Kalou, Bonaventure · 12.01.1978 · 8

182 cm · 77 kg · Paris St. Germain

E	EW	AW	G	G/R	R	T	V	WMS/T	LS/T
2	1	1	0	0	0	1	0	0/0	49/11

Yapi-Yapo, Gilles · 30.01.1982 · 10

164 cm · 60 kg · Young Boys Bern

E	EW	AW	G	G/R	R	T	V	WMS/T	LS/T
1	1	0	0	0	0	0	0	0/0	26/2

Keita, Kader · 06.08.1981 · 18

184 cm · 78 kg · OSC Lille

E	EW	AW	G	G/R	R	T	V	WMS/T	LS/T
2	0	2	1	0	0	0	1	0/0	26/6

Toure, Yaya · 13.05.1983 · 19

187 cm · 78 kg · Olympiakos Piräus

E	EW	AW	G	G/R	R	T	V	WMS/T	LS/T
3	0	0	0	0	0	0	0	0/0	14/2

Sturm

Akale, Kanga · 07.03.1981 · 2

179 cm · 69 kg · AJ Auxerre

E	EW	AW	G	G/R	R	T	V	WMS/T	LS/T
3	1	2	0	0	0	0	0	0/0	22/3

Kone, Arouna · 11.11.1983 · 9

182 cm · 75 kg · PSV Eindhoven

E	EW	AW	G	G/R	R	T	V	WMS/T	LS/T
3	1	1	0	0	0	0	0	0/0	17/2

Drogba, Didier · 11.03.1978 · 11

188 cm · 83 kg · Chelsea London

E	EW	AW	G	G/R	R	T	V	WMS/T	LS/T
2	0	0	2	0	0	1	0	0/0	32/23

Kone, Bakary · 17.09.1981 · 14

163 cm · 60 kg · OGC Nizza

E	EW	AW	G	G/R	R	T	V	WMS/T	LS/T
3	2	1	0	0	0	1	0	0/0	16/3

Dindane, Aruna · 26.11.1980 · 15

173 cm · 70 kg · RC Lens

E	EW	AW	G	G/R	R	T	V	WMS/T	LS/T
3	2	0	1	0	0	2	1	0/0	34/11

Romaric, Ndri · 04.06.1983 · 22

187 cm · 88 kg · UC Le Mans

E	EW	AW	G	G/R	R	T	V	WMS/T	LS/T
1	0	1	0	0	0	0	0	0/0	8/0

DER KAPITÄN

Didier Drogba, zu Hause schon eine Fußball-Legende.

DER TRAINER

HENRI MICHEL
Frankreich
Geburtsdatum: 20.10.1974
Nationaltrainer seit 2004

ENGLAND

GRUPPE B

England am 10. Juni 2006 in Frankfurt vor dem ersten Spiel gegen Paraguay (1:0). Stehend (v.l.): Paul Robinson, John Terry, Rio Ferdinand, Steven Gerrard, Peter Crouch, Frank Lampard; vorn (v.l.): Joe Cole, David Beckham, Gary Neville, Ashley Cole, Michael Owen.

DER KAPITÄN

David Beckham: drei Mal dabei, drei Treffer.

DER TRAINER

SVEN-GÖRAN ERIKSSON
Schweden
Geburtsdatum: 05.02.1948
Nationaltrainer seit 2001

Tor

Robinson, Paul · 15.10.1979 · 1
191 cm · 89 kg · Tottenham Hotspur

E	EW	AW	G	G/R	R	T	V	WMS/T	LS/T
5	0	0	1	0	0	0	0	0/0	21/0

James, David · 01.08.1970 · 13
196 cm · 91 kg · Manchester City

E	EW	AW	G	G/R	R	T	V	WMS/T	LS/T
0	0	0	0	0	0	0	0	0/0	34/0

Carson, Scott · 03.09.1985 · 22
190 cm · 85 kg · FC Liverpool

E	EW	AW	G	G/R	R	T	V	WMS/T	LS/T
0	0	0	0	0	0	0	0	0/0	0/0

Abwehr

Neville, Gary · 18.02.1975 · 2
178 cm · 74 kg · Manchester United

E	EW	AW	G	G/R	R	T	V	WMS/T	LS/T
2	0	0	0	0	0	0	0	0/0	79/0

Cole, Ashley · 20.12.1980 · 3
173 cm · 67 kg · Arsenal London

E	EW	AW	G	G/R	R	T	V	WMS/T	LS/T
5	0	0	0	0	0	0	0	5(02)/0	46/0

Ferdinand, Rio · 07.11.1978 · 5
188 cm · 77 kg · Manchester United

E	EW	AW	G	G/R	R	T	V	WMS/T	LS/T
5	0	1	0	0	0	0	0	5(02)/1	47/1

Terry, John · 07.12.1980 · 6
188 cm · 87 kg · Chelsea London

E	EW	AW	G	G/R	R	T	V	WMS/T	LS/T
5	0	0	2	0	0	0	0	0/0	24/1

Campbell, Sol · 18.09.1974 · 12
188 cm · 89 kg · Arsenal London

E	EW	AW	G	G/R	R	T	V	WMS/T	LS/T
1	1	0	0	0	0	0	0	9(98-02)/1	68/1

Bridge, Wayne · 05.08.1980 · 14
178 cm · 76 kg · FC Fulham

E	EW	AW	G	G/R	R	T	V	WMS/T	LS/T
0	0	0	0	0	0	0	0	0/0	23/1

Carragher, Jamie · 28.01.1978 · 15
183 cm · 76 kg · FC Liverpool

E	EW	AW	G	G/R	R	T	V	WMS/T	LS/T
4	2	1	1	0	0	0	0	0/0	25/0

Mittelfeld

Gerrard, Steven · 30.05.1980 · 4
188 cm · 83 kg · FC Liverpool

E	EW	AW	G	G/R	R	T	V	WMS/T	LS/T
5	1	1	1	0	0	2	0	0/0	42/7

Beckham, David · 02.05.1975 · 7
183 cm · 80 kg · Real Madrid

E	EW	AW	G	G/R	R	T	V	WMS/T	LS/T
5	0	2	0	0	0	1	3	7(98-02)/2	89/16

Lampard, Frank · 20.06.1978 · 8
183 cm · 84 kg · Chelsea London

E	EW	AW	G	G/R	R	T	V	WMS/T	LS/T
5	0	0	1	0	0	0	0	0/0	40/11

Cole, Joe · 08.11.1981 · 11
175 cm · 76 kg · Chelsea London

E	EW	AW	G	G/R	R	T	V	WMS/T	LS/T
5	0	4	0	0	0	1	1	1(02)/0	32/5

Hargreaves, Owen · 20.01.1981 · 16
180 cm · 76 kg · FC Bayern München

E	EW	AW	G	G/R	R	T	V	WMS/T	LS/T
4	1	0	2	0	0	0	0	2(02)/0	30/0

Jenas, Jermaine · 18.02.1983 · 17
180 cm · 74 kg · Tottenham Hotspur

E	EW	AW	G	G/R	R	T	V	WMS/T	LS/T
0	0	0	0	0	0	0	0	0/0	15/0

Carrick, Michael · 28.07.1981 · 18
183 cm · 75 kg · Tottenham Hotspur

E	EW	AW	G	G/R	R	T	V	WMS/T	LS/T
1	0	0	0	0	0	0	0	0/0	6/0

Lennon, Aaron · 16.04.1987 · 19
165 cm · 63 kg · Tottenham Hotspur

E	EW	AW	G	G/R	R	T	V	WMS/T	LS/T
3	3	1	0	0	0	0	0	0/0	1/0

Downing, Stewart · 22.07.1984 · 20
180 cm · 64 kg · FC Middlesbrough

E	EW	AW	G	G/R	R	T	V	WMS/T	LS/T
3	3	0	0	0	0	0	0	0/0	2/0

Sturm

Rooney, Wayne · 24.10.1985 · 9
180 cm · 75 kg · Manchester United

E	EW	AW	G	G/R	R	T	V	WMS/T	LS/T
4	1	1	0	0	1	0	0	0/0	29/11

Owen, Michael · 14.12.1979 · 10
175 cm · 68 kg · Newcastle United

E	EW	AW	G	G/R	R	T	V	WMS/T	LS/T
3	0	3	0	0	0	0	0	7(98-02)/4	77/36

Crouch, Peter · 30.01.1981 · 21
198 cm · 79 kg · FC Liverpool

E	EW	AW	G	G/R	R	T	V	WMS/T	LS/T
4	2	0	1	0	0	1	0	0/0	7/5

Walcott, Theo · 16.03.1989 · 23
176 cm · 68 kg · Arsenal London

E	EW	AW	G	G/R	R	T	V	WMS/T	LS/T
0	0	0	0	0	0	0	0	0/0	1/0

FRANKREICH

Tor

Landreau, Mickael · 14.05.1979 · 1

184 cm · 80 kg · FC Nantes

E	EW	AW	G	G/R	R	T	V	WMS/T	LS/T
0	0	0	0	0	0	0	0	0/0	3/0

Barthez, Fabien · 28.06.1971 · 16

183 cm · 76 kg · Olympique Marseille

E	EW	AW	G	G/R	R	T	V	WMS/T	LS/T
7	0	0	0	0	0	0	0	10(98-02)/0	80/0

Coupet, Gregory · 31.12.1972 · 23

181 cm · 80 kg · Olympique Lyon

E	EW	AW	G	G/R	R	T	V	WMS/T	LS/T
0	0	0	0	0	0	0	0	0/0	18/0

Abwehr

Boumsong, Jean-Alain · 14.12.1979 · 2

190 cm · 88 kg · Newcastle United

E	EW	AW	G	G/R	R	T	V	WMS/T	LS/T
0	0	0	0	0	0	0	0	0/0	19/1

Abidal, Eric · 11.07.1979 · 3

186 cm · 78 kg · Olympique Lyon

E	EW	AW	G	G/R	R	T	V	WMS/T	LS/T
6	0	0	2	0	0	0	0	0/0	8/0

Gallas, William · 17.08.1977 · 5

180 cm · 72 kg · Chelsea London

E	EW	AW	G	G/R	R	T	V	WMS/T	LS/T
7	0	0	0	0	0	0	0	0/0	40/1

Silvestre, Mikael · 09.08.1977 · 13

184 cm · 82 kg · Manchester United

E	EW	AW	G	G/R	R	T	V	WMS/T	LS/T
1	0	0	0	0	0	0	0	0/0	39/2

Thuram, Lilian · 01.01.1972 · 15

185 cm · 79 kg · Juventus Turin

E	EW	AW	G	G/R	R	T	V	WMS/T	LS/T
7	0	0	1	0	0	0	0	9(98-02)/2	114/2

Givet, Gael · 09.10.1981 · 17

181 cm · 81 kg · AS Monaco Osaka

E	EW	AW	G	G/R	R	T	V	WMS/T	LS/T
0	0	0	0	0	0	0	0	0/0	11/0

Sagnol, Willy · 18.03.1977 · 19

182 cm · 81 kg · FC Bayern München

E	EW	AW	G	G/R	R	T	V	WMS/T	LS/T
7	0	0	3	0	0	0	0	0/0	38/0

Chimbonda, Pascal · 21.02.1979 · 21

182 cm · 75 kg · Wigan Athletics

E	EW	AW	G	G/R	R	T	V	WMS/T	LS/T
0	0	0	0	0	0	0	0	0/0	1/0

Mittelfeld

Vieira, Patrick · 23.06.1976 · 4

191 cm · 81 kg · Juventus Turin

E	EW	AW	G	G/R	R	T	V	WMS/T	LS/T
7	0	2	1	0	0	2	2	4(98-02)/0	87/4

Makelele, Claude · 18.02.1973 · 6

174 cm · 76 kg · Chelsea London

E	EW	AW	G	G/R	R	T	V	WMS/T	LS/T
7	0	0	2	0	0	0	0	1(02)/0	43/0

Malouda, Florent · 13.06.1980 · 7

184 cm · 73 kg · Olympique Lyon

E	EW	AW	G	G/R	R	T	V	WMS/T	LS/T
6	0	5	1	0	0	0	1	0/0	13/2

Dhorasoo, Vikash · 10.10.1973 · 8

168 cm · 63 kg · Paris St. Germain

E	EW	AW	G	G/R	R	T	V	WMS/T	LS/T
2	2	0	0	0	0	0	0	0/0	16/1

Zidane, Zinedine · 23.06.1972 · 10

185 cm · 78 kg · Real Madrid

E	EW	AW	G	G/R	R	T	V	WMS/T	LS/T
6	0	1	3	0	1	3	2	6(98-02)/2	102/28

Diarra, Alou · 15.07.1981 · 18

190 cm · 79 kg · RC Lens

E	EW	AW	G	G/R	R	T	V	WMS/T	LS/T
2	2	0	0	0	0	0	0	0/0	9/0

Sturm

Govou, Sidney · 27.07.1979 · 9

175 cm · 72 kg · Olympique Lyon

E	EW	AW	G	G/R	R	T	V	WMS/T	LS/T
4	4	0	0	0	0	0	0	0/0	19/3

Wiltord, Sylvain · 10.05.1974 · 11

174 cm · 76 kg · Olympique Lyon

E	EW	AW	G	G/R	R	T	V	WMS/T	LS/T
7	5	2	0	0	0	0	2	3(02)/0	80/26

Henry, Thierry · 17.08.1977 · 12

188 cm · 83 kg · Arsenal London

E	EW	AW	G	G/R	R	T	V	WMS/T	LS/T
7	0	4	0	0	0	3	1	5(98-02)/3	78/33

Saha, Louis · 08.08.1978 · 14

181 cm · 73 kg · Manchester United

E	EW	AW	G	G/R	R	T	V	WMS/T	LS/T
3	3	0	2	0	0	0	0	0/0	9/2

Trezeguet, David · 15.10.1977 · 20

187 cm · 75 kg · Juventus Turin

E	EW	AW	G	G/R	R	T	V	WMS/T	LS/T
3	2	0	0	0	0	0	0	5(98-02)/0	63/32

Ribery, Franck · 01.04.1983 · 22

170 cm · 62 kg · Olympique Marseille

E	EW	AW	G	G/R	R	T	V	WMS/T	LS/T
7	1	5	1	0	0	1	1	0/0	3/0

GRUPPE G

Frankreich am 13. Juni 2006 in Stuttgart vor dem ersten Spiel gegen die Schweiz (0:0). Stehend (v.l.): Eric Abidal, William Gallas, Lilian Thuram, Patrick Vieira, Franck Ribery, Zinedine Zidane; vorn (v.l.): Sylvain Wiltord, Claude Makelele, Fabien Barthez, Willy Sagnol, Thierry Henry.

DER KAPITÄN

Zinedine Zidane, in seiner letzten WM bester Spieler.

DER TRAINER

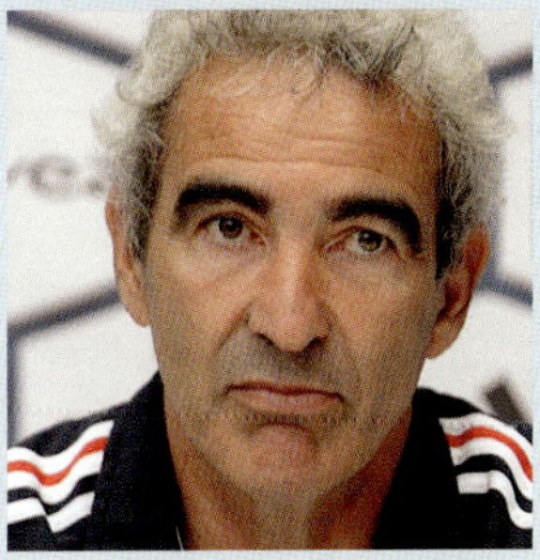

RAYMOND DOMENECH
Frankreich
Geburtsdatum: 24.01.1952
Nationaltrainer seit Juli 2004

GHANA

GRUPPE E

Ghana am 12. Juni 2006 in Hannover vor dem ersten Spiel gegen Italien (0:2). Stehend (v.l.): John Paintsil, Stephen Appiah, Samuel Osei Kuffour, Eric Addo, John Mensah, Richard Kingston; vorn (v.l.): Asamoah Gyan, Michael Essien, Emmanuel Pappoe, Matthew Amoah, Sulley Ali Muntari.

■ DER KAPITÄN

Stephen Appiah stürmte gleich bis ins Achtelfinale.

■ DER TRAINER

RATOMIR DUJKOVIC
Kroatien
Geburtsdatum: 24.02.1946
Nationaltrainer seit Dez. 2004

Tor

Adjei, Sam · 01.09.1980 · 1
186 cm · 80 kg · SC Ashdod

E	EW	AW	G	G/R	R	T	V	WMS/T	LS/T
0	0	0	0	0	0	0	0	0/0	31/0

Owu, George · 17.07.1982 · 16
179 cm · 70 kg · Ashanti Gold FC

E	EW	AW	G	G/R	R	T	V	WMS/T	LS/T
0	0	0	0	0	0	0	0	0/0	6/0

Kingston, Richard · 13.06.1978 · 22
190 cm · 84 kg · Ankaraspor

E	EW	AW	G	G/R	R	T	V	WMS/T	LS/T
4	0	0	0	0	0	0	0	0/0	33/0

Abwehr

Sarpei, Hans · 28.06.1976 · 2
178 cm · 78 kg · VfL Wolfsburg

E	EW	AW	G	G/R	R	T	V	WMS/T	LS/T
0	0	0	0	0	0	0	0	0/0	7/0

Kuffour, Samuel Osei · 03.09.1976 · 4
178 cm · 75 kg · AS Rom

E	EW	AW	G	G/R	R	T	V	WMS/T	LS/T
1	0	0	0	0	0	0	0	0/0	58/3

Mensah, John · 29.11.1982 · 5
177 cm · 72 kg · Stade Rennes

E	EW	AW	G	G/R	R	T	V	WMS/T	LS/T
4	0	0	1	0	0	0	0	0/0	33/0

Pappoe, Emmanuel · 03.03.1981 · 6
169 cm · 63 kg · Hapoel Kfar Sava

E	EW	AW	G	G/R	R	T	V	WMS/T	LS/T
2	0	1	0	0	0	0	0	0/0	27/0

Illiasu, Shilla · 26.10.1982 · 7
188 cm · 80 kg · Asante Kotoko

E	EW	AW	G	G/R	R	T	V	WMS/T	LS/T
4	1	0	1	0	0	0	0	0/0	2/0

Mohammed, Habib · 10.12.1983 · 13
178 cm · 70 kg · King Faisal

E	EW	AW	G	G/R	R	T	V	WMS/T	LS/T
2	0	0	1	0	0	0	0	0/0	1/0

Paintsil, John · 15.06.1981 · 15
178 cm · 71 kg · Hapoel Tel Aviv

E	EW	AW	G	G/R	R	T	V	WMS/T	LS/T
3	0	0	1	0	0	0	0	0/0	21/0

Quaye, Daniel · 25.12.1980 · 17
178 cm · 75 kg · Hearts of Oak

E	EW	AW	G	G/R	R	T	V	WMS/T	LS/T
0	0	0	0	0	0	0	0	0/0	7/0

Ahmed, Issah · 24.05.1982 · 21
185 cm · 79 kg · Randers FC

E	EW	AW	G	G/R	R	T	V	WMS/T	LS/T
0	0	0	0	0	0	0	0	0/0	10/0

Mittelfeld

Essien, Michael · 08.12.1982 · 8
180 cm · 77 kg · Chelsea London

E	EW	AW	G	G/R	R	T	V	WMS/T	LS/T
3	0	0	2	0	0	0	0	0/0	17/4

Boateng, Derek · 02.05.1983 · 9
185 cm · 78 kg · AIK Stockholm

E	EW	AW	G	G/R	R	T	V	WMS/T	LS/T
3	2	1	1	0	0	0	0	0/0	11/3

Appiah, Stephen · 24.12.1980 · 10
178 cm · 78 kg · Fenerbahce Istanbul

E	EW	AW	G	G/R	R	T	V	WMS/T	LS/T
4	0	0	2	0	0	1	1	0/0	42/11

Muntari, Sulley Ali · 27.08.1984 · 11
179 cm · 76 kg · Udinese Calcio

E	EW	AW	G	G/R	R	T	V	WMS/T	LS/T
3	0	0	3	0	0	1	0	0/0	16/5

Addo, Eric · 12.11.1978 · 18
182 cm · 70 kg · PSV Eindhoven

E	EW	AW	G	G/R	R	T	V	WMS/T	LS/T
4	2	1	1	0	0	0	0	0/0	6/0

Addo, Otto · 09.06.1975 · 20
189 cm · 78 kg · FSV Mainz 05

E	EW	AW	G	G/R	R	T	V	WMS/T	LS/T
2	1	1	1	0	0	0	0	0/0	13/1

Dramani, Haminu · 28.04.1986 · 23
173 cm · 67 kg · Roter Stern Belgrad

E	EW	AW	G	G/R	R	T	V	WMS/T	LS/T
2	0	1	0	0	0	1	0	0/0	7/0

Sturm

Gyan, Asamoah · 22.11.1985 · 3
186 cm · 77 kg · FC Modena

E	EW	AW	G	G/R	R	T	V	WMS/T	LS/T
3	0	2	2	1	0	1	1	0/0	13/8

Tachie-Mensah, Alex · 15.02.1977 · 12
178 cm · 78 kg · FC St. Gallen

E	EW	AW	G	G/R	R	T	V	WMS/T	LS/T
3	3	0	0	0	0	0	0	0/0	5/0

Amoah, Matthew · 24.10.1980 · 14
177 cm · 70 kg · Borussia Dortmund

E	EW	AW	G	G/R	R	T	V	WMS/T	LS/T
4	0	4	0	0	0	0	0	0/0	16/7

Pimpong, Razak · 30.12.1982 · 19
177 cm · 76 kg · FC Kopenhagen

E	EW	AW	G	G/R	R	T	V	WMS/T	LS/T
3	2	0	0	0	0	0	1	0/0	4/0

IRAN

Tor

Mirzapour, Ebrahim · 16.09.1978 · 1

195 cm · 95 kg · Foulad

E	EW	AW	G	G/R	R	T	V	WMS/T	LS/T
3	0	0	0	0	0	0	0	0/0	65/0

Roudbarian, Hassan · 06.07.1978 · 12

179 cm · 77 kg · Pas Teheran

E	EW	AW	G	G/R	R	T	V	WMS/T	LS/T
0	0	0	0	0	0	0	0	0/0	3/0

Talebloo, Vahid · 26.05.1982 · 22

180 cm · 79 kg · Esteghlal Teheran

E	EW	AW	G	G/R	R	T	V	WMS/T	LS/T
0	0	0	0	0	0	0	0	0/0	1/0

Abwehr

Bakhtiarizadeh, Sohrab · 11.09.1977 · 3

183 cm · 78 kg · Saba Battery

E	EW	AW	G	G/R	R	T	V	WMS/T	LS/T
2	1	0	0	0	0	1	0	0/0	31/2

Golmohammadi, Yahya · 19.03.1971 · 4

178 cm · 76 kg · Saba Battery

E	EW	AW	G	G/R	R	T	V	WMS/T	LS/T
2	0	1	1	0	0	1	0	0/0	70/5

Rezaei, Rahman · 20.02.1975 · 5

189 cm · 82 kg · FC Messina

E	EW	AW	G	G/R	R	T	V	WMS/T	LS/T
3	0	0	0	0	0	0	1	0/0	44/3

Kaabi, Hossein · 23.09.1985 · 13

174 cm · 65 kg · Foulad

E	EW	AW	G	G/R	R	T	V	WMS/T	LS/T
3	0	1	1	0	0	0	0	0/0	45/1

Sadeqi, Amir Hossein · 06.09.1981 · 19

183 cm · 75 kg · Esteghlal Teheran

E	EW	AW	G	G/R	R	T	V	WMS/T	LS/T
0	0	0	0	0	0	0	0	0/0	1/0

Nosrati, Mohammad · 11.01.1982 · 20

185 cm · 76 kg · Pas Teheran

E	EW	AW	G	G/R	R	T	V	WMS/T	LS/T
3	0	2	0	0	0	0	0	0/0	45/3

Mittelfeld

Mahdavikia, Mehdi · 24.07.1977 · 2

172 cm · 72 kg · Hamburger SV

E	EW	AW	G	G/R	R	T	V	WMS/T	LS/T
3	0	0	0	0	0	0	1	3(98)/1	90/11

Nekounam, Javad · 07.09.1980 · 6

186 cm · 76 kg · Al-Wahda

E	EW	AW	G	G/R	R	T	V	WMS/T	LS/T
2	0	0	2	0	0	0	0	0/0	72/12

Zandi, Ferydoon · 26.04.1979 · 7

184 cm · 80 kg · 1. FC Kaiserslautern

E	EW	AW	G	G/R	R	T	V	WMS/T	LS/T
2	1	0	1	0	0	0	0	0/0	10/1

Karimi, Ali · 08.11.1978 · 8

185 cm · 86 kg · FC Bayern München

E	EW	AW	G	G/R	R	T	V	WMS/T	LS/T
2	0	2	0	0	0	0	0	0/0	91/33

Teymourian, Anderanik · 06.03.1983 · 14

180 cm · 73 kg · Abu Moslem

E	EW	AW	G	G/R	R	T	V	WMS/T	LS/T
3	0	0	1	0	0	0	0	0/0	8/1

Kazemian, Javad · 23.04.1981 · 17

173 cm · 78 kg · Pirouzi Teheran

E	EW	AW	G	G/R	R	T	V	WMS/T	LS/T
0	0	0	0	0	0	0	0	0/0	25/0

Navidkia, Moharram · 01.11.1982 · 18

182 cm · 72 kg · Sepahan Isfahan

E	EW	AW	G	G/R	R	T	V	WMS/T	LS/T
0	0	0	0	0	0	0	0	0/0	5/0

Madanchi, Mehrzad · 10.01.1985 · 21

180 cm · 74 kg · Pirouzi Teheran

E	EW	AW	G	G/R	R	T	V	WMS/T	LS/T
3	1	1	2	0	0	0	0	0/0	7/3

Sturm

Hashemian, Vahid · 21.07.1976 · 9

182 cm · 78 kg · Hannover 96

E	EW	AW	G	G/R	R	T	V	WMS/T	LS/T
3	0	1	0	0	0	0	0	0/0	29/11

Daei, Ali · 21.03.1969 · 10

192 cm · 81 kg · Saba Battery

E	EW	AW	G	G/R	R	T	V	WMS/T	LS/T
2	0	0	0	0	0	0	0	3(98)/0	148/109

Khatibi, Rasoul · 22.09.1978 · 11

172 cm · 72 kg · Pas Teheran

E	EW	AW	G	G/R	R	T	V	WMS/T	LS/T
2	2	0	0	0	0	0	0	0/0	12/1

Borhani, Arash · 14.09.1983 · 15

175 cm · 72 kg · Pas Teheran

E	EW	AW	G	G/R	R	T	V	WMS/T	LS/T
2	2	0	0	0	0	0	0	0/0	21/8

Enayati, Reza · 23.09.1976 · 16

178 cm · 75 kg · Esteghlal Teheran

E	EW	AW	G	G/R	R	T	V	WMS/T	LS/T
0	0	0	0	0	0	0	0	0/0	15/4

Shojae, Masoud · 09.06.1984 · 23

179 cm · 69 kg · Saipa Karadj

E	EW	AW	G	G/R	R	T	V	WMS/T	LS/T
1	1	0	0	0	0	0	0	0/0	3/0

GRUPPE D

Iran am 11. Juni 2006 in Nürnberg vor dem ersten Spiel gegen den Mexiko (1:3). Stehend (v.l.): Ali Daei, Ebrahim Mirzapour, Yahya Golmohammadi, Rahman Rezaei, Rahman, Vahid Hashemian, Javad Nekounam; vorn (v.l.): Anderanik Teymourian, Ali Karimi, Mehdi Mahdavikia, Hossein Kaabi, Mohammad Nosrati.

DER KAPITÄN

Ali Daei, der iranische »Altstar« (37).

DER TRAINER

BRANKO IVANKOVIC
Kroatien
Geburtsdatum: 28.02.1954
Nationaltrainer seit 2002

ITALIEN

GRUPPE E

Italien am 12. Juni 2006 in Hannover vor dem ersten Spiel gegen Ghana (2:0). Stehend (v.l.): Alessandro Nesta, Cristian Zaccardo, Alberto Gilardino, Fabio Grosso, Luca Toni, Gianluigi Buffon; vorn (v.l.): Daniele de Rossi, Andrea Pirlo, Fabio Cannavaro, Simone Perrotta, Francesco Totti.

DER KAPITÄN

Fabio Cannavaro, in seiner 3. WM der Abwehrchef.

DER TRAINER

MARCELLO LIPPI
Italien
Geburtsdatum: 11.04.1948
Nationaltrainer seit Juli 2004

Tor

Buffon, Gianluigi · 28.01.1978 · 1

190 cm · 87 kg · Juventus Turin

E	EW	AW	G	G/R	R	T	V	WMS/T	LS/T
7	0	0	0	0	0	0	0	4(02)/0	60/0

Peruzzi, Angelo · 16.02.1970 · 12

181 cm · 88 kg · Lazio Rom

E	EW	AW	G	G/R	R	T	V	WMS/T	LS/T
0	0	0	0	0	0	0	0	0/0	31/0

Amelia, Marco · 02.04.1982 · 14

188 cm · 78 kg · Livorno Calcio

E	EW	AW	G	G/R	R	T	V	WMS/T	LS/T
0	0	0	0	0	0	0	0	0/0	1/0

Abwehr

Zaccardo, Cristian · 21.12.1981 · 2

184 cm · 77 kg · US Palermo

E	EW	AW	G	G/R	R	T	V	WMS/T	LS/T
3	1	1	0	0	0	0	0	0/0	12/1

Grosso, Fabio · 28.11.1977 · 3

190 cm · 79 kg · US Palermo

E	EW	AW	G	G/R	R	T	V	WMS/T	LS/T
6	0	0	1	0	0	1	1	0/0	17/1

Cannavaro, Fabio · 13.09.1973 · 5

176 cm · 75 kg · Juventus Turin

E	EW	AW	G	G/R	R	T	V	WMS/T	LS/T
7	0	0	0	0	0	0	0	8(98-02)/0	93/1

Barzagli, Andrea · 08.05.1981 · 6

186 cm · 79 kg · US Palermo

E	EW	AW	G	G/R	R	T	V	WMS/T	LS/T
2	1	0	0	0	0	0	0	0/0	8/0

Nesta, Alessandro · 19.03.1976 · 13

187 cm · 79 kg · AC Mailand

E	EW	AW	G	G/R	R	T	V	WMS/T	LS/T
3	0	1	0	0	0	0	0	5(98-02)/0	74/0

Zambrotta, Gianluca · 19.02.1977 · 19

181 cm · 68 kg · Juventus Turin

E	EW	AW	G	G/R	R	T	V	WMS/T	LS/T
6	0	0	3	0	0	1	1	4(02)/0	52/1

Oddo, Massimo · 14.06.1976 · 22

183 cm · 76 kg · Lazio Rom

E	EW	AW	G	G/R	R	T	V	WMS/T	LS/T
1	1	0	0	0	0	0	0	0/0	20/0

Materazzi, Marco · 19.08.1973 · 23

193 cm · 92 kg · Inter Mailand

E	EW	AW	G	G/R	R	T	V	WMS/T	LS/T
4	1	0	0	0	1	2	0	1(02)/0	28/0

Mittelfeld

de Rossi, Daniele · 24.07.1983 · 4

184 cm · 83 kg · AS Rom

E	EW	AW	G	G/R	R	T	V	WMS/T	LS/T
3	1	0	1	0	1	0	0	0/0	17/3

Gattuso, Gennaro · 09.01.1978 · 8

177 cm · 77 kg · AC Mailand

E	EW	AW	G	G/R	R	T	V	WMS/T	LS/T
6	1	1	2	0	0	0	0	2(02)/0	41/1

Camoranesi, Mauro · 04.10.1976 · 16

177 cm · 77 kg · Juventus Turin

E	EW	AW	G	G/R	R	T	V	WMS/T	LS/T
5	1	4	2	0	0	0	0	0/0	21/1

Barone, Simone · 30.04.1978 · 17

178 cm · 73 kg · US Palermo

E	EW	AW	G	G/R	R	T	V	WMS/T	LS/T
2	2	0	0	0	0	0	0	0/0	13/1

Perrotta, Simone · 17.09.1977 · 20

178 cm · 72 kg · AS Rom

E	EW	AW	G	G/R	R	T	V	WMS/T	LS/T
7	0	2	0	0	0	0	1	0/0	24/1

Pirlo, Andrea · 19.05.1979 · 21

177 cm · 68 kg · AC Mailand

E	EW	AW	G	G/R	R	T	V	WMS/T	LS/T
7	0	1	0	0	0	1	3	0/0	24/4

Sturm

del Piero, Alessandro · 09.11.1974 · 7

173 cm · 73 kg · Juventus Turin

E	EW	AW	G	G/R	R	T	V	WMS/T	LS/T
5	4	1	0	0	0	1	0	6(98-02)/1	74/25

Toni, Luca · 26.05.1977 · 9

193 cm · 88 kg · AC Florenz

E	EW	AW	G	G/R	R	T	V	WMS/T	LS/T
6	0	4	0	0	0	2	0	0/0	18/7

Totti, Francesco · 27.09.1976 · 10

180 cm · 82 kg · AS Rom

E	EW	AW	G	G/R	R	T	V	WMS/T	LS/T
7	1	3	1	0	0	1	4	4(02)/0	51/8

Gilardino, Alberto · 05.07.1982 · 11

184 cm · 76 kg · AC Mailand

E	EW	AW	G	G/R	R	T	V	WMS/T	LS/T
5	1	3	0	0	0	1	1	0/0	15/7

Iaquinta, Vincenzo · 21.11.1976 · 15

187 cm · 77 kg · Udinese Calcio

E	EW	AW	G	G/R	R	T	V	WMS/T	LS/T
5	5	0	1	0	0	1	0	0/0	12/0

Inzaghi, Filippo · 09.08.1973 · 18

181 cm · 74 kg · AC Mailand

E	EW	AW	G	G/R	R	T	V	WMS/T	LS/T
1	1	0	0	0	0	1	0	2(02)/0	49/21

Tor

Narazaki, Seigo · 15.04.1976 · 1

185 cm · 76 kg · Nagoya Grampus Eight

E	EW	AW	G	G/R	R	T	V	WMS/T	LS/T
0	0	0	0	0	0	0	0	4(02)/0	50/0

Doi, Yoichi · 25.07.1973 · 2

184 cm · 84 kg · FC Tokio

E	EW	AW	G	G/R	R	T	V	WMS/T	LS/T
0	0	0	0	0	0	0	0	0/0	4/0

Kawaguchi, Yoshikatsu · 15.08.1975 · 23

179 cm · 78 kg · Jubilo Iwata

E	EW	AW	G	G/R	R	T	V	WMS/T	LS/T
3	0	0	1	0	0	0	0	3(98)/0	89/0

Abwehr

Moniwa, Teruyuki · 08.09.1981 · 2

181 cm · 77 kg · FC Tokio

E	EW	AW	G	G/R	R	T	V	WMS/T	LS/T
1	1	1	1	0	0	0	0	0/0	8/1

Komano, Yuichi · 25.07.1981 · 3

171 cm · 73 kg · Sanfrecce Hiroshima

E	EW	AW	G	G/R	R	T	V	WMS/T	LS/T
1	0	0	0	0	0	0	0	0/0	8/0

Miyamoto, Tsuneyasu · 07.02.1977 · 5

176 cm · 72 kg · Gamba Osaka

E	EW	AW	G	G/R	R	T	V	WMS/T	LS/T
2	0	0	2	0	0	0	0	4(02)/0	69/3

Nakata, Koji · 09.07.1979 · 6

182 cm · 74 kg · FC Basel

E	EW	AW	G	G/R	R	T	V	WMS/T	LS/T
1	1	0	0	0	0	0	0	4(02)/0	55/2

Tsuboi, Keisuke · 16.09.1979 · 19

179 cm · 67 kg · Urawa Red Diamonds

E	EW	AW	G	G/R	R	T	V	WMS/T	LS/T
2	0	1	0	0	0	0	0	0/0	33/0

Kaji, Akira · 13.01.1980 · 21

177 cm · 73 kg · Gamba Osaka

E	EW	AW	G	G/R	R	T	V	WMS/T	LS/T
2	0	0	1	0	0	0	0	0/0	43/1

Nakazawa, Yuji · 25.02.1978 · 22

187 cm · 78 kg · Yokohama F-Marinos

E	EW	AW	G	G/R	R	T	V	WMS/T	LS/T
3	0	0	0	0	0	0	0	0/0	50/9

Mittelfeld

Endo, Yasuhito · 28.01.1980 · 4

178 cm · 75 kg · Gamba Osaka

E	EW	AW	G	G/R	R	T	V	WMS/T	LS/T
0	0	0	0	0	0	0	0	0/0	40/3

Nakata, Hidetoshi · 22.01.1977 · 7

175 cm · 72 kg · Bolton Wanderers

E	EW	AW	G	G/R	R	T	V	WMS/T	LS/T
3	0	0	0	0	0	0	0	7(98-02)/1	74/11

Ogasawara, Mitsuo · 05.04.1979 · 8

173 cm · 72 kg · Kashima Antlers

E	EW	AW	G	G/R	R	T	V	WMS/T	LS/T
2	0	1	0	0	0	0	0	1(02)/0	51/7

Nakamura, Shunsuke · 24.06.1978 · 10

178 cm · 73 kg · Celtic Glasgow

E	EW	AW	G	G/R	R	T	V	WMS/T	LS/T
3	0	0	0	0	0	1	0	0/0	60/15

Alex Santos · 20.07.1977 · 14

178 cm · 69 kg · Urawa Red Diamonds

E	EW	AW	G	G/R	R	T	V	WMS/T	LS/T
3	0	0	1	0	0	0	1	2(02)/0	72/5

Fukunishi, Takashi · 01.09.1976 · 15

181 cm · 77 kg · Jubilo Iwata

E	EW	AW	G	G/R	R	T	V	WMS/T	LS/T
2	0	1	0	0	0	0	0	1(02)/0	62/7

Inamoto, Junichi · 18.09.1979 · 17

181 cm · 75 kg · West Bromwich Albion

E	EW	AW	G	G/R	R	T	V	WMS/T	LS/T
2	1	0	0	0	0	0	0	4(02)/2	63/4

Ono, Shinji · 27.09.1979 · 18

175 cm · 74 kg · Urawa Red Diamonds

E	EW	AW	G	G/R	R	T	V	WMS/T	LS/T
1	1	0	0	0	0	0	0	4(02)/0	54/6

Sturm

Takahara, Naohiro · 04.06.1979 · 9

180 cm · 77 kg · Hamburger SV

E	EW	AW	G	G/R	R	T	V	WMS/T	LS/T
3	1	2	1	0	0	0	0	0/0	41/17

Maki, Seiichiro · 07.08.1980 · 11

184 cm · 77 kg · JEF United Chiba

E	EW	AW	G	G/R	R	T	V	WMS/T	LS/T
1	0	1	0	0	0	0	0	0/0	10/3

Yanagisawa, Atsushi · 27.05.1977 · 13

177 cm · 73 kg · FC Messina

E	EW	AW	G	G/R	R	T	V	WMS/T	LS/T
2	0	2	0	0	0	0	0	3(02)/0	56/17

Oguro, Masashi · 04.05.1980 · 16

177 cm · 74 kg · Grenoble Foot

E	EW	AW	G	G/R	R	T	V	WMS/T	LS/T
3	3	0	0	0	0	0	0	0/0	18/5

Tamada, Keiji · 04.11.1980 · 20

173 cm · 67 kg · Nagoya Grampus Eight

E	EW	AW	G	G/R	R	T	V	WMS/T	LS/T
2	1	0	0	0	0	1	0	0/0	39/8

GRUPPE F

Japan am 12. Juni 2006 in Kaiserslautern vor dem ersten Spiel gegen Australien (1:3). Stehend (v.l.): Takashi Fukunishi, Atsushi Yanagisawa, Shunsuke Nakamura, Keisuke Tsuboi, Yuji Nakazawa, Yoshikatsu Kawaguchi; vorn (v.l.): Hidetoshi Nakata, Yuichi Komano, Tsuneyasu Miyamoto, Naohiro Takahara, Alex Santos.

DER KAPITÄN

Tsuneyasu Miyamoto, 2002 der »Mann mit Maske«.

DER TRAINER

ZICO
Brasilien
Geburtsdatum: 03.03.1953
Nationaltrainer seit 2002

KROATIEN

GRUPPE F

Kroatien am 13. Juni 2006 in Berlin vor dem ersten Spiel gegen Brasilien (0:1). Stehend (v.l.): Josip Simunic, Stipe Pletikosa, Dado Prso, Igor Tudor, Marko Babic, Niko Kranjcar; vorn (v.l.): Darijo Srna, Ivan Klasnic, Niko Kovac, Robert Kovac, Dario Simic.

DER KAPITÄN

Niko Kovac: zum zweiten Mal Aus in der Vorrunde.

DER TRAINER

ZLATKO KRANJCAR
Kroatien
Geburtsdatum: 15.11.1956
Nationaltrainer seit Juli 2004

Tor

Pletikosa, Stipe · 08.01.1979 · 1
193 cm · 87 kg · Hajduk Split

E	EW	AW	G	G/R	R	T	V	WMS/T	LS/T
3	0	0	1	0	0	0	0	3(02)/0	50/0

Didulica, Joe · 14.10.1977 · 12
191 cm · 80 kg · Austria Wien

E	EW	AW	G	G/R	R	T	V	WMS/T	LS/T
0	0	0	0	0	0	0	0	0/0	4/0

Butina, Tomislav · 30.03.1974 · 23
191 cm · 88 kg · FC Brügge

E	EW	AW	G	G/R	R	T	V	WMS/T	LS/T
0	0	0	0	0	0	0	0	0/0	28/0

Abwehr

Simunic, Josip · 18.02.1978 · 3
192 cm · 89 kg · Hertha BSC Berlin

E	EW	AW	G	G/R	R	T	V	WMS/T	LS/T
3	0	0	0	1	0	0	0	3(02)/0	42/3

Kovac, Robert · 06.04.1974 · 4
183 cm · 78 kg · Juventus Turin

E	EW	AW	G	G/R	R	T	V	WMS/T	LS/T
2	0	0	2	0	0	0	0	3(02)/0	56/0

Tudor, Igor · 16.08.1978 · 5
192 cm · 88 kg · AC Siena

E	EW	AW	G	G/R	R	T	V	WMS/T	LS/T
3	0	1	2	0	0	0	0	0/0	52/3

Simic, Dario · 12.11.1975 · 7
180 cm · 76 kg · AC Mailand

E	EW	AW	G	G/R	R	T	V	WMS/T	LS/T
3	0	0	0	1	0	0	0	8(98-02)/0	80/3

Tokic, Mario · 23.07.1975 · 11
179 cm · 74 kg · Austria Wien

E	EW	AW	G	G/R	R	T	V	WMS/T	LS/T
0	0	0	0	0	0	0	0	0/0	28/0

Tomas, Stjepan · 06.03.1976 · 13
186 cm · 80 kg · Galatasaray Istanbul

E	EW	AW	G	G/R	R	T	V	WMS/T	LS/T
1	0	1	0	0	0	0	0	3(02)/0	48/1

Mittelfeld

Srna, Darijo · 01.05.1982 · 2
182 cm · 78 kg · Schachtjor Donezk

E	EW	AW	G	G/R	R	T	V	WMS/T	LS/T
3	0	1	1	0	0	1	0	0/0	36/9

Vranjes, Jurica · 30.01.1980 · 6
186 cm · 75 kg · Werder Bremen

E	EW	AW	G	G/R	R	T	V	WMS/T	LS/T
0	0	0	0	0	0	0	0	2(02)/0	24/0

Babic, Marko · 28.01.1981 · 8
186 cm · 72 kg · Bayer Leverkusen

E	EW	AW	G	G/R	R	T	V	WMS/T	LS/T
3	0	0	0	0	0	0	0	0/0	33/3

Kovac, Niko · 15.10.1971 · 10
178 cm · 75 kg · Hertha BSC Berlin

E	EW	AW	G	G/R	R	T	V	WMS/T	LS/T
3	0	1	1	0	0	1	0	3(02)/0	58/8

Modric, Luka · 09.09.1985 · 14
172 cm · 65 kg · Dinamo Zagreb

E	EW	AW	G	G/R	R	T	V	WMS/T	LS/T
2	2	0	0	0	0	0	0	0/0	5/0

Leko, Ivan · 07.02.1978 · 15
178 cm · 75 kg · FC Brügge

E	EW	AW	G	G/R	R	T	V	WMS/T	LS/T
0	0	0	0	0	0	0	0	0/0	13/0

Leko, Jerko · 09.04.1980 · 16
187 cm · 78 kg · Dynamo Kiew

E	EW	AW	G	G/R	R	T	V	WMS/T	LS/T
2	2	0	0	0	0	0	0	0/0	36/2

Kranjcar, Niko · 13.08.1984 · 19
184 cm · 82 kg · Hajduk Split

E	EW	AW	G	G/R	R	T	V	WMS/T	LS/T
3	0	2	0	0	0	0	0	0/0	21/3

Seric, Antony · 15.11.1979 · 20
184 cm · 75 kg · Panathinaikos Athen

E	EW	AW	G	G/R	R	T	V	WMS/T	LS/T
0	0	0	0	0	0	0	0	0/0	14/0

Sturm

Prso, Dado · 05.11.1974 · 9
190 cm · 86 kg · Glasgow Rangers

E	EW	AW	G	G/R	R	T	V	WMS/T	LS/T
3	0	0	0	0	0	0	0	0/0	29/9

Klasnic, Ivan · 29.01.1980 · 17
186 cm · 79 kg · Werder Bremen

E	EW	AW	G	G/R	R	T	V	WMS/T	LS/T
3	1	1	0	0	0	0	0	0/0	20/7

Olic, Ivica · 14.09.1979 · 18
183 cm · 81 kg · ZSKA Moskau

E	EW	AW	G	G/R	R	T	V	WMS/T	LS/T
3	2	1	0	0	0	0	0	2(02)/1	36/6

Balaban, Bosko · 19.10.1978 · 21
178 cm · 74 kg · FC Brügge

E	EW	AW	G	G/R	R	T	V	WMS/T	LS/T
0	0	0	0	0	0	0	0	0/0	27/9

Bosnjak, Ivan · 06.02.1979 · 22
180 cm · 72 kg · Dinamo Zagreb

E	EW	AW	G	G/R	R	T	V	WMS/T	LS/T
1	1	0	0	0	0	0	0	0/0	13/1

MEXIKO

Tor

Sanchez, Oswaldo · 21.09.1973 · 1

184 cm · 84 kg · Deportivo Guadalajara

E	EW	AW	G	G/R	R	T	V	WMS/T	LS/T
4	0	0	0	0	0	0	0	0/0	70/0

Corona, Jose · 26.01.1981 · 12

183 cm · 70 kg · FC Tecos

E	EW	AW	G	G/R	R	T	V	WMS/T	LS/T
0	0	0	0	0	0	0	0	0/0	6/0

Ochoa, Guillermo · 13.07.1985 · 13

180 cm · 73 kg · FC America

E	EW	AW	G	G/R	R	T	V	WMS/T	LS/T
0	0	0	0	0	0	0	0	0/0	1/0

Abwehr

Suarez, Claudio · 17.12.1968 · 2

182 cm · 75 kg · CD Chivas

E	EW	AW	G	G/R	R	T	V	WMS/T	LS/T
0	0	0	0	0	0	0	0	0/0	178/6

Salcido, Carlos · 22.04.1980 · 3

175 cm · 70 kg · Deportivo Guadalajara

E	EW	AW	G	G/R	R	T	V	WMS/T	LS/T
4	0	0	1	0	0	0	0	0/0	32/2

Marquez, Rafael · 13.02.1979 · 4

182 cm · 75 kg · FC Barcelona

E	EW	AW	G	G/R	R	T	V	WMS/T	LS/T
4	0	0	2	0	0	2	0	4(02)/0	65/7

Osorio, Ricardo · 30.03.1980 · 5

173 cm · 68 kg · Cruz Azul

E	EW	AW	G	G/R	R	T	V	WMS/T	LS/T
4	0	0	0	0	0	0	0	0/0	39/1

Castro, Jose · 11.08.1980 · 15

168 cm · 55 kg · FC America

E	EW	AW	G	G/R	R	T	V	WMS/T	LS/T
2	1	0	1	0	0	0	0	0/0	12/0

Mendez, Mario · 01.06.1979 · 16

174 cm · 66 kg · CF Monterrey

E	EW	AW	G	G/R	R	T	V	WMS/T	LS/T
4	0	1	0	0	0	0	2	0/0	32/0

Guardado, Jose · 28.09.1986 · 18

167 cm · 60 kg · Atlas Guadalajara

E	EW	AW	G	G/R	R	T	V	WMS/T	LS/T
1	0	1	0	0	0	0	0	0/0	7/0

Rodriguez, Francisco · 20.10.1981 · 22

189 cm · 80 kg · Deportivo Guadalajara

E	EW	AW	G	G/R	R	T	V	WMS/T	LS/T
1	0	1	1	0	0	0	0	0/0	32/1

Mittelfeld

Torrado, Gerado · 30.04.1979 · 6

174 cm · 75 kg · Cruz Azul

E	EW	AW	G	G/R	R	T	V	WMS/T	LS/T
3	1	0	2	0	0	0	0	4(02)/1	56/2

Sinha · 23.05.1976 · 7

163 cm · 68 kg · Deportivo Toluca

E	EW	AW	G	G/R	R	T	V	WMS/T	LS/T
4	3	1	1	0	0	1	1	0/0	32/4

Pardo, Pavel · 26.07.1976 · 8

176 cm · 67 kg · FC America

E	EW	AW	G	G/R	R	T	V	WMS/T	LS/T
4	0	1	0	0	0	0	1	0/0	125/5

Morales, Ramon · 10.10.1975 · 11

168 cm · 62 kg · Deportivo Guadalajara

E	EW	AW	G	G/R	R	T	V	WMS/T	LS/T
2	1	1	0	0	0	0	0	4(02)/0	13/1

Pineda, Gonzalo · 19.10.1982 · 14

178 cm · 70 kg · Deportivo Guadalajara

E	EW	AW	G	G/R	R	T	V	WMS/T	LS/T
4	1	2	1	0	0	0	0	0/0	30/1

Garcia, Rafael · 14.08.1974 · 20

175 cm · 65 kg · Atlas Guadalajara

E	EW	AW	G	G/R	R	T	V	WMS/T	LS/T
0	0	0	0	0	0	0	0	1(02)/0	52/3

Arellano, Jesus · 08.05.1973 · 21

168 cm · 61 kg · CF Monterrey

E	EW	AW	G	G/R	R	T	V	WMS/T	LS/T
1	1	0	0	0	0	0	0	3(02)/0	69/7

Perez, Luis · 12.01.1981 · 23

170 cm · 67 kg · CF Monterrey

E	EW	AW	G	G/R	R	T	V	WMS/T	LS/T
2	1	0	0	1	0	0	0	0/0	58/2

Sturm

Borgetti, Jared · 14.08.1973 · 9

183 cm · 78 kg · Bolton Wanderers

E	EW	AW	G	G/R	R	T	V	WMS/T	LS/T
2	0	1	0	0	0	0	0	4(02)/2	75/38

Franco, Guillermo · 03.11.1976 · 10

182 cm · 76 kg · FC Villarreal

E	EW	AW	G	G/R	R	T	V	WMS/T	LS/T
3	1	2	0	0	0	0	1	0/0	7/2

Fonseca, Francisco · 02.10.1979 · 17

184 cm · 79 kg · Cruz Azul

E	EW	AW	G	G/R	R	T	V	WMS/T	LS/T
4	2	0	1	0	0	1	0	0/0	29/19

Bravo, Omar · 04.03.1980 · 19

169 cm · 72 kg · Deportivo Guadalajara

E	EW	AW	G	G/R	R	T	V	WMS/T	LS/T
3	0	0	0	0	0	2	0	0/0	33/7

GRUPPE D

Mexiko am 11. Juni 2006 in Nürnberg vor dem ersten Spiel gegen den Iran (3:1). Stehend (v.l.): Oswaldo Sanchez, Gerardo Torrado, Ricardo Osorio, Rafael Marquez, Pavel Pardo; vorn (v.l.): Guillermo Franco, Mario Mendez, Carlos Salcido, Omar Bravo, Gonzalo Pineda, Jared Borgetti.

DER KAPITÄN

Rafael Marquez war auch 2002 der Kapitän.

DER TRAINER

RICARDO LA VOLPE
Argentinien
Geburtsdatum: 06.02.1952
Nationaltrainer seit Okt. 2002

NIEDERLANDE

GRUPPE C

Die Niederlande am 25. Juni 2006 in Nürnberg im Achtelfinale gegen Portugal (0:1). Stehend (v.l.): Robin van Persie, Philip Cocu, Khalid Boulahrouz, Joris Mathijsen, Dirk Kuyt, Edwin van der Sar; vorn (v.l.): Giovanni van Bronckhorst, Wesley Sneijder, Mark van Bommel, Arjen Robben, Andre Ooijer.

DER KAPITÄN

Edwin van der Sar: meiste Länderspiele für »Oranje«.

DER TRAINER

MARCO VAN BASTEN
Niederlande
Geburtsdatum: 31.10.1964
Nationaltrainer seit Juli 2004

Tor

van der Sar, Edwin · 29.10.1970 · 1

197 cm · 84 kg · Manchester United

E	EW	AW	G	G/R	R	T	V	WMS/T	LS/T
4	0	0	0	0	0	0	0	6(98)/0	109/0

Timmer, Henk · 03.12.1971 · 22

188 cm · 88 kg · AZ Alkmaar

E	EW	AW	G	G/R	R	T	V	WMS/T	LS/T
0	0	0	0	0	0	0	0	0/0	2/0

Stekelenburg, Maarten · 22.09.1982 · 23

194 cm · 84 kg · Ajax Amsterdam

E	EW	AW	G	G/R	R	T	V	WMS/T	LS/T
0	0	0	0	0	0	0	0	0/0	2/0

Abwehr

Jaliens, Kew · 15.09.1978 · 2

183 cm · 68 kg · AZ Alkmaar

E	EW	AW	G	G/R	R	T	V	WMS/T	LS/T
1	0	0	0	0	0	0	0	0/0	1/0

Boulahrouz, Khalid · 28.12.1981 · 3

180 cm · 74 kg · Hamburger SV

E	EW	AW	G	G/R	R	T	V	WMS/T	LS/T
4	0	2	1	1	0	0	0	0/0	11/0

Mathijsen, Joris · 05.04.1980 · 4

182 cm · 72 kg · AZ Alkmaar

E	EW	AW	G	G/R	R	T	V	WMS/T	LS/T
3	0	2	1	0	0	0	0	0/0	8/0

van Bronckhorst, Giovanni · 05.02.1975 · 5

178 cm · 75 kg · FC Barcelona

E	EW	AW	G	G/R	R	T	V	WMS/T	LS/T
3	0	0	1	1	0	0	0	0/0	57/3

Ooijer, Andre · 11.07.1974 · 13

184 cm · 76 kg · PSV Eindhoven

E	EW	AW	G	G/R	R	T	V	WMS/T	LS/T
4	0	0	1	0	0	0	0	0/0	19/2

Heitinga, Johnny · 15.11.1983 · 14

180 cm · 72 kg · Ajax Amsterdam

E	EW	AW	G	G/R	R	T	V	WMS/T	LS/T
3	1	1	1	0	0	0	0	0/0	18/2

de Cler, Tim · 08.11.1978 · 15

183 cm · 70 kg · AZ Alkmaar

E	EW	AW	G	G/R	R	T	V	WMS/T	LS/T
1	0	0	1	0	0	0	0	0/0	3/0

Mittelfeld

Landzaat, Denny · 06.05.1976 · 6

177 cm · 70 kg · ADO Den Haag

E	EW	AW	G	G/R	R	T	V	WMS/T	LS/T
3	3	0	0	0	0	0	0	0/0	23/1

Cocu, Philip · 29.10.1970 · 8

182 cm · 74 kg · PSV Eindhoven

E	EW	AW	G	G/R	R	T	V	WMS/T	LS/T
4	0	1	0	0	0	0	0	6(98)/0	97/10

van der Vaart, Rafael · 11.02.1983 · 10

175 cm · 74 kg · Hamburger SV

E	EW	AW	G	G/R	R	T	V	WMS/T	LS/T
3	2	0	1	0	0	0	0	0/0	35/6

Kromkamp, Jan · 17.08.1980 · 12

187 cm · 76 kg · FC Liverpool

E	EW	AW	G	G/R	R	T	V	WMS/T	LS/T
0	0	0	0	0	0	0	0	0/0	11/0

Maduro, Hedwiges · 13.02.1985 · 16

185 cm · 78 kg · Ajax Amsterdam

E	EW	AW	G	G/R	R	T	V	WMS/T	LS/T
1	1	0	0	0	0	0	0	0/0	11/0

van Bommel, Mark · 22.04.1977 · 18

187 cm · 85 kg · FC Barcelona

E	EW	AW	G	G/R	R	T	V	WMS/T	LS/T
3	0	2	2	0	0	0	0	0/0	37/7

Sneijder, Wesley · 09.06.1984 · 20

170 cm · 67 kg · Ajax Amsterdam

E	EW	AW	G	G/R	R	T	V	WMS/T	LS/T
4	0	2	1	0	0	0	0	0/0	23/5

Sturm

Kuyt, Dirk · 22.07.1980 · 7

184 cm · 77 kg · Feyenoord Rotterdam

E	EW	AW	G	G/R	R	T	V	WMS/T	LS/T
3	1	0	1	0	0	0	0	0/0	19/4

van Nistelrooy, Ruud · 01.07.1976 · 9

188 cm · 80 kg · Manchester United

E	EW	AW	G	G/R	R	T	V	WMS/T	LS/T
3	0	3	0	0	0	1	0	0/0	51/27

Robben, Arjen · 23.01.1984 · 11

183 cm · 78 kg · Chelsea London

E	EW	AW	G	G/R	R	T	V	WMS/T	LS/T
3	0	0	1	0	0	1	1	0/0	20/6

van Persie, Robin · 06.08.1983 · 17

183 cm · 71 kg · Arsenal London

E	EW	AW	G	G/R	R	T	V	WMS/T	LS/T
4	0	1	0	0	0	1	1	0/0	10/1

Vennegoor of Hesselink, Jan · 07.11.1978 · 19

192 cm · 92 kg · PSV Eindhoven

E	EW	AW	G	G/R	R	T	V	WMS/T	LS/T
1	1	0	0	0	0	0	0	0/0	7/0

Babel, Ryan · 19.12.1986 · 21

185 cm · 78 kg · Ajax Amsterdam

E	EW	AW	G	G/R	R	T	V	WMS/T	LS/T
1	1	0	0	0	0	0	0	0/0	6/3

Tor

Villar, Justo · 30.06.1977 · 1

179 cm · 80 kg · Newell's Old Boys

E	EW	AW	G	G/R	R	T	V	WMS/T	LS/T
1	0	1	0	0	0	0	0	0/0	39/0

Gomez, Derlis · 02.11.1972 · 12

181 cm · 81 kg · Sportivo Luqueno

E	EW	AW	G	G/R	R	T	V	WMS/T	LS/T
0	0	0	0	0	0	0	0	0/0	5/0

Bobadilla, Aldo · 20.04.1976 · 22

179 cm · 79 kg · Libertad

E	EW	AW	G	G/R	R	T	V	WMS/T	LS/T
3	1	0	0	0	0	0	0	0/0	5/0

Abwehr

Nunez, Jorge · 22.01.1978 · 2

178 cm · 78 kg · Estudiantes

E	EW	AW	G	G/R	R	T	V	WMS/T	LS/T
3	1	0	0	0	0	0	0	0/0	15/1

Toledo, Delio Cesar · 10.02.1976 · 3

179 cm · 73 kg · Real Saragossa

E	EW	AW	G	G/R	R	T	V	WMS/T	LS/T
1	0	1	0	0	0	0	0	0/0	30/4

Gamarra, Carlos · 17.02.1971 · 4

179 cm · 75 kg · SE Palmeiras

E	EW	AW	G	G/R	R	T	V	WMS/T	LS/T
3	0	0	0	0	0	0	0	8(98-02)/0	106/12

Caceres, Julio Cesar · 05.10.1979 · 5

181 cm · 77 kg · River Plate Buenos Aires

E	EW	AW	G	G/R	R	T	V	WMS/T	LS/T
3	0	1	0	0	0	0	0	4(02)/0	32/2

Da Silva, Paulo · 02.01.1980 · 14

181 cm · 88 kg · Deportivo Toluca

E	EW	AW	G	G/R	R	T	V	WMS/T	LS/T
1	1	0	0	0	0	0	0	0/0	33/0

Manzur, Julio · 22.01.1981 · 15

180 cm · 79 kg · FC Santos

E	EW	AW	G	G/R	R	T	V	WMS/T	LS/T
1	1	0	0	0	0	0	0	0/0	13/0

Caniza, Denis · 29.08.1974 · 21

174 cm · 70 kg · Cruz Azul

E	EW	AW	G	G/R	R	T	V	WMS/T	LS/T
3	0	1	1	0	0	0	0	6(98-02)/0	74/1

Mittelfeld

Bonet, Carlos · 02.10.1977 · 6

179 cm · 75 kg · Libertad

E	EW	AW	G	G/R	R	T	V	WMS/T	LS/T
2	0	2	0	0	0	0	0	1(02)/0	29/1

Barreto, Edgar · 15.07.1984 · 8

178 cm · 78 kg · NEC Nijmegen

E	EW	AW	G	G/R	R	T	V	WMS/T	LS/T
2	1	0	1	0	0	0	0	0/0	15/0

Acuna, Roberto · 25.03.1972 · 10

175 cm · 78 kg · Deportivo La Coruna

E	EW	AW	G	G/R	R	T	V	WMS/T	LS/T
3	0	0	1	0	0	0	0	7(98-02)/0	93/5

Gavilan, Diego · 01.03.1980 · 11

172 cm · 66 kg · Newell's Old Boys

E	EW	AW	G	G/R	R	T	V	WMS/T	LS/T
0	0	0	0	0	0	0	0	3(02)/0	39/0

Paredes, Carlos · 16.07.1976 · 13

180 cm · 77 kg · Reggina Calcio

E	EW	AW	G	G/R	R	T	V	WMS/T	LS/T
3	0	0	2	0	0	0	0	5(98-02)/0	68/10

Riveros, Cristian · 16.10.1982 · 16

178 cm · 75 kg · Libertad

E	EW	AW	G	G/R	R	T	V	WMS/T	LS/T
2	0	1	0	0	0	0	0	0/0	9/0

Montiel, Jose · 19.03.1988 · 17

179 cm · 75 kg · Olimpia Asuncion

E	EW	AW	G	G/R	R	T	V	WMS/T	LS/T
0	0	0	0	0	0	0	0	0/0	6/0

dos Santos, Julio · 07.05.1983 · 19

185 cm · 88 kg · FC Bayern München

E	EW	AW	G	G/R	R	T	V	WMS/T	LS/T
2	1	0	1	0	0	0	1	0/0	17/5

Sturm

Cabanas, Salvador · 05.08.1980 · 7

178 cm · 78 kg · Jaguares Chiapas

E	EW	AW	G	G/R	R	T	V	WMS/T	LS/T
0	0	0	0	0	0	0	0	0/0	15/1

Santa Cruz, Roque · 16.08.1981 · 9

191 cm · 88 kg · FC Bayern München

E	EW	AW	G	G/R	R	T	V	WMS/T	LS/T
3	0	1	0	0	0	0	1	4(02)/1	42/13

Valdez, Nelson · 28.11.1983 · 18

178 cm · 71 kg · Werder Bremen

E	EW	AW	G	G/R	R	T	V	WMS/T	LS/T
3	0	1	1	0	0	0	0	0/0	11/4

Lopez, Dante · 16.08.1983 · 20

185 cm · 81 kg · FC Genua 93

E	EW	AW	G	G/R	R	T	V	WMS/T	LS/T
1	1	0	0	0	0	0	0	0/0	7/3

Cuevas, Nelson · 10.01.1980 · 23

172 cm · 63 kg · FC Atletico Pachuca

E	EW	AW	G	G/R	R	T	V	WMS/T	LS/T
2	2	0	0	0	0	1	0	2(02)/2	35/5

GRUPPE B

Paraguay am 10. Juni 2006 in Frankfurt vor dem ersten Spiel gegen England (0:1). Stehend (v.l.): Carlos Humberto Paredes, Justo Villar, Julio C. Caceres, Carlos Gamarra, Roque Santa Cruz, Delio C. Toledo; vorn (v.l.): Nelson Valdez, Denis Caniza, Roberto Acuna, Cristian Riveros, Carlos Bonet.

DER KAPITÄN

Carlos Gamarra, Paraguays Rekordnationalspieler.

DER TRAINER

ANIBAL MANO RUIZ
Uruguay
Geburtsdatum: 30.12.1941
Nationaltrainer seit Juli 2002

POLEN

GRUPPE A

Polen am 9. Juni 2006 in Gelsenkirchen vor dem ersten Spiel gegen Ecuador (0:2). Stehend (v.l.): Mariusz Jop, Jacek Krzynowek, Radoslaw Sobolewski, Artur Boruc, Jacek Bak; vorn (v.l.): Marcin Baszczynski, Maciej Zurawski, Miroslaw Szymkowiak, Michal Zewlakow, Euzebiusz (Ebi) Smolarek, Arkadiusz (Arek) Radomski.

DER KAPITÄN

Jacek Bak: routinierte 855 Min. bei der Qualifikation.

DER TRAINER

PAWEL JANAS
Polen
Geburtsdatum: 04.03.1953
Nationaltrainer seit Dez. 2002

Tor

Boruc, Artur · 20.02.1980 · 1

193 cm · 85 kg · Celtic Glasgow

E	EW	AW	G	G/R	R	T	V	WMS/T	LS/T
3	0	0	2	0	0	0	0	0/0	17/0

Kuszczak, Tomasz · 20.03.1982 · 12

190 cm · 84 kg · West Bromwich Albion

E	EW	AW	G	G/R	R	T	V	WMS/T	LS/T
0	0	0	0	0	0	0	0	0/0	4/0

Fabianski, Lukasz · 18.04.1985 · 22

190 cm · 84 kg · Legia Warschau

E	EW	AW	G	G/R	R	T	V	WMS/T	LS/T
0	0	0	0	0	0	0	0	0/0	2/0

Abwehr

Jop, Mariusz · 03.08.1978 · 2

188 cm · 81 kg · FK Moskau

E	EW	AW	G	G/R	R	T	V	WMS/T	LS/T
1	0	0	0	0	0	0	0	0/0	12/0

Gancarczyk, Seweryn · 22.11.1981 · 3

181 cm · 70 kg · Metallist Tscharkow

E	EW	AW	G	G/R	R	T	V	WMS/T	LS/T
0	0	0	0	0	0	0	0	0/0	2/0

Baszczynski, Marcin · 07.06.1977 · 4

182 cm · 75 kg · Wisla Krakau

E	EW	AW	G	G/R	R	T	V	WMS/T	LS/T
3	0	0	1	0	0	0	0	0/0	32/1

Bak, Jacek · 24.03.1973 · 6

188 cm · 83 kg · Al-Rayyan

E	EW	AW	G	G/R	R	T	V	WMS/T	LS/T
3	0	0	1	0	0	0	0	1(02)/0	72/2

Zewlakow, Michal · 24.04.1976 · 14

182 cm · 78 kg · RSC Anderlecht

E	EW	AW	G	G/R	R	T	V	WMS/T	LS/T
3	0	1	1	0	0	0	0	2(02)/0	56/1

Dudka, Dariusz · 09.12.1983 · 17

183 cm · 80 kg · Wisla Krakau

E	EW	AW	G	G/R	R	T	V	WMS/T	LS/T
1	0	1	0	0	0	0	0	0/0	7/0

Bosacki, Bartosz · 20.12.1975 · 19

189 cm · 81 kg · Lech Posen

E	EW	AW	G	G/R	R	T	V	WMS/T	LS/T
2	0	0	0	0	0	2	0	0/0	11/0

Mittelfeld

Kosowski, Kamil · 30.08.1977 · 5

186 cm · 78 kg · FC Southampton

E	EW	AW	G	G/R	R	T	V	WMS/T	LS/T
0	0	0	0	0	0	0	0	0/0	45/4

Sobolewski, Radoslaw · 13.12.1976 · 7

182 cm · 79 kg · Wisla Krakau

E	EW	AW	G	G/R	R	T	V	WMS/T	LS/T
2	0	1	0	1	0	0	0	0/0	19/1

Krzynowek, Jacek · 15.05.1976 · 8

180 cm · 73 kg · Bayer Leverkusen

E	EW	AW	G	G/R	R	T	V	WMS/T	LS/T
3	0	2	1	0	0	0	1	3(02)/0	58/9

Szymkowiak, Miroslaw · 12.11.1976 · 10

179 cm · 69 kg · Trabzonspor

E	EW	AW	G	G/R	R	T	V	WMS/T	LS/T
2	0	0	0	0	0	0	0	0/0	29/3

Mila, Sebastian · 10.07.1982 · 13

178 cm · 67 kg · Austria Wien

E	EW	AW	G	G/R	R	T	V	WMS/T	LS/T
0	0	0	0	0	0	0	0	0/0	27/6

Radomski, Arek · 27.06.1977 · 16

177 cm · 81 kg · Austria Wien

E	EW	AW	G	G/R	R	T	V	WMS/T	LS/T
3	0	1	1	0	0	0	0	0/0	20/0

Lewandowski, Mariusz · 18.05.1979 · 18

184 cm · 84 kg · Schachtjor Donezk

E	EW	AW	G	G/R	R	T	V	WMS/T	LS/T
2	2	0	0	0	0	0	0	0/0	25/1

Giza, Piotr · 28.02.1980 · 20

179 cm · 75 kg · Cracovia Krakau

E	EW	AW	G	G/R	R	T	V	WMS/T	LS/T
0	0	0	0	0	0	0	0	0/0	4/0

Sturm

Zurawski, Maciej · 12.09.1976 · 9

182 cm · 74 kg · Celtic Glasgow

E	EW	AW	G	G/R	R	T	V	WMS/T	LS/T
3	0	2	0	0	0	0	0	3(02)/0	50/15

Rasiak, Grzegorz · 12.01.1979 · 11

190 cm · 84 kg · FC Southampton

E	EW	AW	G	G/R	R	T	V	WMS/T	LS/T
1	1	0	0	0	0	0	0	0/0	30/8

Smolarek, Ebi · 09.01.1981 · 15

178 cm · 68 kg · Borussia Dortmund

E	EW	AW	G	G/R	R	T	V	WMS/T	LS/T
3	0	1	1	0	0	0	0	0/0	13/4

Jelen, Ireneusz · 09.04.1981 · 21

184 cm · 74 kg · Wisla Plock

E	EW	AW	G	G/R	R	T	V	WMS/T	LS/T
3	1	1	0	0	0	0	0	0/0	9/2

Brozek, Pawel · 21.04.1983 · 23

180 cm · 70 kg · Wisla Krakau

E	EW	AW	G	G/R	R	T	V	WMS/T	LS/T
3	3	0	0	0	0	0	0	0/0	4/ 1

Tor

Ricardo · 11.02.1976 · 1
188 cm · 80 kg · Sporting Lissabon

E	EW	AW	G	G/R	R	T	V	WMS/T	LS/T
7	0	0	1	0	0	0	0	0/0	49/0

Quim · 13.11.1975 · 12
184 cm · 76 kg · Benfica Lissabon

E	EW	AW	G	G/R	R	T	V	WMS/T	LS/T
0	0	0	0	0	0	0	0	0/0	24/0

Paulo Santos · 11.12.1972 · 22
184 cm · 86 kg · Sporting Braga

E	EW	AW	G	G/R	R	T	V	WMS/T	LS/T
0	0	0	0	0	0	0	0	0/0	1/0

Abwehr

Paulo Ferreira · 18.01.1979 · 2
183 cm · 76 kg · Chelsea London

E	EW	AW	G	G/R	R	T	V	WMS/T	LS/T
3	2	0	1	0	0	0	0	0/0	30/0

Caneira, Marco · 09.02.1979 · 3
178 cm · 75 kg · Sporting Lissabon

E	EW	AW	G	G/R	R	T	V	WMS/T	LS/T
1	0	0	0	0	0	0	0	0/0	14/0

Ricardo Costa · 16.05.1981 · 4
183 cm · 80 kg · FC Porto

E	EW	AW	G	G/R	R	T	V	WMS/T	LS/T
1	0	0	1	0	0	0	0	0/0	3/0

Fernando Meira · 05.06.1978 · 5
190 cm · 85 kg · VfB Stuttgart

E	EW	AW	G	G/R	R	T	V	WMS/T	LS/T
7	0	0	0	0	0	0	0	0/0	30/2

Nuno Valente · 12.09.1974 · 14
182 cm · 78 kg · FC Everton

E	EW	AW	G	G/R	R	T	V	WMS/T	LS/T
6	0	1	2	0	0	0	0	0/0	23/1

Ricardo Carvalho · 18.05.1978 · 16
183 cm · 79 kg · Chelsea London

E	EW	AW	G	G/R	R	T	V	WMS/T	LS/T
6	0	0	2	0	0	0	0	0/0	24/1

Mittelfeld

Costinha · 01.12.1974 · 6
181 cm · 74 kg · Dynamo Moskau

E	EW	AW	G	G/R	R	T	V	WMS/T	LS/T
5	1	2	2	1	0	0	0	0/0	44/2

Figo, Luis · 04.11.1972 · 7
180 cm · 75 kg · Inter Mailand

E	EW	AW	G	G/R	R	T	V	WMS/T	LS/T
7	1	4	1	0	0	0	4	3(02)/0	120/32

Petit · 25.09.1976 · 8
175 cm · 68 kg · Benfica Lissabon

E	EW	AW	G	G/R	R	T	V	WMS/T	LS/T
6	3	1	2	0	0	0	0	3(02)/0	36/4

Hugo Viana · 15.01.1983 · 10
178 cm · 74 kg · FC Valencia

E	EW	AW	G	G/R	R	T	V	WMS/T	LS/T
2	2	0	0	0	0	0	0	0/0	21/1

Simao Sabrosa · 30.10.1979 · 11
170 cm · 64 kg · Benfica Lissabon

E	EW	AW	G	G/R	R	T	V	WMS/T	LS/T
7	4	0	0	0	0	1	1	0/0	43/9

Miguel · 04.01.1980 · 13
178 cm · 64 kg · FC Valencia

E	EW	AW	G	G/R	R	T	V	WMS/T	LS/T
6	0	2	1	0	0	0	0	0/0	28/1

Maniche · 11.11.1977 · 18
173 cm · 69 kg · Chelsea London

E	EW	AW	G	G/R	R	T	V	WMS/T	LS/T
7	1	1	2	0	0	2	0	0/0	31/4

Tiago · 02.05.1981 · 19
175 cm · 70 kg · Olympique Lyon

E	EW	AW	G	G/R	R	T	V	WMS/T	LS/T
5	2	2	0	0	0	0	0	0/0	22/0

Deco · 27.08.1977 · 20
174 cm · 73 kg · FC Barcelona

E	EW	AW	G	G/R	R	T	V	WMS/T	LS/T
4	0	1	1	1	0	1	0	0/0	35/2

Sturm

Pauleta · 28.04.1973 · 9
180 cm · 78 kg · Paris St. Germain

E	EW	AW	G	G/R	R	T	V	WMS/T	LS/T
6	0	4	1	0	0	1	1	3(02)/3	82/46

Boa Morte, Luis · 04.08.1978 · 15
178 cm · 72 kg · FC Fulham

E	EW	AW	G	G/R	R	T	V	WMS/T	LS/T
1	1	0	1	0	0	0	0	0/0	24/1

Cristiano Ronaldo · 05.02.1985 · 17
184 cm · 78 kg · Manchester United

E	EW	AW	G	G/R	R	T	V	WMS/T	LS/T
6	0	2	1	0	0	1	0	0/0	32/11

Nuno Gomes · 05.07.1976 · 21
181 cm · 72 kg · Benfica Lissabon

E	EW	AW	G	G/R	R	T	V	WMS/T	LS/T
2	2	0	1	0	0	1	0	2(02)/0	53/23

Helder Postiga · 02.08.1982 · 23
179 cm · 79 kg · AS St. Etienne

E	EW	AW	G	G/R	R	T	V	WMS/T	LS/T
3	2	1	0	0	0	0	0	0/0	24/9

GRUPPE D

Portugal am 11. Juni 2006 in Köln vor dem ersten Spiel gegen Angola (1:0). Stehend (v.l.): Ricardo, Pauleta, Nuno Valente, Fernando Meira, Ricardo Carvalho, Cristiano Ronaldo; vorn (v.l.): Luis Figo, Petit, Simao Sabrosa, Tiago, Miguel.

DER KAPITÄN

Luis Figo, Rekordnationalspieler, nahm Abschied.

DER TRAINER

LUIS FELIPE SCOLARI
Brasilien
Geburtsdatum: 11.09.1948
Nationaltrainer seit Dez. 2002

SAUDI-ARABIEN

GRUPPE H

Saudi-Arabien am 14. Juni 2006 in München vor dem ersten Spiel gegen Tunesien (2:2). Stehend (v.l.): Hussein Sulimani, Redha Tukar, Saud Khariri, Mabrouk Zaid, Omar Al-Ghamdi, Mohammed Noor; vorn (v.l.): Yaser Al-Kahtani, Nawaf Al-Temyat, Ahmed Dokhi, Khaled Aziz, Hamad Al-Montashari.

DER KAPITÄN

Hussein Sulimani war schon mit 21 dabei (1998).

DER TRAINER

MARCOS PAQUETA
Brasilien
Geburtsdatum: 27.08.1958
Nationaltrainer seit Dez. 2005

Tor

Al-Deayea, Mohammed · 02.08.1972 · 1
189 cm · 75 kg · Al-Hilal

E	EW	AW	G	G/R	R	T	V	WMS/T	LS/T
0	0	0	0	0	0	0	0	10(94-02)/0	181/0

Zaid, Mabrouk · 11.02.1979 · 21
184 cm · 63 kg · Al-Ittihad

E	EW	AW	G	G/R	R	T	V	WMS/T	LS/T
3	0	0	0	0	0	0	0	0/0	33/0

Khouja, Mohammad · 15.03.1982 · 22
187 cm · 84 kg · Al-Shabab

E	EW	AW	G	G/R	R	T	V	WMS/T	LS/T
0	0	0	0	0	0	0	0	0/0	8/0

Abwehr

Dokhi, Ahmed · 25.10.1976 · 2
178 cm · 75 kg · Al-Ittihad

E	EW	AW	G	G/R	R	T	V	WMS/T	LS/T
3	0	1	1	0	0	0	0	0/0	68/4

Tukar, Redha · 29.11.1975 · 3
186 cm · 80 kg · Al-Ittihad

E	EW	AW	G	G/R	R	T	V	WMS/T	LS/T
3	0	0	0	0	0	0	0	3(02)/0	37/6

Al-Montashari, Hamad · 22.06.1982 · 4
183 cm · 75 kg · Al-Ittihad

E	EW	AW	G	G/R	R	T	V	WMS/T	LS/T
3	0	0	0	0	0	0	0	0/0	32/6

Al-Qadi, Naif · 03.04.1979 · 5
185 cm · 77 kg · Al-Ahly

E	EW	AW	G	G/R	R	T	V	WMS/T	LS/T
0	0	0	0	0	0	0	0	0/0	28/2

Sulimani, Hussein · 21.01.1977 · 13
172 cm · 66 kg · Al-Ahly

E	EW	AW	G	G/R	R	T	V	WMS/T	LS/T
3	0	1	0	0	0	0	0	6(98-02)/0	97/3

Al-Bahri, Ahmed · 18.09.1980 · 15
179 cm · 71 kg · Al-Shabab

E	EW	AW	G	G/R	R	T	V	WMS/T	LS/T
0	0	0	0	0	0	0	0	0/0	11/3

Massad, Mohammed · 17.02.1983 · 19
177 cm · 70 kg · Al-Ahly

E	EW	AW	G	G/R	R	T	V	WMS/T	LS/T
1	1	0	0	0	0	0	0	0/0	5/0

Mittelfeld

Al-Ghamdi, Omar · 11.09.1979 · 6
176 cm · 69 kg · Al-Hilal

E	EW	AW	G	G/R	R	T	V	WMS/T	LS/T
2	0	0	1	0	0	0	0	0/0	38/5

Ameen, Mohammed · 29.04.1980 · 7
181 cm · 72 kg · Al-Ittihad

E	EW	AW	G	G/R	R	T	V	WMS/T	LS/T
2	1	1	0	0	0	0	0	0/0	16/7

Noor, Mohammed · 26.02.1978 · 8
181 cm · 76 kg · Al-Ittihad

E	EW	AW	G	G/R	R	T	V	WMS/T	LS/T
3	0	2	0	0	0	0	1	2(02)/0	63/22

Al-Shlhoub, Mohammad · 09.12.1980 · 10
168 cm · 65 kg · Al-Hilal

E	EW	AW	G	G/R	R	T	V	WMS/T	LS/T
0	0	0	0	0	0	0	0	1(02)/0	48/15

Khathran, Abdulaziz · 31.07.1973 · 12
176 cm · 65 kg · Al-Hilal

E	EW	AW	G	G/R	R	T	V	WMS/T	LS/T
2	1	0	0	0	0	0	0	3(02)/0	19/0

Khariri, Saud · 03.07.1980 · 14
184 cm · 77 kg · Al-Ittihad

E	EW	AW	G	G/R	R	T	V	WMS/T	LS/T
3	0	0	1	0	0	0	0	0/0	34/12

Aziz, Khaled · 14.07.1981 · 16
180 cm · 75 kg · Al-Hilal

E	EW	AW	G	G/R	R	T	V	WMS/T	LS/T
3	0	1	0	0	0	0	0	0/0	14/ 2

Sturm

Al-Jaber, Sami · 11.12.1972 · 9
177 cm · 70 kg · Al-Hilal

E	EW	AW	G	G/R	R	T	V	WMS/T	LS/T
3	2	1	1	0	0	1	0	6(94-02)/0	160/43

Al-Harthi, Saad · 08.07.1982 · 11
181 cm · 74 kg · Al-Nasr

E	EW	AW	G	G/R	R	T	V	WMS/T	LS/T
1	0	0	0	0	0	0	0	0/0	15/12

Al-Anbar, Mohammed · 22.03.1985 · 17
183 cm · 83 kg · Al-Hilal

E	EW	AW	G	G/R	R	T	V	WMS/T	LS/T
0	0	0	0	0	0	0	0	0/0	11/3

Al-Temyat, Nawaf · 28.06.1976 · 18
175 cm · 70 kg · Al-Hilal

E	EW	AW	G	G/R	R	T	V	WMS/T	LS/T
2	1	1	1	0	0	0	0	4(98-02)/0	56/13

Al-Kahtani, Yaser · 10.10.1982 · 20
176 cm · 69 kg · Al-Hilal

E	EW	AW	G	G/R	R	T	V	WMS/T	LS/T
2	0	1	0	0	0	1	0	0/0	45/32

Mouath, Malek · 10.08.1981 · 23
172 cm · 64 kg · Al-Ahly

E	EW	AW	G	G/R	R	T	V	WMS/T	LS/T
3	3	0	0	0	0	0	1	0/0	5/0

SCHWEDEN

Tor

Isaksson, Andreas · 03.10.1981 · 1

199 cm · 88 kg · Stade Rennes

E	EW	AW	G	G/R	R	T	V	WMS/T	LS/T
3	0	0	0	0	0	0	0	0/0	39/0

Alvbage, John · 10.08.1982 · 12

187 cm · 87 kg · Viborg FF

E	EW	AW	G	G/R	R	T	V	WMS/T	LS/T
0	0	0	0	0	0	0	0	0/0	2/0

Shaaban, Rami · 30.06.1975 · 23

193 cm · 93 kg · Fredrikstad FK

E	EW	AW	G	G/R	R	T	V	WMS/T	LS/T
1	0	0	0	0	0	0	0	0/0	1/0

Abwehr

Nilsson, Mikael · 24.06.1978 · 2

182 cm · 80 kg · Panathinaikos Athen

E	EW	AW	G	G/R	R	T	V	WMS/T	LS/T
0	0	0	0	0	0	0	0	0/0	27/3

Mellberg, Olof · 03.09.1977 · 3

184 cm · 82 kg · Aston Villa

E	EW	AW	G	G/R	R	T	V	WMS/T	LS/T
4	0	0	0	0	0	0	0	4(02)/0	64/2

Lucic, Teddy · 15.04.1973 · 4

187 cm · 78 kg · BK Häcken

E	EW	AW	G	G/R	R	T	V	WMS/T	LS/T
4	0	0	1	1	0	0	0	4(02)/0	81/0

Edman, Erik · 11.11.1978 · 5

179 cm · 79 kg · Stade Rennes

E	EW	AW	G	G/R	R	T	V	WMS/T	LS/T
4	0	0	0	0	0	0	1	0/0	37/1

Hansson, Petter · 14.12.1976 · 13

186 cm · 84 kg · SC Heerenveen

E	EW	AW	G	G/R	R	T	V	WMS/T	LS/T
1	1	0	0	0	0	0	0	0/0	13/0

Stenman, Fredrik · 02.06.1983 · 14

187 cm · 82 kg · Bayer Leverkusen

E	EW	AW	G	G/R	R	T	V	WMS/T	LS/T
0	0	0	0	0	0	0	0	0/0	1/0

Svensson, Karl · 21.03.1984 · 15

190 cm · 82 kg · IFK Göteborg

E	EW	AW	G	G/R	R	T	V	WMS/T	LS/T
0	0	0	0	0	0	0	0	0/0	1/0

Mittelfeld

Linderoth, Tobias · 21.04.1979 · 6

175 cm · 75 kg · FC Kopenhagen

E	EW	AW	G	G/R	R	T	V	WMS/T	LS/T
4	0	2	1	0	0	0/1	0	4(02)/0	58/1

Alexandersson, Niclas · 29.12.1971 · 7

181 cm · 74 kg · IFK Göteborg

E	EW	AW	G	G/R	R	T	V	WMS/T	LS/T
4	0	0	1	0	0	0	0	4(02)/1	87/7

Svensson, Anders · 17.07.1976 · 8

177 cm · 82 kg · IF Elfsborg

E	EW	AW	G	G/R	R	T	V	WMS/T	LS/T
1	0	1	0	0	0	0	0	4(02)/1	66/13

Ljungberg, Fredrik · 16.04.1977 · 9

176 cm · 70 kg · Arsenal London

E	EW	AW	G	G/R	R	T	V	WMS/T	LS/T
4	0	0	1	0	0	1	0	2(02)/0	57/12

Källström, Kim · 24.08.1982 · 16

182 cm · 79 kg · Stade Rennes

E	EW	AW	G	G/R	R	T	V	WMS/T	LS/T
4	1	2	0	0	0	0	0	0/0	34/4

Andersson, Daniel · 28.08.1977 · 19

178 cm · 79 kg · Malmö FF

E	EW	AW	G	G/R	R	T	V	WMS/T	LS/T
1	1	0	0	0	0	0	0	0/0	47/0

Wilhelmsson, Christian · 08.12.1979 · 21

177 cm · 68 kg · RSC Anderlecht

E	EW	AW	G	G/R	R	T	V	WMS/T	LS/T
4	2	2	0	0	0	0	0	0/0	29/2

Sturm

Ibrahimovic, Zlatan · 03.10.1981 · 10

192 cm · 84 kg · Juventus Turin

E	EW	AW	G	G/R	R	T	V	WMS/T	LS/T
3	0	2	0	0	0	0	0	2(02)/0	38/18

Larsson, Henrik · 20.09.1971 · 11

178 cm · 75 kg · FC Barcelona

E	EW	AW	G	G/R	R	T	V	WMS/T	LS/T
4	0	0	1	0	0	1	0	5(94/02)/3	89/35

Elmander, Johan · 27.05.1981 · 17

188 cm · 83 kg · Bröndby IF

E	EW	AW	G	G/R	R	T	V	WMS/T	LS/T
2	2	0	0	0	0	0	0	0/0	18/7

Jonson, Mattias · 16.01.1974 · 18

178 cm · 76 kg · Djurgardens IF

E	EW	AW	G	G/R	R	T	V	WMS/T	LS/T
4	2	2	1	0	0	0	0	2(02)/0	53/9

Allbäck, Marcus · 05.07.1973 · 20

180 cm · 77 kg · FC Kopenhagen

E	EW	AW	G	G/R	R	T	V	WMS/T	LS/T
4	3	1	2	0	0	1	1	4(02)/0	56/23

Rosenberg, Markus · 27.09.1982 · 22

183 cm · 76 kg · Ajax Amsterdam

E	EW	AW	G	G/R	R	T	V	WMS/T	LS/T
0	0	0	0	0	0	0	0	0/0	8/3

GRUPPE B

Schweden am 10. Juni 2006 in Dortmund vor dem ersten Spiel gegen Trinidad & Tobago (0:0). Stehend (v.l.): Henrik Larsson, Zlatan Ibrahimovic, Olof Mellberg, Rami Shaaban, Niclas Alexandersson, Teddy Lucic; vorn (v.l.): Anders Svensson, Fredrik Ljungberg, Christian Wilhelmsson, Tobias Linderoth, Erik Edman.

DER KAPITÄN

Olof Mellberg scheiterte wie 2002 im Achtelfinale.

DER TRAINER

LARS LAGERBÄCK
Schweden
Geburtsdatum: 16.07.1948
Nationaltrainer seit Juli 2004

SCHWEIZ

GRUPPE G

Die Schweiz am 13. Juni 2006 in Stuttgart vor dem ersten Spiel gegen Frankreich (0:0). Stehend (v.l.): Alexander Frei, Marco Streller, Philipp Degen, Philippe Senderos, Pascal Zuberbühler, Ludovic Magnin; vorn (v.l.): Raphael Wicky, Tranquillo Barnetta, Patrick Müller, Johann Vogel, Ricardo Cabanas.

DER KAPITÄN

Johann Vogel kam als 18-Jähriger in die Nationalelf.

DER TRAINER

JAKOB KUHN
Schweiz
Geburtsdatum: 12.10.1943
Nationaltrainer seit 2001

Tor

Zuberbühler, Pascal · 08.01.1971 · 1
197 cm · 99 kg · FC Basel

E	EW	AW	G	G/R	R	T	V	WMS/T	LS/T
4	0	0	0	0	0	0	0	0/0	40/0

Benaglio, Diego · 08.09.1983 · 12
193 cm · 83 kg · Nacional Madeira

E	EW	AW	G	G/R	R	T	V	WMS/T	LS/T
0	0	0	0	0	0	0	0	0/0	1/0

Coltorti, Fabio · 03.12.1980 · 21
197 cm · 96 kg · Grasshopper Zürich

E	EW	AW	G	G/R	R	T	V	WMS/T	LS/T
0	0	0	0	0	0	0	0	0/0	2/0

Abwehr

Djourou, Johan · 18.01.1987 · 2
189 cm · 87 kg · Arsenal London

E	EW	AW	G	G/R	R	T	V	WMS/T	LS/T
3	2	1	1	0	0	0	0	0/0	2/0

Magnin, Ludovic · 20.04.1979 · 3
185 cm · 76 kg · VfB Stuttgart

E	EW	AW	G	G/R	R	T	V	WMS/T	LS/T
3	0	0	1	0	0	0	0	0/0	30/2

Senderos, Philippe · 14.02.1985 · 4
186 cm · 86 kg · Arsenal London

E	EW	AW	G	G/R	R	T	V	WMS/T	LS/T
3	0	1	1	0	0	1	0	0/0	12/2

Grichting, Stephane · 30.03.1979 · 13
184 cm · 80 kg · AJ Auxerre

E	EW	AW	G	G/R	R	T	V	WMS/T	LS/T
1	1	0	0	0	0	0	0	0/0	6/0

Spycher, Christoph · 30.03.1978 · 17
175 cm · 76 kg · Eintracht Frankfurt

E	EW	AW	G	G/R	R	T	V	WMS/T	LS/T
1	0	0	1	0	0	0	0	0/0	21/0

Behrami, Valon · 19.04.1985 · 19
184 cm · 71 kg · Lazio Rom

E	EW	AW	G	G/R	R	T	V	WMS/T	LS/T
1	1	0	0	0	0	0	0	0/0	6/1

Müller, Patrick · 17.12.1976 · 20
182 cm · 69 kg · Olympique Lyon

E	EW	AW	G	G/R	R	T	V	WMS/T	LS/T
4	0	1	0	0	0	0	0	0/0	64/3

Degen, Philipp · 15.02.1983 · 23
185 cm · 81 kg · Borussia Dortmund

E	EW	AW	G	G/R	R	T	V	WMS/T	LS/T
4	0	0	1	0	0	0	0	0/0	15/0

Mittelfeld

Margairaz, Xavier · 07.01.1984 · 5
185 cm · 74 kg · FC Zürich

E	EW	AW	G	G/R	R	T	V	WMS/T	LS/T
2	2	0	0	0	0	0	0	0/0	3/0

Vogel, Johann · 08.03.1977 · 6
177 cm · 71 kg · AC Mailand

E	EW	AW	G	G/R	R	T	V	WMS/T	LS/T
4	0	0	1	0	0	0	0	0/0	85/2

Cabanas, Ricardo · 17.01.1979 · 7
173 cm · 69 kg · 1. FC Köln

E	EW	AW	G	G/R	R	T	V	WMS/T	LS/T
4	0	1	1	0	0	0	0	0/0	37/4

Wicky, Raphael · 26.04.1977 · 8
178 cm · 75 kg · Hamburger SV

E	EW	AW	G	G/R	R	T	V	WMS/T	LS/T
4	0	2	1	0	0	0	0	0/0	67/1

Gygax, Daniel · 28.08.1981 · 10
179 cm · 73 kg · OSC Lille

E	EW	AW	G	G/R	R	T	V	WMS/T	LS/T
2	1	1	0	0	0	0	0	0/0	22/5

Degen, David · 15.02.1983 · 14
184 cm · 82 kg · FC Basel

E	EW	AW	G	G/R	R	T	V	WMS/T	LS/T
0	0	0	0	0	0	0	0	0/0	3/0

Dzemaili, Blerim · 12.04.1986 · 15
179 cm · 73 kg · FC Zürich

E	EW	AW	G	G/R	R	T	V	WMS/T	LS/T
0	0	0	0	0	0	0	0	0/0	3/0

Barnetta, Tranquillo · 11.05.1985 · 16
176 cm · 62 kg · Bayer Leverkusen

E	EW	AW	G	G/R	R	T	V	WMS/T	LS/T
4	0	0	1	0	0	1	1	0/0	13/2

Sturm

Frei, Alexander · 5.07.1979 · 9
179 cm · 75 kg · Stade Rennes

E	EW	AW	G	G/R	R	T	V	WMS/T	LS/T
4	0	2	1	0	0	2	0	0/0	45/25

Streller, Marco · 18.06.1981 · 11
195 cm · 82 kg · 1. FC Köln

E	EW	AW	G	G/R	R	T	V	WMS/T	LS/T
3	2	1	1	0	0	0	0	0/0	10/3

Lustrinelli, Mauro · 26.02.1976 · 18
173 cm · 68 kg · Sparta Prag

E	EW	AW	G	G/R	R	T	V	WMS/T	LS/T
2	2	0	0	0	0	0	1	0/0	5/0

Yakin, Hakan · 22.02.1977 · 22
180 cm · 79 kg · Young Boys Bern

E	EW	AW	G	G/R	R	T	V	WMS/T	LS/T
3	1	2	1	0	0	0	1	0/0	44/14

Tor

Jevric, Dragoslav · 08.07.1974 · 1

186 cm · 86 kg · Ankaraspor

E	EW	AW	G	G/R	R	T	V	WMS/T	LS/T
3	0	0	0	0	0	0	0	0/0	40/0

Kovacevic, Oliver · 29.10.1974 · 12

185 cm · 85 kg · ZSKA Sofia

E	EW	AW	G	G/R	R	T	V	WMS/T	LS/T
0	0	0	0	0	0	0	0	0/0	3/0

Stojkovic, Vladimir · 28.07.1983 · 23

195 cm · 90 kg · Roter Stern Belgrad

E	EW	AW	G	G/R	R	T	V	WMS/T	LS/T
0	0	0	0	0	0	0	0	0/0	0/0

Abwehr

Dragutinovic, Ivica · 13.11.1975 · 3

186 cm · 86 kg · FC Sevilla

E	EW	AW	G	G/R	R	T	V	WMS/T	LS/T
1	0	0	1	0	0	0	0	0/0	26/0

Vidic, Nemanja · 21.10.1981 · 5

188 cm · 82 kg · Manchester United

E	EW	AW	G	G/R	R	T	V	WMS/T	LS/T
0	0	0	0	0	0	0	0	0/0	20/1

Gavrancic, Goran · 02.08.1978 · 6

192 cm · 84 kg · Dynamo Kiew

E	EW	AW	G	G/R	R	T	V	WMS/T	LS/T
3	0	0	2	0	0	0	0	0/0	25/0

Basta, Dusan · 18.08.1984 · 13

183 cm · 72 kg · Roter Stern Belgrad

E	EW	AW	G	G/R	R	T	V	WMS/T	LS/T
0	0	0	0	0	0	0	0	0/0	2/0

Djordjevic, Nenad · 07.08.1979 · 14

183 cm · 73 kg · Partizan Belgrad

E	EW	AW	G	G/R	R	T	V	WMS/T	LS/T
2	0	1	0	0	0	0	0	0/0	15/1

Dudic, Milan · 01.11.1979 · 15

183 cm · 77 kg · Roter Stern Belgrad

E	EW	AW	G	G/R	R	T	V	WMS/T	LS/T
2	0	0	1	0	0	0	0	0/0	11/0

Krstajic, Mladen · 04.03.1974 · 20

191 cm · 83 kg · FC Schalke 04

E	EW	AW	G	G/R	R	T	V	WMS/T	LS/T
3	0	1	1	0	0	0	0	0/0	45/2

Mittelfeld

Ergic, Ivan · 21.01.1981 · 2

185 cm · 83 kg · FC Basel

E	EW	AW	G	G/R	R	T	V	WMS/T	LS/T
2	1	0	0	0	0	0	0	0/0	1/0

Duljaj, Igor · 29.10.1979 · 4

175 cm · 71 kg · Schachtjor Donezk

E	EW	AW	G	G/R	R	T	V	WMS/T	LS/T
3	0	0	1	0	0	0	0	0/0	37/2

Stankovic, Dejan · 11.09.1978 · 10

181 cm · 5 kg · Inter Mailand

E	EW	AW	G	G/R	R	T	V	WMS/T	LS/T
3	0	0	1	0	0	0	1	3(98)/0	58/11

Djordjevic, Predrag · 04.08.1972 · 11

184 cm · 75 kg · Olympiakos Piräus

E	EW	AW	G	G/R	R	T	V	WMS/T	LS/T
3	0	0	0	0	0	0	0	0/0	49/11

Nadj, Albert · 29.10.1974 · 17

174 cm · 69 kg · Partizan Belgrad

E	EW	AW	G	G/R	R	T	V	WMS/T	LS/T
3	1	1	1	1	0	0	0	0/0	42/3

Vukic, Zvonimir · 19.07.1979 · 18

182 cm · 73 kg · Partizan Belgrad

E	EW	AW	G	G/R	R	T	V	WMS/T	LS/T
1	1	0	0	0	0	0	0	0/0	25/6

Ilic, Sasa · 30.12.1977 · 22

178 cm · 72 kg · Galatasaray Istanbul

E	EW	AW	G	G/R	R	T	V	WMS/T	LS/T
1	0	0	0	0	0	1	0	0/0	32/5

Sturm

Koroman, Ognjen · 19.09.1978 · 7

179 cm · 71 kg · FC Portsmouth

E	EW	AW	G	G/R	R	T	V	WMS/T	LS/T
2	1	1	2	0	0	0	0	0/0	25/1

Kezman, Mateja · 12.04.1979 · 8

180 cm · 74 kg · Atletico Madrid

E	EW	AW	G	G/R	R	T	V	WMS/T	LS/T
2	0	1	0	0	1	0	0	0/0	47/17

Milosevic, Savo · 02.09.1973 · 9

186 cm · 82 kg · Osasuna Pamplona

E	EW	AW	G	G/R	R	T	V	WMS/T	LS/T
3	1	2	0	0	0	0	0	1(98)/0	98/35

Petkovic, Dusan · 13.06.1974 · 16

189 cm · 89 kg · OFK Belgrad

E	EW	AW	G	G/R	R	T	V	WMS/T	LS/T
0	0	0	0	0	0	0	0	0/0	12/1

Zigic, Nikola · 25.09.1980 · 19

202 cm · 90 kg · Roter Stern Belgrad

E	EW	AW	G	G/R	R	T	V	WMS/T	LS/T
2	1	1	0	0	0	1	0	0/0	11/3

Ljuboja, Danijel · 04.09.1978 · 21

189 cm · 78 kg · VfB Stuttgart

E	EW	AW	G	G/R	R	T	V	WMS/T	LS/T
2	2	0	0	0	0	0	0	0/0	15/1

GRUPPE C

Serbien/Montenegro am 11. Juni 2006 in Leipzig vor dem ersten Spiel gegen die Niederlande (0:1). Stehend (v.l.): Goran Gavrancic, Ivica Dragutinovic, Dragoslav Jevric, Mladen Krstajic, Savo Milosevic, Predrag Djordjevic; vorn (v.l.): Dejan Stankovic, Nenad Djordjevic, Mateja Kezman, Albert Nadj, Igor Duljaj.

DER KAPITÄN

Savo Milosevic stürmte schon bei der WM 1998.

DER TRAINER

ILIJA PETKOVIC
Serbien
Geburtsdatum: 22.09.1945
Nationaltrainer seit Juli 2003

SPANIEN

GRUPPE H

Spanien am 19. Juni 2006 in Stuttgart vor dem zweiten Spiel gegen Tunesien (3:1). Stehend (v.l.): Iker Casillas, Pablo Ibanez, Marcos Senna, Sergio Ramos, Xabi Alonso, Fernando Torres; vorn (v.l.): Mariano Pernia, Xavi, David Villa, Luis Garcia, Carlos Puyol.

DER KAPITÄN

Raul Gonzalez Blanco: zehn WM-Spiele, fünf Tore.

DER TRAINER

LUIS ARAGONES
Spanien
Geburtsdatum: 28.07.1938
Nationaltrainer seit Juli 2004

Tor

Casillas, Iker · 20.05.1981 · 1
185 cm · 79 kg · Real Madrid

E	EW	AW	G	G/R	R	T	V	WMS/T	LS/T
3	0	0	0	0	0	0	0	5(02)/0	58/0

Canizares, Santiago · 18.12.1969 · 19
181 cm · 78 kg · FC Valencia

E	EW	AW	G	G/R	R	T	V	WMS/T	LS/T
1	0	0	0	0	0	0	0	0/0	45/0

Reina, Jose Manuel · 31.08.1982 · 23
190 cm · 93 kg · FC Liverpool

E	EW	AW	G	G/R	R	T	V	WMS/T	LS/T
0	0	0	0	0	0	0	0	0/0	3/0

Abwehr

Salgado, Michel · 22.10.1975 · 2
174 cm · 74 kg · Real Madrid

E	EW	AW	G	G/R	R	T	V	WMS/T	LS/T
1	0	0	0	0	0	0	0	0/0	50/0

Pernia, Mariano · 04.05.1977 · 3
177 cm · 81 kg · FC Getafe

E	EW	AW	G	G/R	R	T	V	WMS/T	LS/T
3	0	0	0	0	0	0	0	0/0	1/1

Marchena, Carlos · 31.07.1979 · 4
183 cm · 78 kg · FC Valencia

E	EW	AW	G	G/R	R	T	V	WMS/T	LS/T
1	0	0	1	0	0	0	0	0/0	27/1

Puyol, Carlos · 13.04.1978 · 5
178 cm · 78 kg · FC Barcelona

E	EW	AW	G	G/R	R	T	V	WMS/T	LS/T
3	0	0	2	0	0	0	1	4(02)/0	47/1

Lopez, Antonio · 13.09.1981 · 12
173 cm · 65 kg · Atletico Madrid

E	EW	AW	G	G/R	R	T	V	WMS/T	LS/T
1	0	0	0	0	0	0	0	0/0	10/1

Ramos, Sergio · 30.03.1986 · 15
183 cm · 73 kg · Real Madrid

E	EW	AW	G	G/R	R	T	V	WMS/T	LS/T
3	0	0	0	0	0	0	0	0/0	11/2

Juanito · 23.07.1976 · 20
183 cm · 76 kg · Betis Sevilla

E	EW	AW	G	G/R	R	T	V	WMS/T	LS/T
1	0	0	0	0	0	1	0	0/0	15/1

Ibanez, Pablo · 03.08.1981 · 22
192 cm · 86 kg · Atletico Madrid

E	EW	AW	G	G/R	R	T	V	WMS/T	LS/T
3	0	0	0	0	0	0	1	0/0	11/0

Mittelfeld

Albelda, David · 07.12.1974 · 6
181 cm · 75 kg · FC Valencia

E	EW	AW	G	G/R	R	T	V	WMS/T	LS/T
2	1	0	1	0	0	0	0	2(02)/0	33/0

Xavi · 25.01.1980 · 8
170 cm · 68 kg · FC Barcelona

E	EW	AW	G	G/R	R	T	V	WMS/T	LS/T
4	1	1	0	0	0	0	1	3(02)/0	36/1

Garcia, Luis · 24.06.1978 · 11
177 cm · 67 kg · FC Liverpool

E	EW	AW	G	G/R	R	T	V	WMS/T	LS/T
3	1	2	0	0	0	0	0	0/0	10/3

Iniesta, Andres · 11.05.1984 · 13
170 cm · 65 kg · FC Barcelona

E	EW	AW	G	G/R	R	T	V	WMS/T	LS/T
1	0	0	0	0	0	0	0	0/0	3/0

Alonso, Xabi · 25.11.1981 · 14
183 cm · 75 kg · FC Liverpool

E	EW	AW	G	G/R	R	T	V	WMS/T	LS/T
3	0	1	0	0	0	1	0	0/0	26/0

Senna, Marcos · 17.07.1976 · 16
177 cm · 70 kg · FC Villarreal

E	EW	AW	G	G/R	R	T	V	WMS/T	LS/T
3	1	1	0	0	0	0	0	0/0	20/3

Joaquin · 21.07.1981 · 17
179 cm · 75 kg · Betis Sevilla

E	EW	AW	G	G/R	R	T	V	WMS/T	LS/T
3	2	0	0	0	0	0	0	2(02)/0	38/4

Fabregas, Francesco · 04.05.1987 · 18
180 cm · 69 kg · Arsenal London

E	EW	AW	G	G/R	R	T	V	WMS/T	LS/T
4	2	1	1	0	0	0	1	0/0	4/0

Sturm

Raul · 27.06.1977 · 7
180 cm · 73 kg · Real Madrid

E	EW	AW	G	G/R	R	T	V	WMS/T	LS/T
4	2	2	0	0	0	1	0	6(98-02)/4	95/43

Torres, Fernando · 20.03.1984 · 9
181 cm · 78 kg · Atletico Madrid

E	EW	AW	G	G/R	R	T	V	WMS/T	LS/T
4	1	0	0	0	0	3	2	0/0	30/10

Reyes, Jose Antonio · 01.09.1983 · 10
178 cm · 76 kg · Arsenal London

E	EW	AW	G	G/R	R	T	V	WMS/T	LS/T
1	0	1	1	0	0	0	1	0/0	19/4

Villa, David · 03.12.1981 · 21
175 cm · 69 kg · FC Valencia

E	EW	AW	G	G/R	R	T	V	WMS/T	LS/T
4	1	3	0	0	0	3	0	0/0	8/2

SÜDKOREA

GRUPPE G

Südkorea am 13. Juni 2006 in Frankfurt vor dem ersten Spiel gegen Togo (2:1). Stehend (v.l.): Jae-Jin Cho, Young-Chul Kim, Ho Lee, Jin-Cheul Choi, Jin-Kyu Kim, Woon-Jae Lee; vorn (v.l.): Ji-Sung Park, Eul-Yong Lee, Chong-Gug Song, Young-Pyo Lee, Chun-Soo Lee.

Tor

Lee, Woon-Jae · 26.04.1973 · 1

182 cm · 88 kg · Suwon Bluewings

E	EW	AW	G	G/R	R	T	V	WMS/T	LS/T
3	0	0	0	0	0	0	0	7(02)/0	97/0

Kim, Yong-Dae · 11.10.1979 · 20

182 cm · 83 kg · Seongnam Ilwha

E	EW	AW	G	G/R	R	T	V	WMS/T	LS/T
0	0	0	0	0	0	0	0	0/0	15/0

Kim, Young-Kwang · 28.06.1983 · 21

184 cm · 85 kg · Chunnam Dragons

E	EW	AW	G	G/R	R	T	V	WMS/T	LS/T
0	0	0	0	0	0	0	0	0/0	6/0

Abwehr

Kim, Young-Chul · 30.06.1976 · 2

183 cm · 81 kg · Seongnam Ilhwa

E	EW	AW	G	G/R	R	T	V	WMS/T	LS/T
2	0	0	1	0	0	0	0	0/0	12/1

Kim, Dong-Jin · 29.01.1982 · 3

183 cm · 74 kg · FC Seoul

E	EW	AW	G	G/R	R	T	V	WMS/T	LS/T
2	0	0	1	0	0	0	0	0/0	34/2

Choi, Jin-Cheul · 26.03.1971 · 4

187 cm · 77 kg · Chonbuk Motors

E	EW	AW	G	G/R	R	T	V	WMS/T	LS/T
3	0	0	1	0	0	0	0	6(02)/0	62/4

Kim, Jin-Kyu · 16.02.1985 · 6

183 cm · 80 kg · Jubilo Iwata

E	EW	AW	G	G/R	R	T	V	WMS/T	LS/T
2	0	1	1	0	0	0	0	0/0	23/3

Lee, Young-Pyo · 23.04.1977 · 12

176 cm · 68 kg · Tottenham Hotspur

E	EW	AW	G	G/R	R	T	V	WMS/T	LS/T
3	0	1	0	0	0	0	0	5(02)/0	85/5

Song, Chong-Gug · 20.02.1979 · 22

177 cm · 73 kg · Suwon Bluewings

E	EW	AW	G	G/R	R	T	V	WMS/T	LS/T
1	0	0	0	0	0	0	1	7(02)/1	51/3

Mittelfeld

Kim, Nam-Il · 14.03.1977 · 5

180 cm · 75 kg · Suwon Bluewings

E	EW	AW	G	G/R	R	T	V	WMS/T	LS/T
3	1	0	0	0	0	0	0	5(02)/0	66/1

Park, Ji-Sung · 25.02.1981 · 7

175 cm · 72 kg · Manchester United

E	EW	AW	G	G/R	R	T	V	WMS/T	LS/T
3	0	0	0	0	0	1	0	7(02)/1	60/5

Kim, Do-Heon · 14.07.1982 · 8

175 cm · 73 kg · Seongnam Ilhwa

E	EW	AW	G	G/R	R	T	V	WMS/T	LS/T
0	0	0	0	0	0	0	0	0/0	32/5

Lee, Eul-Yong · 08.09.1975 · 13

182 cm · 70 kg · Trabzonspor

E	EW	AW	G	G/R	R	T	V	WMS/T	LS/T
2	0	2	0	0	0	0	0	4(02)/1	47/3

Baek, Ji-Hoon · 28.02.1985 · 15

175 cm · 67 kg · FC Seoul

E	EW	AW	G	G/R	R	T	V	WMS/T	LS/T
0	0	0	0	0	0	0	0	0/0	12/0

Lee, Ho · 22.10.1984 · 17

182 cm · 76 kg · Ulsan Motors

E	EW	AW	G	G/R	R	T	V	WMS/T	LS/T
3	0	1	1	0	0	0	0	0/0	11/0

Kim, Sang-Shik · 17.12.1976 · 18

184 cm · 72 kg · Seongnam Ilhwa

E	EW	AW	G	G/R	R	T	V	WMS/T	LS/T
2	2	0	0	0	0	0	0	0/0	42/2

Cho, Won-Hee · 17.04.1983 · 23

177 cm · 73 kg · Suwon Bluewings

E	EW	AW	G	G/R	R	T	V	WMS/T	LS/T
0	0	0	0	0	0	0	0	0/0	13/1

Sturm

Ahn, Jung-Hwan · 27.01.1976 · 9

178 cm · 69 kg · MSV Duisburg

E	EW	AW	G	G/R	R	T	V	WMS/T	LS/T
3	3	0	1	0	0	1	0	7(02)/2	61/16

Park, Chu-Young · 10.07.1985 · 10

182 cm · 74 kg · FC Seoul

E	EW	AW	G	G/R	R	T	V	WMS/T	LS/T
1	0	1	1	0	0	0	0	0/0	18/5

Seol, Ki-Hyeon · 08.01.1979 · 11

184 cm · 78 kg · Wolverhampton Wanderers

E	EW	AW	G	G/R	R	T	V	WMS/T	LS/T
2	2	0	0	0	0	0	0	7(02)/1	67/13

Lee, Chun-Soo · 09.07.1981 · 14

172 cm · 64 kg · Ulsan Tigers

E	EW	AW	G	G/R	R	T	V	WMS/T	LS/T
3	0	1	2	0	0	1	0	7(02)/0	62/7

Chung, Kyung-Ho · 22.05.1980 · 16

179 cm · 71 kg · Gwangju Sangmu

E	EW	AW	G	G/R	R	T	V	WMS/T	LS/T
0	0	0	0	0	0	0	0	0/0	40/5

Cho, Jae-Jin · 09.07.1981 · 19

185 cm · 81 kg · Shimizu S-Pulse

E	EW	AW	G	G/R	R	T	V	WMS/T	LS/T
3	0	1	0	0	0	0	1	0/0	21/5

DER KAPITÄN

Woon-Jae Lee hielt 2002 zu Hause bis ins Halbfinale.

DER TRAINER

DICK ADVOCAAT
Niederlande
Geburtsdatum: 27.03.1942
Nationaltrainer seit Okt. 2005

TOGO

GRUPPE G

Togo am 13. Juni 2006 in Frankfurt vor dem ersten Spiel gegen Südkorea (1:2). Stehend (v.l.): Massamesso Tchangai, Ludovic Assemoassa, Daré Nibombé, Emmanuel Adebayor, Cherif Touré Maman, Kossi Agassa; vorn (v.l.): Mohamed Kader Coubadja, Moustapha Salifou, Alaixys Romao, Yao Junior Senaya, Jean-Paul Abalo.

DER KAPITÄN

Jean-Paul Abalo, der international erfahrenste Mann.

DER TRAINER

OTTO PFISTER
Deutschland
Geburtsdatum: 24.11.1937
Nationaltrainer seit Feb. 2006

Tor

Tchagnirou, Ouro · 31.12.1977 · 1
185 cm · 85 kg · Djoliba AC Bamako

E	EW	AW	G	G/R	R	T	V	WMS/T	LS/T
0	0	0	0	0	0	0	0	0/0	9/0

Agassa, Kossi · 02.07.1978 · 16
190 cm · 85 kg · FC Metz

E	EW	AW	G	G/R	R	T	V	WMS/T	LS/T
3	0	0	0	0	0	0	0	0/0	50/0

Obilale, Kodjovi · 11.08.1982 · 22
193 cm · 88 kg · Etoile Filante Lome

E	EW	AW	G	G/R	R	T	V	WMS/T	LS/T
0	0	0	0	0	0	0	0	0/0	0/0

Abwehr

Nibombe, Dare · 16.06.1980 · 2
196 cm · 94 kg · RAEC Mons

E	EW	AW	G	G/R	R	T	V	WMS/T	LS/T
9	0	0	0	0	0	0	0	0/0	17/1

Abalo, Jean-Paul · 26.06.1975 · 3
177 cm · 75 kg · US Dunkerque

E	EW	AW	G	G/R	R	T	V	WMS/T	LS/T
2	0	0	0	1	0	0	0	0/0	66/1

Tchangai, Massamesso · 08.08.1978 · 5
183 cm · 74 kg · Benevento

E	EW	AW	G	G/R	R	T	V	WMS/T	LS/T
3	0	0	1	0	0	0	0	0/0	35/5

Akoto, Eric · 20.07.1980 · 12
189 cm · 76 kg · Admira Wacker Mödling

E	EW	AW	G	G/R	R	T	V	WMS/T	LS/T
0	0	0	0	0	0	0	0	0/0	32/1

Atsou, Franck · 01.08.1978 · 21
188 cm · 79 kg · Al Hilal

E	EW	AW	G	G/R	R	T	V	WMS/T	LS/T
0	0	0	0	0	0	0	0	0/0	13/0

Assimiou, Toure · 01.01.1988 · 23
180 cm · 76 kg · Bayer Leverkusen

E	EW	AW	G	G/R	R	T	V	WMS/T	LS/T
2	1	0	0	0	0	0	0	0/0	2/0

Mittelfeld

Aziawonou, Yao · 30.11.1979 · 6
184 cm · 81 kg · Young Boys Bern

E	EW	AW	G	G/R	R	T	V	WMS/T	LS/T
2	1	0	1	0	0	0	0	0/0	33/1

Salifou, Moustapha · 01.06.1983 · 7
180 cm · 69 kg · Stade Brest

E	EW	AW	G	G/R	R	T	V	WMS/T	LS/T
3	1	1	2	0	0	0	0	0/0	30/12

Agboh, Kuami · 28.12.1977 · 8
177 cm · 72 kg · KSK Beveren

E	EW	AW	G	G/R	R	T	V	WMS/T	LS/T
1	0	1	0	0	0	0	0	0/0	4/0

Dossevi, Thomas · 06.03.1979 · 9
183 cm · 81 kg · AFC Valenciennes

E	EW	AW	G	G/R	R	T	V	WMS/T	LS/T
2	1	1	0	0	0	0	0	0/0	10/1

Maman, Cherif Toure · 13.01.1981 · 10
182 cm · 75 kg · FC Metz

E	EW	AW	G	G/R	R	T	V	WMS/T	LS/T
3	0	2	1	0	0	0	0	0/0	40/7

Romao, Alaixys · 18.01.1984 · 15
175 cm · 69 kg · Louhans-Cuiseaux

E	EW	AW	G	G/R	R	T	V	WMS/T	LS/T
2	0	0	2	0	0	0	0	0/0	12/0

Assemoassa, Ludovic · 18.09.1980 · 19
184 cm · 80 kg · Ciudad de Murcia

E	EW	AW	G	G/R	R	T	V	WMS/T	LS/T
1	0	1	0	0	0	0	0	0/0	6/0

Erassa, Affo · 19.02.1983 · 20
190 cm · 85 kg · AS Moulins

E	EW	AW	G	G/R	R	T	V	WMS/T	LS/T
0	0	0	0	0	0	0	0	0/0	6/0

Sturm

Adebayor, Emmanuel · 26.02.1984 · 4
190 cm · 76 kg · Arsenal London

E	EW	AW	G	G/R	R	T	V	WMS/T	LS/T
3	0	1	1	0	0	0	0	0/0	30/12

Malm, Robert · 21.08.1973 · 11
180 cm · 73 kg · Stade Brest

E	EW	AW	G	G/R	R	T	V	WMS/T	LS/T
1	1	0	0	0	0	0	0	0/0	1/0

Forson, Richmond · 23.05.1980 · 13
180 cm · 71 kg · Poire-sur-Vie

E	EW	AW	G	G/R	R	T	V	WMS/T	LS/T
3	1	0	0	0	0	0	0	0/0	9/0

Olufade, Adekamni · 07.01.1980 · 14
170 cm · 70 kg · Al-Sailiya

E	EW	AW	G	G/R	R	T	V	WMS/T	LS/T
1	1	0	0	0	0	0	0	0/0	24/0

Coubadja, Mohamed K. · 08.04.1979 · 17
174 cm · 70 kg · FC Sochaux

E	EW	AW	G	G/R	R	T	V	WMS/T	LS/T
3	0	0	0	0	0	1	0	0/0	47/14

Senaya, Yao Junior · 19.04.1984 · 18
166 cm · 60 kg · YF Juventus

E	EW	AW	G	G/R	R	T	V	WMS/T	LS/T
3	1	1	0	0	0	0	1	0/0	17/2

Tor

Hislop, Shaka · 22.02.1969 · 1
193 cm · 91 kg · West Ham United

E	EW	AW	G	G/R	R	T	V	WMS/T	LS/T
2	0	0	1	0	0	0	0	0/0	24/0

Jack, Kelvin · 29.04.1976 · 21
190 cm · 101 kg · FC Dundee

E	EW	AW	G	G/R	R	T	V	WMS/T	LS/T
1	0	0	0	0	0	0	0	0/0	32/0

Ince, Clayton · 13.07.1972 · 22
193 cm · 85 kg · Coventry City

E	EW	AW	G	G/R	R	T	V	WMS/T	LS/T
0	0	0	0	0	0	0	0	0/0	63/0

Abwehr

Cox, Ian · 25.03.1971 · 2
183 cm · 83 kg · FC Gillingham

E	EW	AW	G	G/R	R	T	V	WMS/T	LS/T
0	0	0	0	0	0	0	0	0/0	16/0

John, Avery · 18.06.1975 · 3
182 cm · 77 kg · New England Revolution

E	EW	AW	G	G/R	R	T	V	WMS/T	LS/T
2	0	1	0	1	0	0	0	0/0	57/0

Andrews, Marvin · 22.12.1975 · 4
188 cm · 83 kg · Glasgow Rangers

E	EW	AW	G	G/R	R	T	V	WMS/T	LS/T
0	0	0	0	0	0	0	0	0/0	98/10

Sancho, Brent · 13.03.1977 · 5
185 cm · 77 kg · Gillingham

E	EW	AW	G	G/R	R	T	V	WMS/T	LS/T
3	0	0	1	0	0	0	0	0/0	40/0

Lawrence, Dennis · 01.08.1974 · 6
197 cm · 80 kg · Wrexham AFC

E	EW	AW	G	G/R	R	T	V	WMS/T	LS/T
3	0	0	0	0	0	0	0	0/0	63/4

Gray, Cyd · 21.11.1976 · 8
175 cm · 74 kg · San Juan Jabloteh

E	EW	AW	G	G/R	R	T	V	WMS/T	LS/T
2	0	0	1	0	0	0	0	0/0	39/1

Charles, Atiba · 29.09.1977 · 17
185 cm · 91 kg · W Connection

E	EW	AW	G	G/R	R	T	V	WMS/T	LS/T
0	0	0	0	0	0	0	0	0/0	19/0

Mittelfeld

Birchall, Christopher · 05.05.1984 · 7
175 cm · 83 kg · Port Vale FC

E	EW	AW	G	G/R	R	T	V	WMS/T	LS/T
3	0	0	0	0	0	0	0	0/0	19/3

Whitley, Aurtis · 01.05.1977 · 9
178 cm · 74 kg · San Juan Jabloteh

E	EW	AW	G	G/R	R	T	V	WMS/T	LS/T
3	1	1	2	0	0	0	0	0/0	24/1

Edwards, Carlos · 24.10.1978 · 11
175 cm · 71 kg · Luton Town

E	EW	AW	G	G/R	R	T	V	WMS/T	LS/T
3	0	0	0	0	0	0	0	0/0	51/1

Glenn, Cornell · 21.10.1981 · 13
175 cm · 72 kg · Colorado Rapids

E	EW	AW	G	G/R	R	T	V	WMS/T	LS/T
3	2	1	0	0	0	0	0	0/0	35/11

Jones, Kenwyne · 05.10.1984 · 15
187 cm · 85 kg · FC Southampton

E	EW	AW	G	G/R	R	T	V	WMS/T	LS/T
2	1	1	1	0	0	0	0	0/0	29/2

Wise, Evans · 23.11.1973 · 16
175 cm · 64 kg · Waldhof Mannheim

E	EW	AW	G	G/R	R	T	V	WMS/T	LS/T
2	2	0	0	0	0	0	0	0/0	16/3

Theobald, Densil · 27.06.1982 · 18
177 cm · 68 kg · Falkirk FC

E	EW	AW	G	G/R	R	T	V	WMS/T	LS/T
3	0	2	1	0	0	0	0	0/0	38/1

Wolfe, Anthony · 23.12.1983 · 23
180 cm · 79 kg · San Juan Jabloteh

E	EW	AW	G	G/R	R	T	V	WMS/T	LS/T
0	0	0	0	0	0	0	0	0/0	4/0

Sturm

Latapy, Russel · 02.08.1968 · 10
174 cm · 76 kg · Falkirk FC

E	EW	AW	G	G/R	R	T	V	WMS/T	LS/T
1	1	0	0	0	0	0	0	0/0	66/28

Samuel, Collin · 27.08.1981 · 12
176 cm · 83 kg · Dundee United

E	EW	AW	G	G/R	R	T	V	WMS/T	LS/T
1	0	1	0	0	0	0	0	0/0	18/3

John, Stern · 30.10.1976 · 14
185 cm · 86 kg · Coventry City

E	EW	AW	G	G/R	R	T	V	WMS/T	LS/T
3	0	0	0	0	0	0	0	0/0	95/65

Yorke, Dwight · 03.11.1971 · 19
182 cm · 75 kg · FC Sydney

E	EW	AW	G	G/R	R	T	V	WMS/T	LS/T
3	0	0	1	0	0	0	0	0/0	54/15

Scotland, Jason · 18.02.1979 · 20
175 cm · 74 kg · FC St. Johnstone

E	EW	AW	G	G/R	R	T	V	WMS/T	LS/T
0	0	0	0	0	0	0	0	0/0	25/5

GRUPPE B

Trinidad & Tobago am 10. Juni 2006 in Dortmund vor dem ersten Spiel gegen Schweden (0:0). Stehend (v.l.): Dwight Yorke, Brent Sancho, Shaka Hislop, Avery John, Dennis Lawrence; vorn (v.l.): Collin Samuel, Carlos Edwards, Christopher Birchall, Cyd Gray, Densil Theobald, Stern John.

DER KAPITÄN

Dwight Yorke, seit 17 Jahren Nationalspieler.

DER TRAINER

LEO BEENHAKKER
Niederlande
Geburtsdatum: 02.08.1942
Nationaltrainer seit 2005

TSCHECHIEN

GRUPPE E

Tschechien am 12. Juni 2006 in Gelsenkirchen vor dem ersten Spiel gegen die USA (3:0). Stehend (v.l.): Jan Koller, Tomas Ujfalusi, Zdenek Grygera, David Rozehnal, Petr Cech; vorn (v.l.): Karel Poborsky, Marek Jankulovski, Pavel Nedved, Tomas Galasek, Tomas Rosicky, Jaroslav Plasil.

DER KAPITÄN

Tomas Galasek, nationaler Stammspieler seit 1998.

DER TRAINER

KAREL BRÜCKNER
Tschechien
Geburtsdatum: 13.11.1939
Nationaltrainer seit 2002

Tor

Cech, Petr · 20.05.1982 · 1

196 cm · 86 kg · Chelsea London

E	EW	AW	G	G/R	R	T	V	WMS/T	LS/T
3	0	0	0	0	0	0	0	0/0	41/0

Blazek, Jaromir · 29.12.1972 · 16

188 cm · 88 kg · Sparta Prag

E	EW	AW	G	G/R	R	T	V	WMS/T	LS/T
0	0	0	0	0	0	0	0	0/0	11/0

Kinsky, Antonin · 31.05.1975 · 23

187 cm · 82 kg · Saturn Ramenskoje

E	EW	AW	G	G/R	R	T	V	WMS/T	LS/T
0	0	0	0	0	0	0	0	0/0	5/0

Abwehr

Grygera, Zdenek · 14.05.1980 · 2

184 cm · 79 kg · Ajax Amsterdam

E	EW	AW	G	G/R	R	T	V	WMS/T	LS/T
3	0	0	1	0	0	0	1	0/0	41/1

Mares, Pavel · 18.01.1976 · 3

185 cm · 77 kg · Zenit St. Petersburg

E	EW	AW	G	G/R	R	T	V	WMS/T	LS/T
0	0	0	0	0	0	0	0	0/0	10/0

Kovac, Radoslav · 27.11.1979 · 5

189 cm · 78 kg · Spartak Moskau

E	EW	AW	G	G/R	R	T	V	WMS/T	LS/T
1	0	1	0	0	0	0	0	0/0	6/0

Jankulovski, Marek · 09.05.1977 · 6

184 cm · 74 kg · AC Mailand

E	EW	AW	G	G/R	R	T	V	WMS/T	LS/T
3	0	0	0	0	0	0	0	0/0	48/8

Jiranek, Martin · 25.05.1979 · 13

183 cm · 78 kg · Spartak Moskau

E	EW	AW	G	G/R	R	T	V	WMS/T	LS/T
0	0	0	0	0	0	0	0	0/0	24/0

Ujfalusi, Tomas · 24.03.1978 · 21

185 cm · 76 kg · AC Florenz

E	EW	AW	G	G/R	R	T	V	WMS/T	LS/T
2	0	0	0	0	1	0	0	0/0	48/2

Rozehnal, David · 05.07.1980 · 22

191 cm · 80 kg · Paris St. Germain

E	EW	AW	G	G/R	R	T	V	WMS/T	LS/T
3	0	0	1	0	0	0	0	0/0	22/0

Mittelfeld

Galasek, Tomas · 15.01.1973 · 4

180 cm · 77 kg · Ajax Amsterdam

E	EW	AW	G	G/R	R	T	V	WMS/T	LS/T
2	0	1	0	0	0	0	0	0/0	49/1

Sionko, Libor · 01.02.1977 · 7

178 cm · 70 kg · Austria Wien

E	EW	AW	G	G/R	R	T	V	WMS/T	LS/T
1	1	0	0	0	0	0	0	0/0	17/1

Poborsky, Karel · 30.03.1972 · 8

174 cm · 73 kg · Ceske Budweis

E	EW	AW	G	G/R	R	T	V	WMS/T	LS/T
3	0	3	0	0	0	0	0	0/0	115/8

Rosicky, Tomas · 04.10.1980 · 10

175 cm · 67 kg · Borussia Dortmund

E	EW	AW	G	G/R	R	T	V	WMS/T	LS/T
3	0	1	1	0	0	2	0	0/0	54/15

Nedved, Pavel · 30.08.1972 · 11

177 cm · 70 kg · Juventus Turin

E	EW	AW	G	G/R	R	T	V	WMS/T	LS/T
3	0	0	0	0	0	0	1	0/0	87/18

Jarolim, David · 17.05.1979 · 14

172 cm · 68 kg · Hamburger SV

E	EW	AW	G	G/R	R	T	V	WMS/T	LS/T
1	1	0	0	0	0	0	0	0/0	3/0

Polak, Jan · 14.03.1981 · 19

181 cm · 77 kg · 1. FC Nürnberg

E	EW	AW	G	G/R	R	T	V	WMS/T	LS/T
3	2	0	0	1	0	0	0	0/0	18/5

Plasil, Jaroslav · 05.01.1982 · 20

183 cm · 77 kg · AS Monaco

E	EW	AW	G	G/R	R	T	V	WMS/T	LS/T
3	0	1	0	0	0	0	0	0/0	14/1

Sturm

Koller, Jan · 30.03.1973 · 9

202 cm · 100 kg · Borussia Dortmund

E	EW	AW	G	G/R	R	T	V	WMS/T	LS/T
1	0	1	0	0	0	1	0	0/0	68/42

Lokvenc, Vratislav · 27.09.1973 · 12

196 cm · 95 kg · SV Salzburg

E	EW	AW	G	G/R	R	T	V	WMS/T	LS/T
2	1	0	2	0	0	0	0	0/0	72/14

Baros, Milan · 28.10.1981 · 15

184 cm · 76 kg · Aston Villa

E	EW	AW	G	G/R	R	T	V	WMS/T	LS/T
1	0	1	0	0	0	0	0	0/0	49/27

Stajner, Jiri · 27.05.1976 · 17

184 cm · 82 kg · Hannover 96

E	EW	AW	G	G/R	R	T	V	WMS/T	LS/T
3	3	0	0	0	0	0	0	0/0	21/3

Heinz, Marek · 04.08.1977 · 18

187 cm · 76 kg · Galatasaray Istanbul

E	EW	AW	G	G/R	R	T	V	WMS/T	LS/T
1	1	0	0	0	0	0	0	0/0	28/5

TUNESIEN

Tor

Boumnijel, Ali · 13.04.1966 · 1
188 cm · 83 kg · Club Africain Tunis

E	EW	AW	G	G/R	R	T	V	WMS/T	LS/T
3	0	0	0	0	0	0	0	3(02)/0	48/0

Nefzi, Adel · 16.03.1974 · 16
185 cm · 85 kg · US Monastir

E	EW	AW	G	G/R	R	T	V	WMS/T	LS/T
0	0	0	0	0	0	0	0	0/0	0/0

Kasraoui, Hamdi · 18.01.1983 · 22
192 cm · 87 kg · Esperance Tunis

E	EW	AW	G	G/R	R	T	V	WMS/T	LS/T
0	0	0	0	0	0	0	0	0/0	6/0

Abwehr

Haggui, Karim · 20.01.1984 · 3
190 cm · 83 kg · Racing Straßburg

E	EW	AW	G	G/R	R	T	V	WMS/T	LS/T
3	0	0	1	0	0	0	0	0/0	26/4

Yahia, Aleddine · 26.09.1981 · 4
186 cm · 81 kg · AS St. Etienne

E	EW	AW	G	G/R	R	T	V	WMS/T	LS/T
1	1	0	0	0	0	0	0	0/0	13/0

Trabelsi, Hatem · 25.01.1977 · 6
179 cm · 81 kg · Ajax Amsterdam

E	EW	AW	G	G/R	R	T	V	WMS/T	LS/T
3	0	0	1	0	0	0	0	4(98-02)/0	56/0

Bouazizi, Riadh · 08.04.1973 · 13
178 cm · 75 kg · Erciyesspor

E	EW	AW	G	G/R	R	T	V	WMS/T	LS/T
3	0	3	2	0	0	0	0	5(98-02)/0	85/4

Jaidi, Radhi · 30.08.1975 · 15
189 cm · 85 kg · Bolton Wanderers

E	EW	AW	G	G/R	R	T	V	WMS/T	LS/T
3	0	0	2	0	0	1	0	3(02)/0	89/5

Jemmali, David · 13.12.1974 · 18
187 cm · 82 kg · Girondins Bordeaux

E	EW	AW	G	G/R	R	T	V	WMS/T	LS/T
1	0	0	0	0	0	0	0	0/0	2/0

Ayari, Anis · 16.02.1982 · 19
180 cm · 72 kg · Samsunspor

E	EW	AW	G	G/R	R	T	V	WMS/T	LS/T
2	0	1	1	0	0	0	0	0/0	24/1

Saidi, Karim · 24.03.1983 · 21
188 cm · 82 kg · US Lecce

E	EW	AW	G	G/R	R	T	V	WMS/T	LS/T
0	0	0	0	0	0	0	0	0/0	15/0

Mittelfeld

Essediri, Karim · 29.07.1979 · 2
185 cm · 80 kg · Rosenborg Trondheim

E	EW	AW	G	G/R	R	T	V	WMS/T	LS/T
1	0	1	0	0	0	0		0/0	7/0

Nafti, Mehdi · 28.11.1978 · 8
179 cm · 77 kg · Birmingham City

E	EW	AW	G	G/R	R	T	V	WMS/T	LS/T
3	1	1	0	0	0	0		0/0	29/1

Ghodhbane, Kaies · 07.01.1976 · 10
184 cm · 80 kg · Konyaspor

E	EW	AW	G	G/R	R	T	V	WMS/T	LS/T
3	3	0	0	0	0	0		4(98-02)/0	89/6

Mnari, Jawhar · 08.11.1976 · 12
184 cm · 82 kg · 1. FC Nürnberg

E	EW	AW	G	G/R	R	T	V	WMS/T	LS/T
3	0	0	1	0	0	1	0	0/0	37/1

Chedli, Adel · 16.09.1976 · 14
176 cm · 72 kg · 1. FC Nürnberg

E	EW	AW	G	G/R	R	T	V	WMS/T	LS/T
3	0	3	1	0	0	0	0	0/0	38/4

Namouchi, Hamed · 14.02.1984 · 20
183 cm · 74 kg · Glasgow Rangers

E	EW	AW	G	G/R	R	T	V	WMS/T	LS/T
3	0	0	0	0	0	0	0	0/0	14/1

Melliti, Sofian · 18.08.1978 · 23
183 cm · 78 kg · Gaziantepspor

E	EW	AW	G	G/R	R	T	V	WMS/T	LS/T
0	0	0	0	0	0	0	0	0/0	14/ 1

Sturm

Jaziri, Ziad · 12.07.1978 · 5
171 cm · 71 kg · ES Troyes AC Chiapas

E	EW	AW	G	G/R	R	T	V	WMS/T	LS/T
3	0	0	1	1	0	1	2	3(02)/0	61/13

Guemamdia, Haykel · 22.12.1981 · 7
177 cm · 71 kg · Racing Straßburg

E	EW	AW	G	G/R	R	T	V	WMS/T	LS/T
1	1	0	1	0	0	0	0	0/0	9/4

Chikhaoui, Yassine · 22.09.1986 · 9
182 cm · 80 kg · ES Sahel

E	EW	AW	G	G/R	R	T	V	WMS/T	LS/T
1	0	1	1	0	0	0	0	0/0	1/0

Dos Santos, Silva · 20.03.1979 · 11
172 cm · 68 kg · FC Toulouse

E	EW	AW	G	G/R	R	T	V	WMS/T	LS/T
1	1	0	0	0	0	0	0	0/0	28/18

Ben Saada, Chouki · 01.07.1984 · 17
171 cm · 70 kg · SC Bastia

E	EW	AW	G	G/R	R	T	V	WMS/T	LS/T
1	1	0	0	0	0	0	0	0/0	11/1

GRUPPE H

Tunesien am 14. Juni 2006 in München vor dem ersten Spiel gegen Saudi-Arabien (2:2). Stehend (v.l.): Radhi Jaidi, Hamed Namouchi, Karim Haggui, Yassine Chikhaoui, Jawhar Mnari, Ali Boumnijel; vorn (v.l.): Adel Chedli, Ziad Jaziri, Hatem Trabelsi, David Jemmali, Riadh Bouazizi.

DER KAPITÄN

Riadh Bouazizi ist seit 1998 im WM-Einsatz.

DER TRAINER

ROGER LEMERRE
Frankreich
Geburtsdatum: 18.06.1941
Nationaltrainer seit 2004

UKRAINE

GRUPPE H

Die Ukraine am 14. Juni 2006 in Leipzig vor dem ersten Spiel gegen Spanien (0:4). Stehend (v.l.): Andrej Gusin, Wladimir Jeserski, Alexander Schowkowski, Andrej Schewtschenko, Andrej Rusol, Andrej Nesmatschni; vorn (v.l.): Ruslan Rotan, Oleg Gusev, Wladislaw Waschtschuk, Andrej Woronin, Anatoli Tymoschuk.

DER KAPITÄN

Andrej Schewtschenko schoss die Ukraine in die WM.

DER TRAINER

OLEG BLOCHIN
Ukraine
Geburtsdatum:
05.11.1952
Nationaltrainer seit 2003

Tor

Schowkowski, Alexander · 02.01.1975 · 1
191 cm · 86 kg · Dynamo Kiew

E	EW	AW	G	G/R	R	T	V	WMS/T	LS/T
5	0	0	0	0	0	0	0	0/0	68/0

Pjatow, Andrej · 28.06.1984 · 12
190 cm · 78 kg · Worskla Poltava

E	EW	AW	G	G/R	R	T	V	WMS/T	LS/T
0	0	0	0	0	0	0	0	0/0	1/0

Schust, Bogdan · 04.03.1986 · 23
188 cm · 82 kg · Schachtjor Donezk

E	EW	AW	G	G/R	R	T	V	WMS/T	LS/T
0	0	0	0	0	0	0	0	0/0	2/0

Abwehr

Nesmatschni, Andrej · 28.02.1979 · 2
178 cm · 71 kg · Dynamo Kiew

E	EW	AW	G	G/R	R	T	V	WMS/T	LS/T
5	0	0	1	0	0	0	0	0/0	49/0

Jatsenko, Alexander · 24.02.1985 · 3
180 cm · 70 kg · FC Charkow

E	EW	AW	G	G/R	R	T	V	WMS/T	LS/T
0	0	0	0	0	0	0	0	0/0	1/0

Jeserski, Wladimir · 15.11.1976 · 5
183 cm · 77 kg · D. Dnjepropetrowsk

E	EW	AW	G	G/R	R	T	V	WMS/T	LS/T
1	0	0	1	0	0	0	0	0/0	24/1

Rusol, Andrej · 16.01.1983 · 6
186 cm · 74 kg · D. Dnjepropetrowsk

E	EW	AW	G	G/R	R	T	V	WMS/T	LS/T
4	0	1	2	0	0	1	0	0/0	23/1

Tschigrynski, Dmitri · 07.11.1986 · 13
190 cm · 81 kg · Schachtjor Donezk

E	EW	AW	G	G/R	R	T	V	WMS/T	LS/T
0	0	0	0	0	0	0	0	0/0	0/0

Waschtschuk, Wladislaw · 02.01.1975 · 17
180 cm · 73 kg · Dynamo Kiew

E	EW	AW	G	G/R	R	T	V	WMS/T	LS/T
3	1	0	0	0	1	0	0	0/0	58/1

Swiderski, Wjatscheslaw · 01.01.1979 · 22
185 cm · 80 kg · Arsenal Kiew

E	EW	AW	G	G/R	R	T	V	WMS/T	LS/T
3	0	1	3	0	0	0	0	0/0	6/0

Mittelfeld

Tymoschuk, Anatoli · 30.03.1979 · 4
183 cm · 74 kg · Schachtjor Donezk

E	EW	AW	G	G/R	R	T	V	WMS/T	LS/T
5	0	0	1	0	0	0	1	0/0	55/1

Schelajew, Oleg · 05.11.1976 · 8
182 cm · 74 kg · D. Dnjepropetrowsk

E	EW	AW	G	G/R	R	T	V	WMS/T	LS/T
5	1	0	1	0	0	0	0	0/0	19/0

Gusew, Oleg · 25.04.1983 · 9
179 cm · 73 kg · Dynamo Kiew

E	EW	AW	G	G/R	R	T	V	WMS/T	LS/T
5	0	1	0	0	0	0	0	0/0	25/1

Rebrow, Sergej · 03.06.1974 · 11
171 cm · 60 kg · Dynamo Kiew

E	EW	AW	G	G/R	R	T	V	WMS/T	LS/T
4	2	2	0	0	0	1	0	0/0	70/14

Gusin, Andrej · 11.12.1972 · 14
189 cm · 78 kg · K.S. Samara

E	EW	AW	G	G/R	R	T	V	WMS/T	LS/T
5	2	1	0	0	0	0	0	0/0	64/9

Nasarenko, Sergej · 16.02.1980 · 18
176 cm · 68 kg · D. Dnjepropetrowsk

E	EW	AW	G	G/R	R	T	V	WMS/T	LS/T
0	0	0	0	0	0	0	0	0/0	15/2

Kalinitschenko, Maxim · 26.01.1979 · 19
176 cm · 76 kg · Spartak Moskau

E	EW	AW	G	G/R	R	T	V	WMS/T	LS/T
4	0	2	2	0	0	1	2	0/0	20/ 3

Rotan, Ruslan · 29.10.1981 · 21
176 cm · 69 kg · Dynamo Kiew

E	EW	AW	G	G/R	R	T	V	WMS/T	LS/T
3	2	1	0	0	0	0	0	0/0	19/3

Sturm

Schewtschenko, Andrej · 29.09.1976 · 7
183 cm · 72 kg · AC Mailand

E	EW	AW	G	G/R	R	T	V	WMS/T	LS/T
5	0	2	0	0	0	2	2	0/0	64/29

Woronin, Andrej · 21.07.1979 · 10
179 cm · 75 kg · Bayer Leverkusen

E	EW	AW	G	G/R	R	T	V	WMS/T	LS/T
4	0	2	0	0	0	0	0	0/0	32/4

Milewski, Artjom · 12.01.1985 · 15
190 cm · 78 kg · Dynamo Kiew

E	EW	AW	G	G/R	R	T	V	WMS/T	LS/T
4	3	1	1	0	0	0	0	0/0	0/0

Worobej, Andrej · 29.11.1978 · 16
179 cm · 68 kg · Schachtjor Donezk

E	EW	AW	G	G/R	R	T	V	WMS/T	LS/T
4	3	1	0	0	0	0	0	0/0	52/7

Bjelik, Alexej · 15.02.1981 · 20
184 cm · 76 kg · Schachtjor Donezk

E	EW	AW	G	G/R	R	T	V	WMS/T	LS/T
1	1	0	0	0	0	0	0	0/0	15/4

USA

Tor

Howard, Tim · 06.03.1979 · 1

190 cm · 95 kg · Manchester United

E	EW	AW	G	G/R	R	T	V	WMS/T	LS/T
0	0	0	0	0	0	0	0	0/0	16/0

Keller, Kasey · 29.11.1969 · 18

188 cm · 86 kg · Borussia Mönchengladbach

E	EW	AW	G	G/R	R	T	V	WMS/T	LS/T
3	0	0	0	0	0	0	0	3(98)/0	93/0

Hahnemann, Marcus · 15.06.1972 · 19

191 cm · 99 kg · FC Reading

E	EW	AW	G	G/R	R	T	V	WMS/T	LS/T
0	0	0	0	0	0	0	0	0/0	6/0

Abwehr

Albright, Chris · 14.01.1979 · 2

185 cm · 84 kg · Los Angeles Galaxy

E	EW	AW	G	G/R	R	T	V	WMS/T	LS/T
0	0	0	0	0	0	0	0	0/0	20/1

Bocanegra, Carlos · 25.05.1979 · 3

181 cm · 77 kg · FC Fulham

E	EW	AW	G	G/R	R	T	V	WMS/T	LS/T
2	0	0	0	0	0	0	0	0/0	40/6

Cherundolo, Steve · 19.02.1979 · 6

170 cm · 69 kg · Hannover 96

E	EW	AW	G	G/R	R	T	V	WMS/T	LS/T
3	0	2	0	0	0	0	0	0/0	35/1

Lewis, Eddie · 17.05.1974 · 7

178 cm · 71 kg · Leeds United

E	EW	AW	G	G/R	R	T	V	WMS/T	LS/T
2	1	0	1	0	0	0	0	3(02)/0	69/8

Berhalter, Gregg · 01.08.1973 · 12

185 cm · 76 kg · Energie Cottbus

E	EW	AW	G	G/R	R	T	V	WMS/T	LS/T
0	0	0	0	0	0	0	0	2(02)/0	44/0

Conrad, Jimmy · 12.02.1977 · 13

188 cm · 84 kg · Kansas City Wizards

E	EW	AW	G	G/R	R	T	V	WMS/T	LS/T
2	0	1	0	0	0	0	0	0/0	15/0

Onyewu, Oguchi · 15.03.1982 · 22

193 cm · 95 kg · Standard Lüttich

E	EW	AW	G	G/R	R	T	V	WMS/T	LS/T
3	0	0	1	0	0	0	0	0/0	14/1

Pope, Eddie · 24.12.1973 · 23

185 cm · 81 kg · Real Salt Lake

E	EW	AW	G	G/R	R	T	V	WMS/T	LS/T
2	0	0	0	1	0	0	0	8(98-02)/0	80/8

Mittelfeld

Mastroeni, Pablo · 29.08.1976 · 4

178 cm · 78 kg · Colorado Rapids

E	EW	AW	G	G/R	R	T	V	WMS/T	LS/T
2	0	1	0	0	1	0	0	3(02)/0	48/0

O'Brien, John · 29.08.1977 · 5

175 cm · 68 kg · Chivas USA L.A.

E	EW	AW	G	G/R	R	T	V	WMS/T	LS/T
1	1	0	0	0	0	0	0	5(02)/0	31/3

Dempsey, Clint · 09.03.1983 · 8

185 cm · 77 kg · New England Revolution

E	EW	AW	G	G/R	R	T	V	WMS/T	LS/T
2	0	1	0	0	0	1	1	0/0	21/5

Reyna, Claudio · 20.07.1973 · 10

175 cm · 73 kg · Manchester City

E	EW	AW	G	G/R	R	T	V	WMS/T	LS/T
3	0	1	1	0	0	0	0	7(98-02)/0	109/8

Olsen, Ben · 03.05.1977 · 14

176 cm · 63 kg · Washington DC United

E	EW	AW	G	G/R	R	T	V	WMS/T	LS/T
1	1	0	0	0	0	0	0	0/0	34/6

Convey, Bobby · 27.05.1983 · 15

173 cm · 68 kg · FC Reading

E	EW	AW	G	G/R	R	T	V	WMS/T	LS/T
3	1	1	0	0	0	0	0	0/0	39/1

Beasley, DaMarcus · 24.05.1982 · 17

173 cm · 57 kg · PSV Eindhoven

E	EW	AW	G	G/R	R	T	V	WMS/T	LS/T
3	1	0	0	0	0	0	1	3(02)/0	58/12

Donovan, Landon · 04.03.1982 · 21

173 cm · 67 kg · Los Angeles Galaxy

E	EW	AW	G	G/R	R	T	V	WMS/T	LS/T
3	0	0	0	0	0	0	0	5(02)/2	81/25

Sturm

Johnson, Eddie · 31.03.1984 · 9

181 cm · 82 kg · Kansas City Wizards

E	EW	AW	G	G/R	R	T	V	WMS/T	LS/T
2	2	0	0	0	0	0	0	0/0	18/9

Ching, Brian · 24.05.1978 · 11

185 cm · 88 kg · Houston Dynamo

E	EW	AW	G	G/R	R	T	V	WMS/T	LS/T
0	0	0	0	0	0	0	0	0/0	20/4

Wolff, Josh · 25.02.1977 · 16

173 cm · 73 kg · Kansas City Wizards

E	EW	AW	G	G/R	R	T	V	WMS/T	LS/T
1	1	0	0	0	0	0	0	2(02)/0	47/9

McBride, Brian · 19.06.1972 · 20

183 cm · 75 kg · FC Fulham

E	EW	AW	G	G/R	R	T	V	WMS/T	LS/T
3	0	1	0	0	0	0	0	6(98-02)/2	92/30

GRUPPE E

Die USA am 12. Juni 2006 in Gelsenkirchen vor dem ersten Spiel gegen Tschechien (0:3). Stehend (v.l): Pablo Mastroeni, Eddie Pope, Brian McBride, Oguchi Onyewu, Kasey Keller; vorn (v.l.): Steve Cherundolo, Brian Ching, Bobby Convey, Landon Donovan, Eddie Lewis, Claudio Reyna.

DER KAPITÄN

Claudio Reyna ist seit der WM in den USA dabei.

DER TRAINER

BRUCE ARENA
USA
Geburtsdatum:
21.09.1951
Nationaltrainer
seit 1998

DR. MARKUS MERK

Deutschland
Geburtsdatum: 15.03.1962
FIFA-Schiedsrichter seit: 01.01.1992
Erstes Länderspiel: 28.04.1992
Größe: 181 cm
Gewicht: 72 kg
Beruf: Zahnarzt
WM 2006:
Serbien/Montenegro – Niederlande 0:1
Brasilien – Australien 2:0
Ghana – USA 2:1

Der Beste unter den 700.000 Unparteiischen weltweit: Markus Merk wurde bereits zweimal zum »Schiedsrichter des Jahres« gewählt (2004 und 2005). Bei der EURO 2004 leitete er das Endspiel Portugal – Griechenland. Bei der WM 2002 war er in Korea/Japan im Einsatz, seit 1988 in mehr als 275 Bundesliga-Partien.

EINSÄTZE

Name	E	G	G/R	R	Elfer
Horacio Elizondo	5	25	0	3	1
Benito Archundia	5	13	1	0	0
Lubos Michel	4	28	2	1	1
Luis Medina Cantalejo	4	23	1	1	1
Frank De Bleeckere	4	19	0	0	1
Roberto Rosetti	4	15	0	1	1
Jorge Larrionda	4	13	1	2	1
Valentin Iwanow	3	18	4	0	0
Shamsul Maidin	3	16	2	0	0
Carlos Simon	3	16	1	0	1
Carlos Amarilla	3	16	1	0	1
Dr. Markus Merk	3	16	0	0	1
Toru Kamikawa	3	14	0	0	0
Graham Poll	3	12	4	0	1
Massiomo Busacca	3	11	0	1	1
Mark Shield	2	10	0	0	0
Coffi Codjia	2	10	0	0	0
Eric Poulat	2	9	0	0	1
Marco Rodriguez	2	8	2	0	2
Oscar Ruiz	1	7	0	0	0
Essam Abd El Fatah	1	7	0	0	0

ESSAM ABD EL FATAH

Ägypten
Geburtsdatum: 30.12.1965
Schiedsrichter seit: 01.01.2001
Erstes Länderspiel: 08.06.2003
Größe: 181 cm
Gewicht: 81 kg
Beruf: Pilot
Australien – Japan 3:1

CARLOS AMARILLA

Paraguay
Geburtsdatum: 26.12.1970
Schiedsrichter seit: 01.01.1997
Erstes Länderspiel: 16.11.1997
Größe: 183 cm
Gewicht: 85 kg
Beruf: Elektroingenieur
USA – Tschechien 0:3
Togo – Schweiz 0:2
Ukraine – Tunesien 1:0

BENITO ARCHUNDIA

Mexiko
Geburtsdatum: 21.03.1966
Schiedsrichter seit: 01.01.1993
Erstes Länderspiel: 28.05.1994
Größe: 170 cm
Gewicht: 67 kg
Beruf: Rechtsanwalt und Volkswirtschaftler
Brasilien – Kroatien 1:0
Frankreich – Südkorea 1:1
Tschechien – Italien 0:2
Schweiz – Ukraine 0:3 i.E.
Deutschland – Italien 0:2 n.V.

FRANK DE BLEECKERE

Belgien
Geburtsdatum: 01.07.1966
Schiedsrichter seit: 01.01.1998
Erstes Länderspiel: 24.03.2001
Größe: 182 cm
Gewicht: 70 kg
Beruf: PR-Manager
Argentinien – Elfenbeinküste 2:1
Japan – Kroatien 0:0
Italien – Ukraine 3:0
England – Ecuador 1:0

MASSIOMO BUSACCA

Schweiz
Geburtsdatum: 06.02.1969
Schiedsrichter seit: 01.01.1998
Erstes Länderspiel: 02.06.2001
Größe: 180 cm
Gewicht: 72 kg
Beruf: Firmeninhaber
Spanien – Ukraine 4:0
Schweden – England 2:2
Argentinien – Mexiko 2:1 n.V.

COFFI CODJIA

Benin
Geburtsdatum: 09.12.1967
Schiedsrichter seit: 01.01.1994
Erstes Länderspiel: 23.04.1995
Größe: 174 cm
Gewicht: 75 kg
Beruf: Schiffsinspekteur
Ecuador – Costa Rica 3:0
Saudi-Arabien – Spanien 0:1

HORACIO ELIZONDO

Argentinien
Geburtsdatum: 04.11.1963
Schiedsrichter seit: 01.01.1994
Erstes Länderspiel: 09.10.1996
Größe: 183 cm
Gewicht: 81 kg
Beruf: Sportlehrer
Deutschland – Costa Rica 4:2
Tschechien – Ghana 0:2
Schweiz – Südkorea 2:0
England – Portugal 1:3 i.E.
Italien – Frankreich 5:3 i.E.

VALENTIN IWANOW

Russland
Geburtsdatum: 04.07.1961
Schiedsrichter seit: 01.01.1997
Erstes Länderspiel: 09.06.1999
Größe: 184 cm
Gewicht: 80 kg
Beruf: Lehrer
Frankreich – Schweiz 0:0
Ecuador – Deutschland 0:3
Portugal – Niederlande 1:0

■ TORU KAMIKAWA

Japan
Geburtsdatum: 08.06.1963
Schiedsrichter seit: 01.01.1998
Erstes Länderspiel: 30.11.1998
Größe: 181 cm
Gewicht: 76 kg
Beruf: Fußballschiedsrichter
Polen – Ecuador 0:2
England – Trinidad & Tobago 2:0
Deutschland – Portugal 3:1

■ JORGE LARRIONDA

Uruguay
Geburtsdatum: 09.03.1968
Schiedsrichter seit: 01.01.1998
Erstes Länderspiel: 20.06.1999
Größe: 176 cm
Gewicht: 74 kg
Beruf: Angestellter
Angola – Portugal 0:1
Italien – USA 1:1
Togo – Frankreich 0:2
Portugal – Frankreich 0:1

■ SHAMSUL MAIDIN

Singapur
Geburtsdatum: 16.04.1966
Schiedsrichter seit: 01.01.1996
Erstes Länderspiel: 07.12.1996
Größe: 179 cm
Gewicht: 75 kg
Beruf: Angestellter im Schiedsrichterwesen
Trinidad & Tobago – Schweden 0:0
Mexiko – Angola 0:0
Costa Rica – Polen 1:2

■ LUIS MEDINA CANTALEJO

Spanien
Geburtsdatum: 01.03.1964
Schiedsrichter seit: 01.01.2002
Erstes Länderspiel: 04.09.2004
Größe: 173 cm
Gewicht: 70 kg
Beruf: Sportexperte
Deutschland – Polen 1:0
Niederlande – Argentinien 0:0
Italien – Australien 1:0
Brasilien – Frankreich 0:1

■ LUBOS MICHEL

Slowakei
Geburtsdatum: 11.05.1968
Schiedsrichter seit: 01.01.1993
Erstes Länderspiel: 11.10.1995
Größe: 178 cm
Gewicht: 75 kg
Beruf: Manager
Schweden – Paraguay 1:0
Portugal – Mexiko 2:1
Brasilien – Ghana 3:0
Deutschland – Argentinien 4:2 i.E.

■ GRAHAM POLL

England
Geburtsdatum: 29.07.1963
Schiedsrichter seit: 01.01.1996
Erstes Länderspiel: 02.04.1997
Größe: 184 cm
Gewicht: 88 kg
Beruf: Fußballschiedsrichter
Südkorea – Togo 2:1
Saudi-Arabien – Ukraine 0:4
Kroatien – Australien 2:2

■ ERIC POULAT

Frankreich
Geburtsdatum: 08.12.1963
Schiedsrichter seit: 01.01.1999
Erstes Länderspiel: 28.03.2001
Größe: 185 cm
Gewicht: 88 kg
Beruf: Informatiker
Portugal – Iran 2:0
Japan – Brasilien 1:4

■ MARCO RODRIGUEZ

Mexiko
Geburtsdatum: 10.11.1973
Schiedsrichter seit: 01.01.1999
Erstes Länderspiel: 03.03.1999
Größe: 179 cm
Gewicht: 81 kg
Beruf: Sportlehrer
England – Paraguay 1:0
Elfenbeinküste – Serbien/Montenegro 3:2

■ ROBERTO ROSETTI

Italien
Geburtsdatum: 18.09.1967
Schiedsrichter seit: 01.01.2002
Erstes Länderspiel: 11.01.2002
Größe: 190 cm
Gewicht: 84 kg
Beruf: Krankenhaus-Manager
Mexiko – Iran 3:1
Argeninien – Serbien/Montenegro 6:0
Parayuay – Trinidad&Tobago 2:0
Spanien – Frankreich 1:3

■ OSCAR RUIZ

Kolumbien
Geburtsdatum: 01.11.1969
Schiedsrichter seit: 01.01.1995
Erstes Länderspiel: 12.07.1995
Größe: 185 cm
Gewicht: 83 kg
Beruf: Rechtsanwalt
Niederlande – Elfenbeinküste 2:1

■ MARK SHIELD

Australien
Geburtsdatum: 02.09.1973
Schiedsrichter seit: 01.01.1999
Erstes Länderspiel: 22.01.1997
Größe: 187 cm
Gewicht: 82 kg
Beruf: Unternehmensdirektor
Tunesien – Saudi-Arabien 2:2
Iran – Angola 1:1

■ CARLOS SIMON

Brasilien
Geburtsdatum: 03.09.1965
Schiedsrichter seit: 01.01.1998
Erstes Länderspiel: 29.06.2000
Größe: 179 cm
Gewicht: 72 kg
Beruf: Journalist
Italien – Ghana 2:0
Spanien – Tunesien 3:1
Deutschland – Schweden 2:0

Schiedsrichter = FIFA-Schiedsrichter

DIE STADIEN

BERLIN

Dienstag, 13. Juni 2006 · Vorrunde Gruppe F
Brasilien – Kroatien **1:0 (1:0)**

Donnerstag, 15. Juni 2006 · Vorrunde Gruppe B
Schweden – Paraguay **1:0 (0:0)**

Dienstag, 20. Juni 2006 · Vorrunde Gruppe A
Ecuador – Deutschland **0:3 (0:2)**

Freitag, 23. Juni 2006 · Vorrunde Gruppe H
Ukraine – Tunesien **1:0 (0:0)**

Freitag, 30. Juni 2006 · Viertelfinale
Deutschland – Argentinien **4:2 i.E. (1:1 n.V.)**

Sonntag, 09. Juli 2006 · Finale
Italien – Frankreich **5:3 i.E. (1:1 n.V.)**

Kapazität 72.000 · Baujahr 1936/Umbau 2004

DORTMUND

Samstag, 10. Juni 2006 · Vorrunde Gruppe B
Trinidad & Tobago – Schweden **0:0 (0:0)**

Mittwoch, 14. Juni 2006 · Vorrunde Gruppe A
Deutschland – Polen **1:0 (0:0)**

Montag, 19. Juni 2006 · Vorrunde Gruppe G
Togo – Schweiz **0:2 (0:1)**

Donnerstag, 22. Juni 2006 · Vorrunde Gruppe F
Japan – Brasilien **1:4 (1:1)**

Dienstag, 27. Juni 2006 · Achtelfinale
Brasilien – Ghana **3:0 (2:0)**

Dienstag, 04. Juli 2006 · Halbfinale
Deutschland – Italien **0:2 n.V. (0:0)**

Kapazität 65.000 · Baujahr 1974/Umbau 2003

FRANKFURT

Samstag, 10. Juni 2006 · Vorrunde Gruppe B
England – Paraguay **1:0 (1:0)**

Dienstag, 13. Juni 2006 · Vorrunde Gruppe G
Südkorea – Togo **2:1 (0:1)**

Samstag, 17. Juni 2006 · Vorrunde Gruppe D
Portugal – Iran **2:0 (0:0)**

Mittwoch, 21. Juni 2006 · Vorrunde Gruppe C
Niederlande – Argentinien **0:0 (0:0)**

Samstag, 1. Juli 2006 · Viertelfinale
Brasilien – Frankreich **0:1 (0:0)**

Kapazität 48.000 · Baujahr 1925/Umbau 2005

DIE STADIEN

Kapazität 52.000 · Baujahr 2001

GELSENKIRCHEN

Freitag, 09. Juni 2006 · Vorrunde Gruppe A
Polen – Ecuador **0:2 (0:1)**

Montag, 12. Juni 2006 · Vorrunde Gruppe E
USA – Tschechien **0:3 (0:2)**

Freitag, 16. Juni 2006 · Vorrunde Gruppe C
Argentinien – Serbien/Montenegro **6:0 (3:0)**

Mittwoch, 21. Juni 2006 · Vorrunde Gruppe D
Portugal – MexiKo **2:1 (2:1)**

Samstag, 01. Juli 2006 · Viertelfinale
England – Portugal **1:3 i.E. (0:0 n.V.)**

Kapazität 50.000 · Baujahr 2000

HAMBURG

Samstag, 10. Juni 2006 · Vorrunde Gruppe C
Argentinien – Elfenbeinküste **2:1 (2:0)**

Donnerstag, 15. Juni 2006 · Vorrunde Gruppe A
Ecuador – Costa Rica **3:0 (1:0)**

Montag, 19. Juni 2006 · Vorrunde Gruppe H
Saudi-Arabien – Ukraine **0:4 (0:2)**

Donnerstag, 22. Juni 2006 · Vorrunde Gruppe E
Tschechien – Italien **0:2 (0:1)**

Freitag, 30. Juni 2006 · Viertelfinale
Italien – Ukraine **3:0 (1:0)**

Kapazität 43.000 · Baujahr 1954/Umbau 2004

HANNOVER

Montag, 12. Juni 2006 · Vorrunde Gruppe E
Italien – Ghana **2:0 (1:0)**

Freitag, 16. Juni 2006 · Vorrunde Gruppe D
Mexiko – Angola **0:0 (0:0)**

Dienstag, 20. Juni 2006 · Vorrunde Gruppe A
Costa Rica – Polen **1:2 (1:1)**

Freitag, 23. Juni 2006 · Vorrunde Gruppe G
Schweiz – Südkorea **2:0 (1:0)**

Dienstag, 27. Juni 2006 · Achtelfinale
Spanien – Frankreich **1:3 (1:1)**

KAISERSLAUTERN

Montag, 12. Juni 2006 · Vorrunde Gruppe F
Australien – Japan 3:1 (0:1)

Samstag, 17. Juni 2006 · Vorrunde Gruppe E
Italien – USA 1:1 (1:1)

Dienstag, 20. Juni 2006 · Vorrunde Gruppe B
Paraguay – Trinidad & Tobago 2:0 (1:0)

Freitag, 23. Juni 2006 · Vorrunde Gruppe H
Saudi-Arabien – Spanien 0:1 (0:1)

Montag, 26. Juni 2006 · Achtelfinale
Italien – Australien 1:0 (0:0)

Kapazität 46.000 · Baujahr 1920/Umbau 2005

KÖLN

Sonntag, 11. Juni 2006 · Vorrunde Gruppe D
Angola – Portugal 0:1 (0:1)

Samstag, 17. Juni 2006 · Vorrunde Gruppe E
Tschechien – Ghana 0:2 (0:1)

Dienstag, 20. Juni 2006 · Vorrunde Gruppe B
Schweden – England 2:2 (0:1)

Freitag, 23. Juni 2006 · Vorrunde Gruppe G
Togo – Frankreich 0:2 (0:0)

Montag, 26. Juni 2006 · Achtelfinale
Schweiz – Ukraine 0:3 i.E. (0:0 n.V.)

Kapazität 45.000 · Baujahr 1923/Umbau 2004

LEIPZIG

Sonntag, 11. Juni 2006 · Vorrunde Gruppe C
Serbien/Montenegro – Niederlande 0:1 (0:1)

Mittwoch, 14. Juni 2006 · Vorrunde Gruppe H
Spanien – Ukraine 4:0 (2:0)

Sonntag, 18. Juni 2006 · Vorrunde Gruppe G
Frankreich – Südkorea 1:1 (1:0)

Mittwoch, 21. Juni 2006 · Vorrunde Gruppe D
Iran – Angola 1:1 (0:0)

Samstag, 24. Juni 2006 · Achtelfinale
Argentinien – Mexiko 2:1 n.V. (1:1)

Kapazität 43.000 · Baujahr 1956/Umbau 2003

Kapazität 66.000 · Baujahr 2005

MÜNCHEN

Freitag, 09. Juni 2006 · Vorrunde Gruppe A
Deutschland – Costa Rica 4:2 (2:1)

Mittwoch, 14. Juni 2006 · Vorrunde Gruppe H
Tunesien – Saudi-Arabien 2:2 (1:0)

Sonntag, 18. Juni 2006 · Vorrunde Gruppe F
Brasilien – Australien 2:0 (0:0)

Mittwoch, 21. Juni 2006 · Vorrunde Gruppe C
Elfenbeinküste – Serbien/Montenegro 3:2 (1:2)

Samstag, 24. Juni 2006 · Achtelfinale
Deutschland – Schweden 2:0 (2:0)

Mittwoch, 05. Juli 2006 · Halbfinale
Portugal – Frankreich 0:1 (0:1)

Kapazität 41.000 · Baujahr 1928/Umbau 2005

NÜRNBERG

Sonntag, 11. Juni 2006 · Vorrunde Gruppe D
Mexiko – Iran 3:1 (1:1)

Donnerstag, 15. Juni 2006 · Vorrunde Gruppe B
England – Trindad & Tobago 2:0 (0:0)

Sonntag, 18. Juni 2006 · Vorrunde Gruppe F
Japan – Kroatien 0:0 (0:0)

Donnerstag, 22. Juni 2006 · Vorrunde Gruppe E
Ghana – USA 2:1 (2:1)

Sonntag, 25. Juni 2006 · Achtelfinale
Portugal – Niederlande 1:0 (1:0)

Kapazität 52.000 · Baujahr 1933/Umbau 2005

STUTTGART

Dienstag, 13. Juni 2006 · Vorrunde Gruppe G
Frankreich – Schweiz 0:0 (0:0)

Freitag, 16. Juni 2006 · Vorrunde Gruppe C
Niederlande – Elfenbeinküste 2:1 (2:1)

Montag, 19. Juni 2006 · Vorrunde Gruppe H
Spanien – Tunesien 3:1 (0:1)

Donnerstag, 22. Juni 2006 · Vorrunde Gruppe F
Kroatien – Australien 2:2 (1:1)

Sonntag, 25. Juni 2006 · Achtelfinale
England – Ecuador 1:0 (0:0)

Samstag, 08. Juli 2006 · Spiel um Platz 3
Deutschland – Portugal 3:1 (0:0)

QUALIFIKATION

DIE INTERNATIONALEN VORRUNDEN FÜR DIE WM 2006

EUROPA

GRUPPE 1	Tore	Pkt.
1. Niederlande	27:3	32
2. Tschechien	35:12	27
3. Rumänien	20:10	25
4. Finnland	21:19	16
5. Mazedonien FYR	11:24	9
6. Armenien	9:25	7
7. Andora	4:34	5

GRUPPE 2	Tore	Pkt.
1. Ukraine	18:7	25
2. Türkei	23:9	23
3. Dänemark	24:12	22
4. Griechenland	15:9	21
5. Albanien	11:20	13
6. Georgien	14:25	10
7. Kasachstan	6:29	1

GRUPPE 3	Tore	Pkt.
1. Portugal	35:5	30
2. Slowakei	24:8	23
3. Russland	23:12	23
4. Estland	16:17	17
5. Lettland	18:21	15
6. Liechtenstein	13:23	8
7. Luxemburg	5:48	0

GRUPPE 4	Tore	Pkt.
1. Frankreich	14:2	20
2. Schweiz	18:7	18
3. Israel	15:10	18
4. Republik Irland	12:5	17
5. Zypern	8:20	4
6. Färöer Inseln	4:27	1

GRUPPE 5	Tore	Pkt.
1. Italien	17:8	23
2. Norwegen	12:7	18
3. Schottland	9:7	13
4. Slowenien	10:13	12
5. Belarus	12:14	10
6. Moldawien	5:16	5

GRUPPE 6	Tore	Pkt.
1. England	17:5	25
2. Polen	27:9	24
3. Österreich	15:12	15
4. Nordirland	10:18	9
5. Wales	10:15	8
6. Aserbeidschan	1:21	3

GRUPPE 7	Tore	Pkt.
1. Serbien/Montenegro	16:1	22
2. Spanien	19:3	20
3. Bosnien-Herzegowina	12:9	16
4. Belgien	16:11	12
5. Litauen	8:9	10
6. San Marino	2:40	0

GRUPPE 8	Tore	Pkt.
1. Kroatien	21:5	24
2. Schweden	30:4	24
3. Bulgarien	17:17	15
4. Ungarn	13:14	14
5. Island	14:27	4
6. Malta	4:32	3

ENTSCHEIDUNGSSPIELE	Hin	Rück
Norwegen – Tschechien	0:1	0:1
Schweiz – Türkei	2:0	2:4
Spanien – Slowakei	5:1	1:1

Freundschaftsspiel gegen die USA am 22.03.2006: 4:1 für WM-Gastgeber Deutschland.

AFRIKA

GRUPPE 1	Tore	Pkt.
1. Togo	20:8	23
2. Senegal	21:8	21
3. Sambia	16:10	19
4. Kongo	10:14	10
5. Mali	11:14	8
6. Liberia	3:27	4

GRUPPE 2	Tore	Pkt.
1. Ghana	17:4	21
2. Kongo DR	14:10	16
3. Südafrika	12:14	16
4. Burkina Faso	14:13	13
5. Kap Verde	8:15	10
6. Uganda	6:15	8

GRUPPE 3	Tore	Pkt.
1. Elfenbeinküste	20:7	22
2. Kamerun	18:10	21
3. Ägypten	26:15	17
4. Libyen	8:10	12
5. Sudan	6:22	6
6. Benin	9:23	5

GRUPPE 4	Tore	Pkt.
1. Angola	12:6	21
2. Nigeria	21:7	21
3. Simbabwe	13:14	15
4. Gabun	11:13	10
5. Algerien	8:15	8
6. Ruanda	6:16	5

GRUPPE 5	Tore	Pkt.
1. Tunesien	25:9	21
2. Marokko	17:7	20
3. Guinea	15:10	17
4. Kenia	8:17	10
5. Botswana	10:18	9
6. Malawi	12:26	6

ASIEN

GRUPPE A	Tore	Pkt.
1. Saudi-Arabien	10:1	14
2. Republik Korea	9:5	10
3. Usbekistan	7:11	5
4. Kuwait	4:13	4

GRUPPE B	Tore	Pkt.
1. Japan	9:4	15
2. Iran	7:3	13
3. Bahrain	4:7	4
4. Korea DVR	5:11	3

ENTSCHEIDUNGSSPIELE	Hin	Rück
Usbekistan – Bahrain	1:1	0:0

OZEANIEN

GRUPPE 1	Tore	Pkt.
1. Australien	21:3	13
2. Salomon-Inseln	9:6	10
3. Neuseeland	17:5	9
4. Fidschi	3:10	4
5. Tahiti	2:24	4
6. Vanuatu	5:9	3

ENTSCHEIDUNGSSPIELE	Hin	Rück
Australien – Salomon-Inseln	7:0	2:1

SÜDAMERIKA

GRUPPE 1	Tore	Pkt.
1. Brasilien	35:17	34
2. Argentinien	29:17	34
3. Ecuador	23:19	28
4. Paraguay	23:23	28
5. Uruguay	23:28	25
6. Kolumbien	24:16	24
7. Chile	18:22	22
8. Venezuela	20:28	18
9. Peru	20:28	18
10. Bolivien	20:37	14

OZEANIEN – SÜDAMERIKA

ENTSCHEIDUNGSSPIELE	Hin	Rück
Uruguay – Australien	1:0	2:4 i.E.

NORD-/ZENTRAL-AMERIKA UND KARIBIK

GRUPPE 1	Tore	Pkt.
1. USA	16:6	22
2. Mexiko	22:9	22
3. Costa Rica	15:14	16
4. Trinidad & Tobago	10:15	13
5. Guatemala	16:18	11
6. Panama	4:21	2

ASIEN – NORD-/MITTEL-AMERIKA UND KARIBIK

ENTSCHEIDUNGSSPIELE	Hin	Rück
Trinidad & Tobago – Bahrain	1:1	1:0

Die Vorrunde für die WM 2006 dauerte vom 06.09.2003 bis zum 16.11.2005. 197 von weltweit 204 Verbänden nahmen teil, nur 31 Mannschaften konnten sich schließlich qualifizieren. Der amtierende Weltmeister (Brasilien) war erstmals nicht automatisch in der Endrunde. Deutschland als Gastgeber war von vornherein gesetzt und bereitete sich mit Freundschaftsspielen vor.

Der viermalige Afrika-Meister Ghana schaffte es bis ins Achtelfinale seiner ersten WM.

4:2 im entscheidenden Rückspiel für die Türkei, aber zur WM fuhr die Schweiz.

Ein Elfmeter-Duell gegen Uruguay (4:2) beendete die 31-jährige WM-Abstinenz Australiens.

TORJÄGER

SPIELER	Land	Tore
1. Mirolav Klose	GER	5
2. Hernan Crespo	ARG	3
Maximiliano Rodriguez	ARG	3
Ronaldo	BRA	3
Lukas Podolski	GER	3
Thierry Henry	FRA	3
David Villa	ESP	3
Fernando Torres	ESP	3
9. Adriano	BRA	2
Paulo Wanchope	CRC	2
Augustin Delgado	ECU	2
Aruna Dindane	CIV	2
Steven Gerrard	ENG	2
Patrick Vieira	FRA	2
Zinedine Zidane	FRA	2
Bastian Schweinsteiger	GER	2
Luca Toni	ITA	2
Andrej Schewtschenko	UKR	2
+ 7 weitere		

TORVORLAGEN

SPIELER	Land	TV
1. Bastian Schweinsteiger	GER	4
Francesco Totti	ITA	4
Luis Figo	POR	4
4. Juan Roman Riquelme	ARG	3
Edison Mendez	ECU	3
David Beckham	ENG	3
Andrea Pirlo	ITA	3
8. Javier Saviola	ARG	2
John Aloisi	AUS	2
Cafu	BRA	2
Miroslav Klose	GER	2
Patrick Vieira	FRA	2
Sylvain Wiltord	FRA	2
Zinedine Zidane	FRA	2
Mario Mendez	MEX	2
Francesco Fabregas	ESP	2
Fernando Torres	ESP	2
Zied Jaziri	TUN	2
Andrej Schewtschenko	UKR	2

TOPSCORER

SPIELER	Land	Pkt.
1. Miroslav Klose	GER	7
2. Bastian Schweinsteiger	GER	6
3. Francesco Totti	ITA	5
Fernando Torres	ESP	5
Zinedine Zidane	FRA	5
6. Hernan Crespo	ARG	4
Ronaldo	BRA	4
David Beckham	ENG	4
Thierry Henry	FRA	4
Patrick Vieira	FRA	4
Andrea Pirlo	ITA	4
Luis Figo	POR	4
Andrej Schewtschenko	UKR	4
14. Juan Roman Riquelme	ARG	3
Maximiliano Rodriquez	ARG	3
John Aloisi	AUS	3
Lukas Podolski	GER	3
David Villa	ESP	3
+ 4 weitere		

1998: WM-Tor 1

1998: WM-Tor 2

1998: WM-Tor 3

1998: WM-Tor 4

2002: WM-Tor 5

2002: WM-Tor 6

2002: WM-Tor 7

2002: WM-Tor 8

2002: WM-Tor 9

2002: WM-Tor 10

2002: WM-Tor 11

2002: WM-Tor 12

2006: WM-Tor 13

2006: WM-Tor 14

2006: WM-Tor 15

DIE ERFOLGREICHSTEN TORSCHÜTZEN

SPIELER	Land	Tore	Spiele	WM-Teilnahmen
1. Ronaldo	BRA	15	19	1994-2006
2. Gerd Müller	GER	14	13	1970, 1974
3. Just Fontaine	FRA	13	6	1958
4. Pele	BRA	12	14	1958-1970
5. Sandor Kocsis	HUN	11	5	1954
Jürgen Klinsmann	GER	11	17	1990, 1994, 1998
7. Helmut Rahn	GER	10	10	1954, 1958
Gabriel Omar Batistuta	ARG	10	12	1994, 1998, 2002
Miroslav Klose	GER	10	14	2002, 2006
Gary Lineker	ENG	10	12	1986, 1990
Teofilo Cubillas	PER	10	13	1970, 1978, 1982
Grzegorz Lato	POL	10	20	1974, 1978, 1982
13. Leonidas da Silva	BRA	9	5	1934, 1938
Ademir	BRA	9	6	1950
Eusebio da Silva Ferreira	POR	9	6	1966
Christian Vieri	ITA	9	9	1998, 2002
Vava	BRA	9	10	1958, 1962
Paolo Rossi	ITA	9	14	1978, 1982, 1986
Jairzinho	BRA	9	16	1966, 1970, 1974
Roberto Baggio	ITA	9	16	1990, 1994, 1998
Karl-Heinz Rummenigge	GER	9	19	1978, 1982, 1986
Uwe Seeler	GER	9	21	1958-1970
23. Guillermo Stabile	ARG	8	4	1930
Juan Alberto Schiaffino	URU	8	7	1950, 1954
Rivaldo	BRA	8	14	1998, 2002
Rudi Völler	GER	8	15	1986, 1990, 1994
Diego Maradona	ARG	8	21	1982, 86, 90, 94

SPIELER MIT DEN MEISTEN EINSÄTZEN

SPIELER	Land	Spiele	WM-Teilnahmen
1. Lothar Matthäus	GER	25	1982-1998
2. Paolo Maldini	ITA	23	1990, 1994, 1998, 2002
3. Diego Maradona	ARG	21	1982, 1986, 1990, 1994
Uwe Seeler	GER	21	1958, 1962, 1966, 1970
Wladyslaw Zmuda	POL	21	1974, 1978, 1982, 1986
6. Cafu	BRA	20	1994, 1998, 2002, 2006
Grzegorz Lato	POL	20	1974, 1978, 1982
8. Ronaldo	BRA	19	1994, 1998, 2002, 2006
Wolfgang Overath	GER	19	1966, 1970, 1974
Karl-Heinz Rummenigge	GER	19	1978, 1982, 1986
Berti Vogts	GER	19	1970, 1974, 1978
12. Mario Alberto Kempes	ARG	18	1974, 1978, 1982
Taffarel	BRA	18	1990, 1994, 1998
Dunga	BRA	18	1990, 1994, 1998
Franz Beckenbauer	GER	18	1966, 1970, 1974
Thomas Berthold	GER	18	1986, 1990, 1994
Pierre Littbarski	GER	18	1982, 1986, 1990
Sepp Maier	GER	18	1970, 1974, 1978
Antonio Cabrini	ITA	18	1978, 1982, 1986
Gaetano Scirea	ITA	18	1978, 1982, 1986
21. Enzo Scifo	BEL	17	1986, 1990, 1994, 1998
Roberto Carlos da Silva	BRA	17	1998, 2002, 2006
Jürgen Klinsmann	GER	17	1990, 1994, 1998
Karl-Heinz Schnellinger	GER	17	1958, 1962, 1966, 1970
Peter Shilton	ENG	17	1982, 1986, 1990
Dino Zoff	ITA	17	1974, 1978, 1982
Fabien Barthez	FRA	17	1998, 2002, 2006

DIE ERFOLGREICHSTEN MANNSCHAFTEN DER WM-GESCHICHTE NACH PUNKTEN

LAND	1. Platz	2. Platz	3. Platz	4. Platz	Teilnahmen	Spiele	S	U	N	Tore	Punkte
1. Brasilien	5	2	2	1	18	92	64	14	14	201 : 84	206
2. Deutschland	3	4	3	1	16	92	55	19	18	190 : 112	184
3. Italien	4	2	1	1	16	77	43	20	14	120 : 69	149
4. Argentinien	2	2	-	-	14	65	33	13	19	113 : 74	112
5. England	1	-	-	1	12	55	25	17	13	74 : 47	92
6. Frankreich	1	1	2	1	12	51	25	10	16	95 : 64	85
7. Spanien	-	-	-	1	12	49	22	12	15	80 : 57	78
8. Schweden	-	1	2	1	11	46	16	13	17	74 : 69	61
9. Niederlande	-	2	-	1	8	36	16	10	10	59 : 38	58
10. Russland	-	-	-	1	9	37	17	6	14	64 : 44	57
11. Serbien/Montenegro	-	-	-	-	10	40	16	8	16	62 : 56	56
12. Uruguay	2	-	-	2	10	40	15	10	15	65 : 57	55
13. Polen	-	-	2	-	7	31	15	5	11	44 : 40	50
14. Ungarn	-	2	-	-	9	32	15	3	14	87 : 57	48
15. Mexiko	-	-	-	-	13	45	11	12	22	48 : 84	45
16. Tschechien	-	2	-	1	9	33	12	5	16	47 : 49	41
17. Österreich	-	-	1	1	7	29	12	4	13	43 : 47	40
18. Belgien	-	-	-	-	11	36	10	9	17	46 : 63	39
19. Portugal	-	-	1	1	4	19	11	1	7	32 : 21	34
20. Rumänien	-	-	-	-	7	21	8	5	8	30 : 32	29
21. Schweiz	-	-	-	-	8	26	8	5	13	37 : 51	29
22. Chile	-	-	1	-	7	25	7	6	12	31 : 40	27
23. Paraguay	-	-	-	-	7	22	6	7	9	27 : 36	25
24. Dänemark	-	-	-	-	3	13	7	2	4	24 : 18	23

DIE WELTMEISTER VON 1930 BIS 1958

WM IN URUGUAY

1930

URUGUAY

Uruguay – Argentinien 4:2
30. Juli 1930: Der Sieger der ersten WM nach dem Finale in Montevideo: Stehend (v.l.): Figoli (Masseur), Alvaro Gestido, Jose Nazazzi, Enrique Ballesteros, Ernesto Mascheroni, Jose Leandro Andrade, Lorenzo Fernandez, Greco (Masseur); vorn (v.l.): Pablo Dorado, Hector Scarone, Hector Castro, Jose Pedro Cea, Santos Iriarte.

Deutschland nicht dabei

WM IN ITALIEN

1934

ITALIEN

Italien – Tschechoslowakei 2:1
Die italienische Nationalmannschaft vor dem Endspiel in Rom am 10. Juni 1934: Luisito Monti (2.v.l.), Eraldo Monzeglio, Angelo Schiavio, Raimondo Orsi, Giovanni Ferrari, Enrico Guaita, Giuseppe Meazza, Giampiero Combi, Attilio Ferraris IV, Luigi Allemandi, Luigi Bertolini (v.l.). Die Entscheidung fiel in der Verlängerung.

Deutschland: Platz 3

WM IN FRANKREICH

1938

ITALIEN

Italien – Ungarn 4:2
In Paris gewinnt Italien am 19. Juni 1938 den zweiten WM-Titel: Stehend (v.l.): Amadeo Biavati (4.v.l.), Trainer Vittorio Pozzo (mit Pokal), Silvio Piola, Giovanni Ferrari, Gino Colaussi; vorn (v.l.): Ugo Locatelli, Giuseppe Meazza, Alfredo Foni, Pietro Serantoni, Aldo Olivieri, Pietro Rava, Michele Andreolo.

Deutschland: Achtelfinale

WELTMEISTER

WM IN BRASILIEN

1950

URUGUAY

9. Juli 1950: Der schwedische Torwart Kalle Svensson (M.) pariert den Ball von Ademir (l.). Der brasilianische Stürmer erzielte in diesem 7:1-Spiel vier seiner legendären acht WM-Tore. Weltmeister aber wurde Uruguay mit einem 2:1-Sieg über den Gastgeber. 200.000 Fans sahen am 16. Juli im überfüllten Maracana-Stadion von Rio de Janeiro der Niederlage des haushohen Favoriten zu.

Deutschland nicht dabei

WM IN DER SCHWEIZ

1954

DEUTSCHLAND

Deutschland – Ungarn 3:2
»Das Wunder von Bern«: Der ungarische Stürmer Ferenc Puskas (2.v.l., dunkles Trikot) gratuliert dem Überraschungssieger am 4. Juli 1954 zum Titelgewinn. Deutschlands Finalgegner war der klare Turnierfavorit und hatte das Team von Sepp Herberger in der Vorrunde bereits mit 8:3 Toren vorgeführt. Nach einem 0:2-Rückstand drehte Deutschland noch das Endspiel.

WM IN SCHWEDEN

1958

BRASILIEN

Brasilien – Schweden 5:2
Die Brasilianer am 14. Juni 1958 in Göteborg vor Beginn ihres Gruppenspiels gegen die UdSSR (2:0): De Sordi, Didi, Pele, Zagalo, Garrincha, Zito, Vava, Orlando, Nilton Santos, Gilmar, Bellini (v.l.). Am 29. Juni 1958 holte sich die Mannschaft mit dem 17-jährigen Pele in Stockholm ihren ersten WM-Titel.

Deutschland: Platz 4

DIE WELTMEISTER VON 1962 BIS 1982

WM IN CHILE

1962

BRASILIEN

Brasilien – CSSR 3:1
FIFA-Präsident Stanley Rous (l.) gratulierte am 17. Juni 1962 dem brasilianischen Kapitän Mauro nach dem gewonnenen Endspiel in Santiago de Chile. Der Jules-Rimet-Pokal aus vergoldetem Sterlingsilber (35 cm hoch, 3,8 kg schwer) ging zum zweiten Mal in Folge an Brasilien.

Deutschland: Viertelfinale

WM IN ENGLAND

1966

ENGLAND

England – Deutschland 4:2
Geoffrey Hurst (r.) schoss England mit drei Toren, die beiden entscheidenden in der Verlängerung, am 30. Juli 1966 beim dramatischen Endspiel im Londoner Wembley Stadium zum Sieg und zum ersten WM-Titel. Queen Elizabeth II. persönlich überreichte den Pokal an Kapitän Bobby Moore.

Deutschland: Platz 2

WM IN MEXIKO

1970

BRASILIEN

Brasilien – Italien 4:1
21. Juni 1970 in Mexiko-City: Brasiliens Kapitän Carlos Alberto mit der zum dritten Mal gewonnenen Trophäe. Der Jules-Rimet-Pokal ging damit in den Besitz des brasilianischen Fußballverbands über. 1983 wurde das Original in Rio de Janiero gestohlen und musste durch eine Replik ersetzt werden.

Deutschland: Platz 3

WM IN DEUTSCHLAND

1974

DEUTSCHLAND

Deutschland – Niederlande 2:1
Am 7. Juli 1974 nach dem Endspiel in München wurde der neue FIFA-Weltpokal aus massivem 18-karätigen Gold erstmals verliehen: An das Team um Kapitän Franz Beckenbauer, das nach 1954 den zweiten WM-Titel für Deutschland gewinnt. Bundespräsident Walter Scheel (l.) applaudiert.

WM IN ARGENTINIEN

1978

ARGENTINIEN

Argentinien – Niederlande 3:1
Am 25. Juni 1978 konnte Argentinien den ersten Weltmeistertitel feiern. Mannschaftskapitän Daniel Passarella lässt sich mit dem sechs Kilo schweren Pokal durch das Stadion von Buenos Aires tragen. Das Spiel wurde in der Verlängerung entschieden.

Deutschland: 2. Finalrunde

WM IN SPANIEN

1982

ITALIEN

Deutschland – Italien 1:3
Der überragende italienische Torwart und Mannschaftskapitän Dino Zoff (l.) nimmt aus der Hand von Spaniens König Juan Carlos I. den WM-Pokal entgegen. Italien wurde am 11. Juli 1982 in Madrid zum dritten Mal Sieger des Weltcups.

Deutschland: Platz 2

WELTMEISTER

DIE WELTMEISTER VON 1986 BIS 2006

WM IN MEXIKO

1986

ARGENTINIEN

Deutschland – Argentinien 2:3
Am 29. Juni 1986 gewann Argentinien im Azteca-Stadion von Mexiko-City vor mehr als 114.000 Zuschauern zum zweiten Mal den WM-Titel. Mannschaftskapitän und Fußballidol Diego Armando Maradona (fünf WM-Tore) küsst den Pokal nach dem Endspiel-Sieg über Deutschland.

Deutschland: Platz 2

WM IN ITALIEN

1990

DEUTSCHLAND

Deutschland – Argentinien 1:0
Ein Strafstoß von Andreas Brehme (83. Min.) machte Deutschland am 8. Juli 1990 zum dritten Mal zum Weltmeister. Argentinien, Titelverteidiger und Endspielgegner von 1986, blieb als erste Mannschaft in einem WM-Finale torlos. Kapitän Lothar Matthäus und Pierre Littbarski (r.) feiern in Rom.

WM IN DEN USA

1994

BRASILIEN

Brasilien – Italien 3:2 i.E. (0:0 n.V.)
Am 17. Juli 1994 war Los Angeles Schauplatz des ersten WM-Finales, in dem sich zwei dreimalige Weltmeister gegenüberstanden. Das erste Endspiel, das im Elfmeterschießen entschieden wurde (0:0 n.V.), brachte Brasilien den vierten Titel. Im Glück: Ronaldao, Romario und Kapitän Dunga (v.l.).

Deutschland: Viertelfinale

WELTMEISTER

WM IN FRANKREICH

1998

FRANKREICH

Brasilien – Frankreich 0:3
Frankreich schlägt Titelverteidiger Brasilien am 12. Juli 1998 in Saint-Denis und wird Sieger der 16. Fußball-Weltmeisterschaft. Zinedine Zidane wurde durch seine beiden Finaltore per Kopf (27. + 46. Min.) zum Star des französischen Fußballs.

Deutschland: Viertelfinale

WM IN JAPAN

2002

BRASILIEN

Deutschland – Brasilien 0:2
Rekord: Brasilien holte sich im japanischen Yokohama nach zwei Treffern von Ronaldo (67. + 79. Min.) am 30. Juni 2002 den fünften Weltmeistertitel. Kapitän Cafu jubelt im Konfettiregen mit dem Pokal. Auch ein Rekord: Bereits zum achten Mal stand eine deutsche Nationalelf im WM-Finale.

Deutschland: Platz 2

WM IN DEUTSCHLAND

2006

ITALIEN

Italien – Frankreich 5:3 i.E. (1:1 n.V.)
Das zweite WM-Finale, das im Elfmeterschießen entschieden wurde, fand erneut mit italienischer Beteiligung statt. 1994 klappte es nicht, aber am 9. Juli 2006 schossen sich die Italiener in Berlin zum Gewinn ihres bereits vierten WM-Titels.

Deutschland: Platz 3

Originalausgabe im Ullstein Taschenbuch
1. Auflage Juli 2006

Herausgeber, Konzeption und Realisation:
Jürgen W. Mueller

Redaktionelle Mitarbeit:
Michael Horn

Texte und Spielberichte:
© Sport-Informations-Dienst, Neuss

Titelabbildungen und Fotos im Innenteil:
© AFP

Basislayout:
Tine Wachholz

Umschlaggestaltung:
Buch und Werbung, Berlin

Komplettrealisation Statistikteil:
Gabriele Krüger, Simon Schwengle,
Tine Wachholz / Buch und Werbung, Berlin

Satz und Repro:
LVD GmbH, Berlin

Druck und Weiterverarbeitung:
Offizin Andersen Nexö Leipzig GmbH

Printed in Germany

ISBN-13: 978-3-548-36862-7
ISBN-10: 3-548-36862-X

ANGOLA

ARGENTINIEN

AUSTRALIEN

BRASILIEN

ENGLAND

ALLEZ LA FRANCE
FRANKREICH

GHANA

IRAN
IRAN

NIEDERLANDE

PARAGUAY

POLEN

PORTUGAL

SPANIEN

SÜDKOREA

TOGO

TRINIDAD & TOBAGO